山区高速公路施工安全与管理

严战友　崔冬艳　夏　勇　　编
张　园　主审

西南交通大学出版社
·成　都·

U0794247

图书在版编目（CIP）数据

山区高速公路施工安全与管理 / 严战友，崔冬艳，夏勇编. —成都：西南交通大学出版社，2018.8
ISBN 978-7-5643-6360-4

Ⅰ. ①山… Ⅱ. ①严… ②崔… ③夏… Ⅲ. ①山区道路－高速公路－道路施工－安全管理 Ⅳ. ①U415

中国版本图书馆 CIP 数据核字（2018）第 189933 号

山区高速公路施工安全与管理

编 / 严战友　崔冬艳　夏勇

责任编辑 / 柳堰龙
助理编辑 / 王同晓
封面设计 / 何东琳设计工作室

西南交通大学出版社出版发行
（四川省成都市二环路北一段 111 号西南交通大学创新大厦 21 楼　610031）
发行部电话：028-87600564　028-87600533
网址：http://www.xnjdcbs.com
印刷：成都蓉军广告印务有限责任公司

成品尺寸　185 mm × 260 mm
印张　11.5　　字数　251 千
版次　2018 年 8 月第 1 版
印次　2018 年 8 月第 1 次

书号　ISBN 978-7-5643-6360-4
定价　65.00 元

图书如有印装质量问题　本社负责退换
版权所有　盗版必究　举报电话：028-87600562

前　言

安全施工，是保护劳动者生命健康的基本要求，是社会文明进步的重要标志，是我国全面建成小康社会宏伟目标的重要内容。

我国的山区高速公路多分布在西部地区，地形地质复杂。地形复杂，表现为地面高差大，变化频繁，横坡陡；地质复杂表现为岩溶、滑坡、不稳定斜坡、崩塌、陡崖、煤气地层等不良地质。事故致因理论为事故的定性定量分析、事故的预测预防和安全管理工作的改进，从理论上提供科学的、完整的依据。当它和具体的危险源、具体的事故结合时，就可以更科学、更实际、更生动地把可能的事故成因、过程、结果展现在人们面前。详细了解设计的规则、选线、各项技术指标、导向系统等内容，可以对整体公路安全方面有全面的掌控。

山区高速路基施工中的安全不仅体现在清理施工场地的安全、施工现场通用部分的选址建设等方面。路基施工安全还涉及土方路基施工中的安全、石方施工中的安全、路基防护施工中的安全、挡墙挖基施工中的安全等内容。

山区高速路面施工的安全涉及沥青路面施工中的安全、水泥混凝土路面施工中的安全、水泥路面凿除作业的安全等内容。这其中还有很多细节安全问题，主要体现在：碎石机作业安全、稳定土拌和机作业的安全、场拌稳定土机械作业安全、碎石撒布机作业的安全等。

山区高速桥涵工程施工的安全不仅介绍了基础工程施工中的安全控制，还详细介绍山区桥梁墩台施工的安全、桥梁上部工程施工安全、混凝土预制场与运输的安全的细节和涉及的各项安全施工注意事项。

在隧道施工的安全方面，则是围绕隧道中的安全事项，主要有：隧道土石方施工的安全、隧道内出渣运输作业的安全、隧道支护衬砌施工安全、隧道竖井斜井辅助坑道施工安全、隧道施工的工作环境安全。工作环境中包括施工通风、隧道施工防尘措施、隧道施工供电、施工排水、施工防火、施工中瓦斯防治等内容。

本书由石家庄铁道大学严战友负责主要的编写工作，并负责全书的统稿。各章节的编写分工如下：严战友负责编写第一章、第二章、第三章。河北冀通路桥建设有限责任公司崔冬艳负责编写第四章、第五章。河北冀通路桥建设有限责任公司冯浩锐负责编写第六章。中建路桥集团有限公司夏勇负责编写第七章、第八章。特别感谢河北冀通路桥建设有限责任公司张园对本书担任主审。

本书在编写过程中参考了有关标准、规范、手册及论著，在此谨向有关编著者表示衷心的感谢。本书在编写过程中难免存在不足之处，欢迎读者提出宝贵的意见，以供今后修改完善。

目 录

1 概 述

1.1 山区高速公路的现状及特征

过去十几年来，中国在经济和技术增长上取得了举世瞩目的成就，其中一项重要成就是基础设施建设，尤其是交通基础设施的发展和建设。

1.1.1 我国高速公路的发展

中国产业调研网发布的《中国高速公路行业现状调研及发展前景分析报告（2015—2021 年）》认为，目前我国各地区高速公路建设情况同其经济发展情况大体保持一致，兼顾区域间的均衡化发展。这将有助于减小和改善东西部地区高速公路建设的巨大差距和区域协调发展。回顾多年的发展历程，我国的高速公路走过了 2 个发展阶段：

1. 起步阶段

从 1988 年到 1997 年的 10 年，相继建成了沈大、京津塘、成渝、济青、京石、沪宁、广深等一大批具有重要区域性影响的高速公路工程，突破了多项我国高速公路建设的重大技术“瓶颈”，积累了设计、施工、监理和运营等建设和管理全过程的经验。

2. 高速发展阶段

从 1998 年至今，高速公路建设进入了发展高峰期，年均通车里程超过 4 000 千米，年均完成投资 1 400 亿元。到 2002 年底，我国高速公路通车里程一举达到 2.5 万公里。

仅仅 15 年，中国高速公路的发展走过了许多发达国家一般需要 40 多年才能完成的发展进程，创造了世界瞩目的中国速度。同时，位于高速公路上的大型桥梁和长大隧道建设水平，中国也已经跻身世界先进行列。

1.1.2 我国山区高速公路的发展建设

截至 2010 年年底，我国公路通车总里程已达到 398.4 万千米，位居世界第二位。在我国公路路网组成中，高速公路是不可或缺的一部分。时至今日，我国已形成初具规模、基本覆盖全国的高速公路网。高速公路建设事业的不断发展，极大改善了人们的出行条件，同时更促进了全国经济建设事业的发展。当前，中国高速公路占公路的总里程的1.64%，居世界前列。如表1.1所示。

表1.1　世界主要国家高速公路占公路总里程百分比

国别	中国	美国	德国	法国	加拿大	日本
百分比	1.64	1.40	1.74	1.15	1.84	0.53

1.2　山区高速公路工程安全事故特点分析

1.2.1　山区高速公路安全现状简介

我国是一个多山的国家，山区面积占全国陆地面积的2/3左右。近年来，高速公路建设逐渐向山区推进，山区高速公路通车里程迅速增加，极大促进了山区经济的发展。但是，受地形地质、水文条件、建设资金等因素的限制，山区高速公路的线形条件复杂多变，建设过程中安全事故多发。目前的高速公路工程施工安全存在一些不容忽视的问题，安全形势不容乐观，安全问题也日益突出。在一些山区高速公路工程建设的施工现场，受作业环境条件的限制和人为因素的影响，违章指挥、违章作业、违反劳动纪律的现象仍然广泛存在，现场安全隐患未能彻底消除，因工伤亡的重大安全事故还时有发生。与此同时，高速公路的交通安全状况也不容乐观，尤其是山区高速公路，更是事故多发的热点路段。

据交通部通报的统计资料，2005年全国发生公路工程施工安全事故32起，死亡76人，受伤51人。其中，还发生了多起隧道塌方、倒塌和失稳等重大安全事故。如：2005年11月5日，贵州省遵义市务川至彭水公路上珍珠大桥正在悬拼的拱架突然发生垮塌，造成16人死亡、3人受伤的特大安全事故；2005年12月22日，在四川省都江堰至汶川公路董家山隧道右洞施工过程中，发生瓦斯爆炸，造成44人死亡、11人受伤的特别重大事故。

1.2.2　安全事故特点

山区高速公路工程安全生产的空间、平面延展特点，决定了山区高速公路工程安全生产伤害事故的行业特性。山区高速公路施工安全生产的特点和规律相对于平原区而言，受地形、地貌、地质、气象、水文等自然条件的影响较大。其特点和规律主要有以下几个方面。

1. 现场作业环境条件艰巨复杂

施工现场地处高山河谷，作业环境十分复杂，条件恶劣，安全隐患源、危险源较多且分布范围较广。在气候冷暖、洪水、雨雪、大风、暴雨等自然灾害影响下，塌方、倒塌、水毁、滑坡、泥石流等安全事故随时都会发生。

2. 安全生产事故诱因多样化

山区高速公路建设项目，构造物形式多种多样，包括路基、路面、桥梁、涵洞、隧道、防护构造物和交通工程设施等。高墩桥梁、隧道、高边坡等工程施工难度很大，施工周期较长，一般需要 3 年以上，涉及的材料、机械、人员多，从业人员安全素质普遍偏低。陆地、水下、水上、高空、爆破等各种特种作业多，工序之间施工协作性要求高。传统质量、进度、资金三目标对安全生产形成的压力。项目前期工作深度不足，例如，勘察设计深度特别是地质勘探精度不够，地质情况变异大，会增大后期施工难度，埋下安全隐患。

3. 事故后果异常严重

山区高速公路工程建设自然环境条件复杂，由于工程建设诱发的自然灾害事故，常常带来重大的经济损失和大量人员伤亡。

4. 安全事故的发生具有突发性

山区高速公路工程建设过程是对自然结构体系的加工处理过程，这一过程意味着原先自然结构体系平衡的破坏，新的平衡体系的重构。在这个系统中，存在着能量转换，能量的意外释放和约束能量的装置的失效而导致事故，并可能造成伤害。正是由于事故的突发性，使其后果异常严重。

5. 安全事故的多发性

工程建设安全事故具有突发性，增加了安全事故预防的难度。但统计发现工程建设安全事故的类别具有重复发生或多发特性，如坍塌事故，触电事故，高处坠落事故等，由此，可以发现事故发生具有其内在规律性，针对事故发生的原因，可制定切实可行的防范措施。

6. 事故发生的不可逆性

高速公路工程作为线状工程，线长点多，一个施工标段短则几公里，长则十到几十公里，而且山区高速公路施工场地狭小，工种复杂，地质条件差，施工技术难点多，存在许多不可预见的因素，因此易发、多发施工安全事故。工程建设安全事故的发生，是能量的意外释放，表现为能量的转化和耗散。事故一旦发生，只有能量完全消耗或重新被约束，才会中止，其结果是工程结构的破坏和人员的伤亡。事故发生过程不可逆转，事故造成的后果不可逆转（人死不能复生，结构破坏同样不能再生）。因此，预防安全事故的发生，控制事故发生过程的能量流动，是工程建设安全管理的重要工作。

7. 事故发生的阶段性

虽然事故的发生是突发的，但事故发生又具有明显的阶段性。由于事故发生是能量的意外释放，能量的意外释放通常是因为约束能量的装置失效。如同千里大堤（约束洪水的装置）溃于蚁穴，大堤决口是蚁穴从无到有，从小到大。同大堤从渗漏到破坏的过程一样，任何事故的发生，都具有诱发因素，都有征兆，只要积极预防、监控事故诱发的因素，就能控制事故的发生和事故的后果。

1.2.3 山区高速公路工程安全事故分类

山区高速公路工程伤害事故主要分布于高处坠落、坍塌、物体打击、机械伤害、电击伤害和其他等 6 类，如图 1.1 所示，加大了山区高速公路工程施工安全管理的难度。

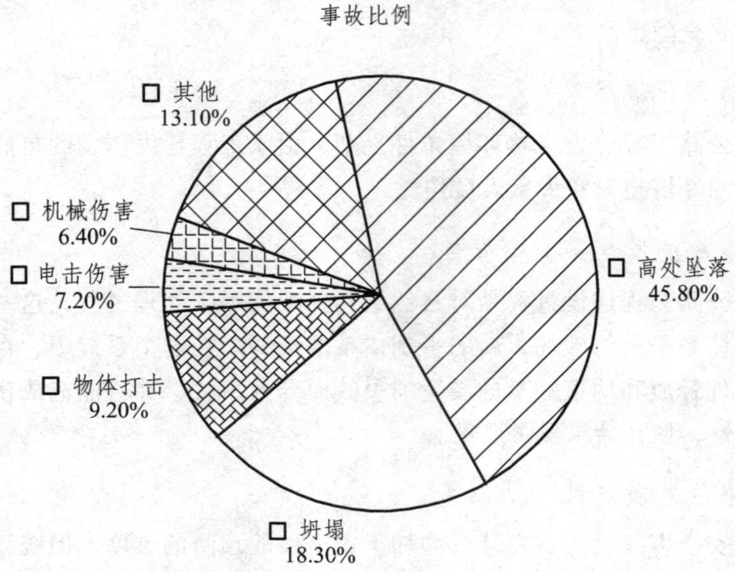

图 1.1 各类施工安全事故死亡人数比例关系图

1.3 山区高速公路交通事故原因分析

我国的山区高速公路事故原因表现多为地形地质复杂。地形复杂表现为地面高差大，变化频繁，横坡陡；地质复杂表现为岩溶、滑坡、不稳定斜坡、崩塌、陡崖、煤气地层等不良地质。因此在通车运行的山区高速公路中，安全隐患突出的路段较多，给高速公路的管理和运营单位带来了较大压力。这些路段由于多处于偏远地区，社会救援力量难以快速到达，为事故的快速处理和畅通带来了严峻的挑战。而且随着通车年限的不断增加，道路路面和交通安全设施的老化期将不可避免的到来，山区高速公路的安全隐患将日趋严重。

根据国家安全生产监督管理总局对工程建设施工安全生产形势的分析，工程建设施工事故多发的主要原因，有以下几点：

① 部分地方政府主管部门执法不严、监管不力，监管能力与日益增大的工程建设规模不相适应。

② 一些项目不依法履行建设程序。

③ 部分施工单位安全生产基础薄弱、管理混乱、投入不足，安全生产保证能力低下。

④ 部分建设单位不认真履行安全管理职责，任意压缩合理工期，不及时支付安全生产措施费用。

⑤ 一些工程监理单位对自身应负的安全职责不清，不熟悉相关法规标准，未起到应有安全监理作用。

1.3.1 从管理的方面分析

1. 认识不到位

对安全生产认识不到位是施工安全问题的根本原因，主要表现在三个方面：

一是对安全责任认识不清，一些交通行业主管部门认为，施工安全生产实行属地管理，施工安全管理是安全监督部门的事。对建设项目而言，项目业主的认识也不到位，不少项目业主认为安全生产是施工企业的事情，现场安全监管是监理的事情，认为自己不应该承担安全责任。

二是对安全生产愚昧无知，部分施工单位一味追求进度和效益，在安全方面，虽然建立了安全生产管理制度，但并未真正落到实处，存在麻痹大意的思想和侥幸心理，安全检查也是流于形式。

三是对安全生产规律缺乏研究，认识不够深入，对安全生产的系统性、长期性、艰巨性和复杂性认识不足。

2. 管理不到位

对安全生产管理不到位是施工安全问题的直接原因。管理不到位也主要表现在三个方面：

一是安全生产管理机构和安全保证体系未真正建立，一些施工企业为了节约成本甚至取消安全生产管理机构和专职安全员，使得管理力量更加薄弱。

二是安全生产责任制度没有层层落实到位，对分包单位实行以包代管，制订的安全生产有关管理制度也形同虚设。

三是一些施工单位一味强调进度而赶抢工期，片面注重经济利益，忽视安全生产管理，对违章违规的行为，处罚措施和整改落实均不到位，致使施工现场到处存在安全隐患，安全事故随时都有可能发生。

3. 监管不得力

政府安全监管不得力是施工安全问题的间接原因。监管不得力主要表现在两个方面：

一是监管方式大多以不定期大检查为主，日常监督管理缺乏有效措施，而且检查形式单一化，手段较为落后，还存在建设规模大与监管人员不足的矛盾，使得安全监管覆盖面小，监督力度不够，不适应当前公路工程建设发展的需要。

二是执法不严格，我国目前虽然已经出台了《中华人民共和国安全生产法》《建设工程安全生产管理条例》等安全方面的有关法律法规，但随着社会的发展，这些法律法规暴露出可操作性差、部分条款交叉等问题，致使对施工安全问题纠正不及时、处罚不到位、执法不严格，导致安全隐患未能及时消除。

4. 经费投入少

安全经费投入少，是施工安全问题的关键环节。施工单位对安全生产投入的不足，使得安全生产基础薄弱。不少施工单位以低价获取工程，施工中通过压缩安全经费来扩大利润空间，从而埋下事故隐患。

5. 人员素质低

现场作业人员素质低是施工安全问题的决定因素。当前，我国正处于实现工业化、加速城镇化的发展阶段，大量农村剩余劳动力进入其他行业，公路工程建设门槛较低，吸纳的农民工较多。与产业工人相比，农民工职业技能培训教育严重不足、安全风险意识低、安全技能和防范能力都相当差。

1.3.2 从技术方面分析

1. 高危边坡路段

高危边坡是山区高速公路常见的安全隐患之一。通常认为高度在 20 m 以上且处于不稳定状态的边坡体为高危边坡。高危边坡常有碎石滚落，暴雨期间极易形成较大滑坡，为高速通行的车辆带来较大的安全威胁。

对于高危边坡路段，应做好基本的预防措施，如边坡挂网、利用废弃护栏板阻挡落石等，降低个别落石造成大的损害的概率。具体方案一般有：对坡面采用土钉墙支护，以控制局部变形，提高边坡整体安全系数。坡脚下陡坎与边坡一起采用土钉墙支护加固。采取上堵下排的排水措施，防止上部水流入。坡面设置导水管，以排除坡内可能的积水。坡顶的渗水井拆除。对坡脚未处理的失陷性黄土进行灌浆处理。

2. 桥台跳车路段

桥台跳车是山区高速公路常见的路面病害之一。

山区高速公路的桥梁比例较高，由于公路桥头及伸缩缝（桥头引道）处的差异沉降或伸缩缝破坏而使路面纵坡出现台阶，引起车辆通过时产生跳跃。这一病害在个别路段比较严重，且处理难度较大，并且多与建设时期缺陷责任相关，运营单位协调施工单位整改时，时间要求难以保证，以至于影响车辆通行。

对于桥台跳车路段，在建设时期应重点控制。为消除桥台和台后填方段的差异沉降变形，需要对地基进行加固，对一般地基可采取加固土（水泥土、石灰土等）的方法进行加固处理，对软土、湿陷性黄土、解冻土、河相冲积土等特殊地基，需进行适用于各自特点的特殊地基处理方法，如换土、强夯、固结、轻质路堤和粉喷等方法，以改善地基提高承载力减少工后沉降。

山区高速公路是我国广大山区大发展的重要的经济动脉，它对实现我国经济整体目标、推动城乡统筹发展的重要意义是不言而喻的，正因如此，我国才投入巨资修建山区高速公路，个别路段每公里投资甚至达到了 1.3 亿元，而充分发挥山区高速公路的经济效益和社会效益的思考，目前尚未引起相关部门高度重视。

1.4　山区高速公路工程安全事故主要应对措施

1.4.1　安全源于管理

1. 安全必须依靠管理

管理是第一位资源。通过对施工安全问题产生的原因分析和对山区高速公路施工安全生产特点和规律的认识表明：搞好高速公路施工安全工作，必须依靠管理，安全生产实质上要解决的是管理问题。

2. 制定安全管理目标

安全生产管理必须制定具体、明确、量化的安全管理目标，目标管理是管理中的管理，目标体系的设定、实施、检查与评价应当具有先进性、科学性、实用性和有效性。

制定目标要突出重点。对于山区高速公路的施工，安全目标应把对触电、高处坠落、车辆和机械伤害、火药爆炸、淹溺等事故的预防当作重点控制对象。完善和严格执行安全生产规章制度，确保各类人员具备安全上岗资格并具备相应的安全技术能力。现场人员应严格遵守安全操作规程，合理组织施工生产。施工方案应安全可靠，机电设备和安全防护设施设备齐全并具备良好的安全性能。把爆破作业、高处作业、水上作业、吊装作业、人工挖孔作业、张拉作业、隧道施工等危险性较高的作业作为管理的重点。

1.4.2　安全管理的实施

1. 抓住一条主线

实施安全生产管理，应紧紧抓住安全生产责任制这条主线。安全生产责任制是施工单位岗位责任制的重要组成部分，是安全生产管理制度中的基础、核心制度。只有实行安全生产责任制，才能做到层层有分工、事事有人管、人人有专责。

2. 落实四项工作

（1）建立健全的各项规章制度。

建设项目的从业单位在全面落实安全生产责任制的基础上，需建立安全技术交底制度、安全资金保障制度、安全教育与培训、安全技术管理、安全检查和应急救援制度、生产安全事故报告调查处理制度等一系列安全生产管理规章制度。建立和完善安全生产的组织约束、社会约束、自我约束、激励机制。

（2）建立与现代企业管理制度相适应的职业安全卫生管理体系。

按照我国现行国家标准《职业健康安全管理体系要求》（GB/T 28001），施工单位要建立与现代企业管理制度相适应的职业安全卫生管理体系，积极推动职业健康安全工作。

（3）深入开展安全生产的宣传培训教育工作。

严格执行三类人员和特种作业人员持证上岗的规定，深入开展安全教育培训工作，包括安全思想教育、安全技术教育、安全技能教育、典型事故经验教育等，要利用各种形式和手段，增强培训效果，积极创建企业安全文化。

（4）强化安全生产监督管理。

建立健全监管体系，横向到边、纵向到底。监管不留死角，确保机构到位、人员到位、制度到位、经费到位。狠抓基层和基础性工作，建立安全生产监管的长效机制。

2　山区高速公路工程施工安全与管理系统

2.1　高速公路施工可靠性安全管理系统研究

公路施工项目安全管理，就是在公路工程施工过程中，从工程开始到结束，组织安全生产的全部管理活动。通过对生产因素具体状态的控制，使生产因素不安全行为和状态减少或消除，不引发人为事故，尤其是不引发使人受到伤害的事故，使施工项目的质量、进度、费用等各项目标的实现得到充分的保证。

安全生产管理，必须坚持安全第一、预防为主的方针。山区高速公路工程的全部施工活动是在规定的时间（工期、进度计划时间）和特定的空间进行人、财、物动态组合的过程。施工项目要实现以经济效益、社会效益为中心的工期、费用、质量、安全等综合目标的管理，则必须对与实现效益相关的生产因素进行有效的控制。

2.1.1　高速公路施工可靠性安全管理系统

1. 系统

从功能的观点看，当一个实体，接受从外部输入的物质、能量和信息，根据某些规定而完成一个运转过程，以产生新的物质、能量和信息，再输出到外部去，这样的一个实体可称为系统。比如一条产品生产线、一个安全装置、一个危险源、一个事故、一个操作规程、一个管理活动、一个社会组织或一个运行机制等，都可称为系统。

2. 结构、秩序和牵制的嵌套决定管理系统可靠功能

管理系统由三个功能维度，即要素管理（element management）、OM（objectives management）目标管理和利害关系（stakeholder management），具有要素管理、OM 目标管理和利害关系管理三个功能维度的管理系统，简称 ESO 嵌套管理系统。

在安全生产管理中，以下利害关系管理点的建立是必不可少的：

（1）依据法律法规、行业标准、规章制度和行为规范建立的利害关系管理点。例如签订雇主与雇员的职业健康安全协议书，协议书中必须包含两项内容：一是明确告知雇员在其生产岗位可能遭受的影响健康的危害因素，可能面临的伤亡危险，以及为保障身体健康应当采取的措施，危险发生时的自救手段和逃生路线；二是明确规定雇主和雇员双方为了职业健康安全的需要所分别承担的义务和权利。

（2）依据劳动工资及奖金合同建立的利害关系管理点。例如，雇主与雇员签订风险抵押金协议，雇员向雇主交纳风险抵押金，如在协议期限内雇员发生了责任事故，雇主依据协议的具体规定酌情没收一定数量的抵押金，如在协议期限内雇员没有发生责任事故，雇主应按抵押金的数倍金额奖励雇员。依据层级职责、时间关系、工艺关系、组织关系、指令关系和交接班手续等建立的利害关系管理点。

2.1.2 高速公路施工可靠性安全管理系统在施工中的应用

施工企业可靠性安全管理系统的建立如下：

1. 结构维度

根据系统工程的原理将施工企业安全管理系统分为：从业人员、设备与设施、作业环境、组织管理四个要素。

对从业人员的管理主要是控制人的不安全行为，主要有包括：违章指挥，指挥失误，违章操作，操作失误，疲劳作业，侥幸、盲目作业，忽视安全警告，违反劳动纪律，停电停风时放炮作业，瓦斯排放未达到安全浓度即放炮作业等。

对设备与实施的管理主要是控制物的不安全状态，其主要包括：安全防护设置损坏或失去效果，起吊重物的绳索具不合安全要求，设备、设施自身的刚度、强度不够，绝缘强度不够，防护用品不合格或缺少，工具、制品、材料堆放不安全等。

对作业环境的管理主要是控制不良的作业环境。而组织管理主要是做到有章可循。主要包括：安全生产管理机构设立的合理性，安全生产管理制度的建立及其合理性，操作规程、重要场所或设施无安全防护方案或措施，有无安全标志或标识不清的情况等。

2. 秩序维度

管理体系包括组织结构、策划活动（包括风险评价、目标建立等）、职责、惯例、程序、过程和资源。根据《职业健康安全管理体系规范》（GB/T 28001—2011）建立施工企业安全管理体系目标，如图 2.1 所示。该图由上往下看：统计性目标、功效性目标、控制性目标。

第一层，具有牵制功能的统计性目标，通过设置触电，高处坠落，车辆和机械伤害，火药爆炸、轻、重伤以及死亡的事故数或者说它们发生的概率来设置人际利害关系的具体制度、规定。

第二层，具有秩序功能的功效性目标，它根据《职业健康安全管理体系规范》设立了方针满意度、目标认同度、安全控制措施更新率、管理人员过失率、利益关系协议率、运行控制的监控能力指数、文件更新间隔期、文件差错率、功效监视测量覆盖率、纠正和预防措施件数、岗位资格达标率、记录准确率、法规获取识别率、应急准备响应力、管理评审结果落实率共 15 个指标。通过对这些指标的控制对高速公路施工过程中的安全管理进行实质性的控制，并且它们覆盖了高速公路施工安全管理系统的所有管理要素。所以，它们足可以成为第一层目标的支撑目标，也就是说，可以通过控制它们概率的大小来控制统计性目标的发生概率。

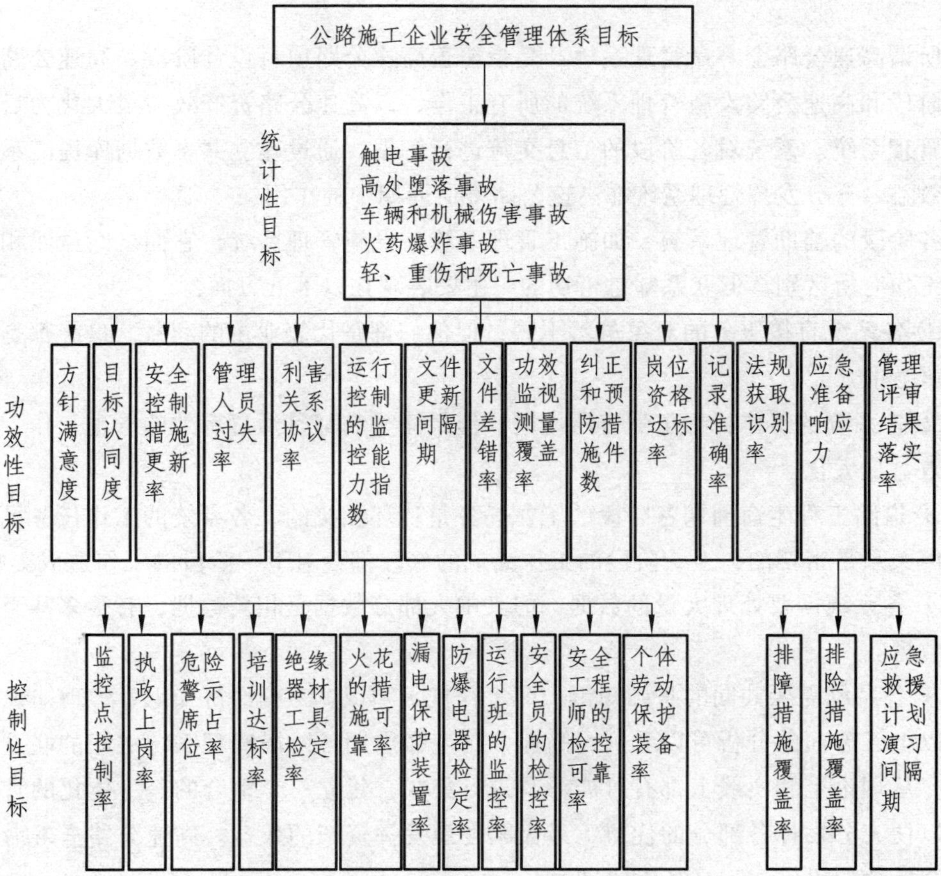

图 2.1　公路施工企业安全管理体系目标

第三层，具有结构功能的控制性目标，从它的具体内容可以看出，它们都是具有实质控制意义的实目标，即可以通过施工现场对其进行控制的。通过对这些目标的控制达到高速公路施工安全生产的目标。因为这层采用严密的检控覆盖率和可靠的控制技术等手段对高速公路施工系统中全部危险进行控制，所以它们是第一层和第二层的支撑性目标。

3. 牵制维度

高速公路施工利害关系管理有：层层建立安全生产责任制度，责任制要落实到部门和岗位以及人头上，并依据层级关系职责明确各自承担的风险以及可取得的利益；建立安全技术交底责任制度，安全技术交底要有书面材料，并进行详细讲解说明后，由交底人和被交底人双方签字确认；建立健全安全生产奖惩制度，对认真履行职责做出显著成绩的要给予表彰奖励。

2.2 高速公路工程项目全寿命管理

所谓高速公路全寿命管理系统，是指覆盖高速公路项目设计阶段、高速公路施工管理阶段和高速公路设施管理系统的所有工作，以高速公路资产效益最大化为目标的辅助管理系统。系统对各阶段的信息交流进行管理，通过建立共享数据库提高系统的运行效益，充分发挥管理系统在高速公路寿命周期中的作用。

各阶段的辅助管理系统，如施工管理系统、设施管理系统，它们之间虽然相互独立，工作有所区别，但联系却是密切的，主要表现在以下五方面：

① 各系统直接服务的对象虽然不同，但他们都是代表业主的利益，最终都是为业主方服务的。

② 各系统的工作目标虽然有所不同，但最终目的都是通过有效的管理工作，实现项目效益最大化。

③ 道路工程生命周期各阶段的工作任务是环环相接的，各系统的工作任务虽然不同，但关系是密切的，上一阶段的工作完成的好坏都会对下一阶段的工作造成影响。

④ 各系统需要处理大量的数据，但其中大部分数据是相关数据，有很多甚至是相同的数据。

⑤ 各系统需要共同的基础知识，即工程技术知识、工程经济知识、管理知识。

以上五方面的分析可以看到，高速公路生命周期各阶段管理系统之间的联系是密切的，从理论上和实践上都有可能对其进行集成，建立一个整合的、一体化的管理系统，以便充分发挥各部分的优势，最大限度地发挥资产的效益。高速公路全寿命管理系统统概念的提出，正是基于此目的。

2.2.1 工程项目全寿命管理模式的特点分析

1. 全过程性

传统的项目管理模式强调阶段的划分和顺序性，承担各阶段服务的组织只关注自己的领域，很少考虑整个系统。全寿命管理模式由项目总负责人领导，从决策阶段开始就考虑工程项目的整个生命周期，能从全局出发，对项目整个管理过程进行集成管理和监督。

2. 集成性

全寿命管理模式的集成包括信息基础和管理过程的集成。信息的集成是指不同管理过程需进行大量的信息传递，利用计算机网络等辅助工具通过数据库的方式实现不同管理过程之间的数据集成。

3. 协调性

全寿命管理模式的协调性是指人才的综合集成，强调管理人员之间的协调和沟通是非常重要的，因此如何保证不同阶段的管理人员服务于一体，实现在分布环境中群体活动的信息交换和共享，并对项目全寿命周期内的管理进行动态的调整和监督显得至关重要。

4. 并行性

传统的管理模式是串行的，前一阶段工程没有完成，后一阶段工程就无法展开。而全寿命管理模式是并行进行，在决策设计阶段要考虑实施阶段的需求，减少真正的实施阶段对设计阶段的更改和反馈。

5. 目的性

工程项目实行全寿命管理模式的目标是尽可能多地满足用户的需要。采用这种管理模式，项目从决策阶段到运营阶段的周期可以大大缩短，同时项目可以根据用户新的要求不断加以动态的调整，提高质量，最终受益者是用户。

2.2.2 工程项目全寿命管理模式的组织简介

在全寿命管理模式中，组织的设置原则应充分考虑到上述不利情况，将传统管理模式中以项目建设为导向的组织改变为以运营使用为导向建设的组织设计。具体来说，应遵循下面四个基本原则：

1. 精干高效原则

项目组织机构的人员设置，以能实现项目所需的工作任务为原则，尽量简化机构，做到精干高效。人员配置控制要严格控制二三线人员，力求一专多能，一人多职。同时还要加强项目管理班子人员的知识含量，着眼于使用和学习锻炼相结合，以提高人员素质。

2. 业务系统化管理原则

由于项目是一个开放的系统，由众多子系统组成一个大系统，各子系统之间及内部各单位之间，不同组织、工种、工序之间，存在大量的结合部，这就要求项目组织也必须是一个完整的组织结构系统，恰当分层和设置部门，以便在结合部上能形成一个相互制约、相互联系的有机整体，防止产生职能分工、权限划分和信息沟通上相互矛盾或重叠。

3. 弹性和流动性原则

工程建设项目的单件性、阶段性、露天性和流动性必然带来生产对象数量、质量和地点的变化，带来资源配置品种和数量的变化。于是，管理工作和组织机构也要随之进行调整，以使组织机构适应任务的变化。

2.2.3 工程项目全寿命管理的主要工作

管理的工作内容由所承担的任务所决定。工程项目的全寿命管理任务包括两个方面：过程管理（Process Management）和界面管理（Interface Management）。

过程管理是指工程项目的决策、设计、施工及运营规程的管理，覆盖项目决策阶段的开发管理DM、实施阶段的项目管理PM及使用阶段的设施管理FM所包含的所有工作。界面管理是指各过程之间的界面管理，一个独立的过程管理所不能发现的问题，均可以通过界面管理找到最适宜的解决方案，但难度也更大。其具体工作内容如下：

（1）确定目标系统。

从整体管理的思想角度确定项目全寿命管理（Lifecycle Management）LM的目标系统，并在全寿命管理的不同阶段运用动态控制原理进行控制和调整。

（2）制定系统任务确定。

LM目标系统任务，即“三控”（质量、工期、成本）、“三管”（合同、信息、安全）及“一协调”（组织协调）的规则和控制。

（3）设计组织结构。

按照上述原则，进行组织机构设计，包括项目组织结构设计和LM班子组织结构设计。

（4）分配人力资源。

通过内部分配和外部招聘进行人员配备，落实岗位责任制。

（5）明确工作流程。

确定项目的初始阶段直至运营阶段的工作程序。

（6）组织系统编码。

对LM元素定义，统一进行编码。

（7）编制工作手册。

（8）对全寿命周期内出现的问题从整体角度进行分析、评估和决策，并监督和检查执行情况。

2.2.4 工程项目全寿命管理系统的组成

参与建设的各方在工程项目的全寿命周期内会产生并需要大量的信息，这包括从工程项目的前期策划、设计、施工、项目运营直至项目被拆除的全过程的有关信息。为提高全寿命管理的水平，建立一条畅通的信息沟通渠道，必须创建适合于项目自身特点的管理信息系统，以辅助项目全寿命管理工程项目全寿命管理信息系统（LMIS）可由七个子模块构成（图2.2），模块M1至M6主要针对项目全寿命管理的不同管理过程的层次处理，模块 M7 则进行项目全寿命过程界面管理的信息处理。

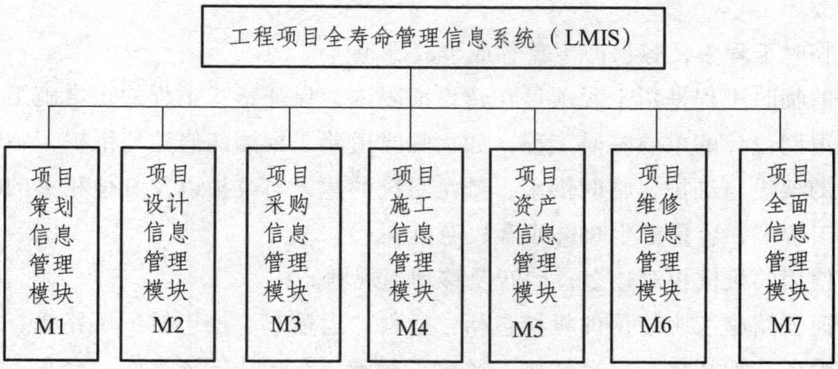

图 2.2　工程项目全寿命管理信息系统的组成

2.3　高速公路工程施工安全的特殊性

公路工程施工企业生产过程的安全生产管理与其他行业相比有其特殊性，主要表现为：

（1）野外作业受气象条件的影响大。

高速公路施工是 100%的露天作业。施工现场地处高山河谷或平原，作业环境十分复杂，条件恶劣，安全隐患源、危险源较多且分布范围较广，在气候冷暖、洪水、雨雪、大风、暴雨等自然灾害影响下，塌方、倒塌、水毁、滑坡、泥石流等安全事故随时会发生。

（2）高空作业、地下作业环境特殊。

高速公路建设涉及高空作业，它是高速公路施工中存在危险源较多，风险较大的工序。首先作业环境与我们日常活动环境的改变会给施工工人形成一定的心理负担。这是因为人一般都是在地面上活动，而高空作业的环境条件却是在距地面 2 m 以上，工作斜面大于 45°，且工作地面没有平稳的立脚地方或是在有振动的地方作业。

高速公路建设还涉及地下作业，即隧道作业。而随着隧道隧洞施工的深入，作业场所发生变化，由地上作业变为地下作业。作业的环境条件也随之不断改变和恶化，主要表现在：工作空间狭小（施工设备和机械不但占用空间，而且各种施工活动还要在这样的空间内进行交叉作业），工作照明造成的视觉环境差，灰尘和噪声污染严重，有些隧道还存在着温度高和湿度大的危害，不但易发生事故，而且易导致职业病。

（3）多工种混合作业，相互配合不易协调。

高速公路施工是多种工种混合作业，很容易形成交叉作业。现场施工上部搭设脚手架、吊运物料、地面上的人员搬运材料、制作钢筋等等，都是施工现场的交叉作业。交叉作业中，若高处作业不慎碰掉物料，失手掉下工具或吊运物体散落，都可能砸到地面上的作业人员，发生物体打击伤亡事故。同时各个工种相互之间又不易协调很容易导致事故。

（4）临时工程多，容易产生疏忽或事故隐患。

所谓的临时工程是指工程项目在建设期限内为保证正式工程的正常施工而必须兴建的单独编制设计的单项临时工程，如：临时道路、桥涵的修建与维护，临时电力、电讯线路的架设与维护，临时供水、排污系统的建设与维护以及其他相关的临时设施等。临时工程多，容易产生疏忽或事故隐患。

（5）使用的机械相对较多，运转及移动不规则。

在高速公路施工中使用的机械包括：运料的运输车、挖土机、压路机、推土机、挂篮施工设备、架桥机、潜孔钻机、风镐、衬砌台车多功能隧道作业台车、湿喷机、通风机、空压机、注浆机、发电机、变压器、钢筋调直机、钢筋切断机、钢筋弯曲机、电焊机、插入式振动器、附着式振动器、平板式振动器等。其中会产生机械伤害，主要是指施工现场使用的钢筋加工机械和拉直机、切断机、弯曲机等；而电焊机、搅拌机、各种气瓶及手持电动工具等在使用中，会因缺少防护和保险装置对操作者造成的伤害。同时，因为使用的机械相对较多，运转及移动不规则，很容易造成事故。

（6）使用的材料量大、型号多。

2.4 高速公路工程项目安全系统的构成

高速公路工程施工作业是一个复杂的人、机、环境系统，由施工人员、机电、施工现场、组织管理组成。他们之间是一个相互联系相互制约的缺一不可的一个有机整体。由于高速公路建设自身的特性，该施工项目生产系统的人员、机电、环境、组织管理等要素又有与传统其他生产行业有明显的区别。

2.4.1 从业人员方面

随着建设行业市场改革的不断深化和建设企业改制后的经营机制的转换，建设企业用工制度也发生了根本性的转变。当前形势下，施工企业管理层与劳务层分离，施工现场的一线工人由原来的固定工为主逐步过渡到现在以劳务工为主，高速公路建设企业也不例外。同时，由于高速公路建设门槛低，可吸纳的农民工较多，大量的农民工作为路桥施工企业劳动力主体，在为企业完成施工产值的同时，也给企业的安全生产埋下了可怕的隐患：一是随着国内基础设施建设的规模日益扩大，劳务市场的培育相对滞后，绝大多数弃农务工的农民都是才出农田就上工地，在安全意识和角色的转换上难以达到有效缓冲；二是绝大多数民工文化少，素质差，安全意识淡薄，生产技能低，无法在短期内通过培训完全达到国家有关施工企业对于安全生产的作业要求；三是经过多年培训，在技术和技能上有所提高，基本达到要求的熟练工，又难有效控制其随意流动。

2.4.2 设施与设备方面

高速公路建设工程施工作业的机械设备比较落后。在施工现场一般都有起重机械，如起重吊机、龙门吊、卷扬机、塔式起重机、吊装机械；土石方机械，如挖掘机、推土机，平地机、压路机、手扶式振动夯等；水平垂直运输机械，如载重汽车、自卸汽车、叉车、铲车、洒水车、混凝土搅拌运输车等；混凝土机械，如砂浆搅拌机等；还有一些其他机械，如挂篮施工设备、架桥机、潜孔钻机、风镐、衬砌台车多功能隧道作业台车、湿喷机、通风机、空压机、注浆机、发电机、变压器、钢筋调直机、钢筋切断机、钢筋弯曲机、电焊机、插入式振动器、附着式振动器、平板式振动器等。

高速公路施工机械大多是根据施工需要临时设置，安置于施工现场，与其他行业相比有以下特点：

① 作业地点和操作人员不同。工厂内机床设备相对固定，能保证专人专机操作，而高速公路建设工程施工机械场地和操作人员的流动性都比较大，由此引起安装质量、维修质量、操作水平变化也比较大，直接影响机械的可靠性和安全性。

② 作业对象不同。高速公路建设工程设备的作业对象主要是以砂、石、土、混凝土、钢筋、水泥等其他材料为主。机械受力复杂，载荷变化大，腐蚀大、磨损严重。

③ 使用的环境条件不同。高速公路建设工程的大多数设备是长期露天工作，经受风吹雨打和日晒。恶劣的环境条件对机械的使用寿命、工作可靠性和安全性都有非常不利的影响。

2.4.3 作业环境方面

由于地质灾害种类多、分布广、活动频繁、危害严重，我国每年因崩塌、滑坡和泥石流等地质灾害造成的经济损失达数百亿元，然而，因高速公路建设等人为工程活动引发的地质灾害造成的人员伤亡和经济损失正呈不断上升的趋势。高速公路建设是一项改造自然的工程，并且对地质环境的影响教大。特别是，在我国云南、贵州、四川等丘陵山区，其地质状况较为复杂，无论是已有高速公路还是在建高速公路，人为的开挖坡角、削坡修理或建设等工程活动，都易引发地质灾害。

同时，高速公路施工是长年在野外进行，各种作业环境和气候条件都会碰到，如：松软的路面、复杂的地质条件、嘈杂的噪声、暗淡的照明、较高或较低的温度等作业环境都容易导致事故的发生。特殊的气候条件或自然灾害也容易造成事故。如：冰雹、暴雨、洪水、夏季的高温、冬季的寒冷等不可抗拒的自然条件。

2.4.4 组织管理方面

高速公路建设工程施工项目管理组织方面主要特点是：管理层次复杂、涉及的责任主体较多、扁平化程度不高，其主要表现在以下几个方面：

① 涉及的单位多。依照《建设工程安全生产管理条例》的规定："建设单位、勘察单位、设计单位、施工单位、工程监理单位及其他与建设工程安全生产有关的单位，依法承担建设工程安全生产责任。"在高速公路施工项目部中涉及的责任主体由建设单位、勘查单位、设计单位、工程监理单位、施工单位及其他有关单位。

② 由于目前施工企业经营体制的改革，管理层和经营层分离、总分包制度渐行，涉及的管理层次增多，如总包单位与分包单位的权责划分，以及安全生产责任的落实问题。

③ 还有一个很现实的问题，目前很多具有施工资质的单位只负责承揽业务，而实际的施工作业任务由没有施工资质的外协作业队完成。

结合这三点来看，在施工作业过程中，对安全生产有责任的单位就有建设单位、监理单位、施工单位、专业分包单位、劳务分包单位等，组织结构体系层次复杂，这与其他产业的安全管理组织相比有很大的区别。如：在传统的制造企业，化工企业等行业，由于其生产流程、作业人员相对稳定，在安全管理组织方面就容易形成相对稳定的安全管理组织结构、建立标准化管理体系。

2.5 强化安全生产监督和安全风险管理

1. 加大对重大危险源和违规行为的监控

重大危险源是安全管理监控的重点。借鉴美国 OSHA 的做法，加强对重大危险源和"严重"违规行为的监控，加重对"严重"违规行为的处罚，并形成机制，真正做到"预防为主"。要做到这点，不仅需要完善国家监察制度，而且还需要不断创新安全监控方式和手段，形成高效的安全生产监控机制。

2. 发挥行业协会和中介机构的作用

我国应该强化行业协会在改善和促进建筑安全健康方面的作用，鼓励行业协会通过标准制定、咨询培训、科技服务等方面的工作提高建筑安全水平；还应该加快安全评价、认证、检测、检验、培训、咨询等安全健康中介机构的建设，充分发挥安全健康中介组织的作用。同时，建立安全中介组织的监管机制，加强对安全健康中介组织的监督管理，提高安全健康中介的职业道德水平和服务水平，促进中介服务专业化、社会化、规范化。

3. 建立健全企业安全管理制度

促进企业建立自我约束的安全管理制度就是鼓励企业进行“自我规管”。我国香港地区的做法是通过法规的形式，要求承包商采取安全管理制度，具有强制性特征，值得借鉴。

4. 加强专项工程施工技术的安全控制

山区高速公路工程施工过程中，部分专项工程往往是事故多发点，主要包括：桥梁工程、隧道工程、路基工程和路面过程施工，因此，加强对这些专项工程施工的安全控制，可以有效降低安全风险，减少安全事故。

3 山区高速公路施工安全致灾机理

在施工过程中容易发生主要事故有：机械事故——道路施工机械或运输机械将人员撞、轧、挤、割等伤害，机械失稳或倾翻事故造成人员伤害，运转进行机械部件甩出伤害人员。坍塌事故——施工挖方地段边坡塌方，施工现场结构物和施工临时设施的坍塌，沟槽因支护不到位而造成塌方。高处意外坠落——包括从结构物上坠落，挖方段边缘或沟槽边缘坠落，以及从较高的施工机械设备上坠落。物体打击——包括高处坠落物伤害到人员或设备，碎片伤害人，以及撞到运动或静止的硬物而造成的伤害。上面这些事故严重影响着山区高速公路工程安全的管理。

3.1 安全事故致因理论分析

事故致因理论是研究事故如何发生以及如何防止事故发生的理论，是从大量典型事故的本质分析所提炼出事故机理和事故模型，为事故的定性定量分析、事故的预测预防和安全管理工作的改进，从理论上提供科学的、完整的依据。这些机理和模型反映了事故发生的规律，揭示了事故的成因、过程与结果。由于只是抽象概括地考虑构成系统的人、机、物、环境，它更本质、更具普遍意义。当它和具体的危险源、具体的事故结合时，就可以更科学、更实际、更生动地把可能的事故成因、过程、结果展现在人们面前。故而它是进行危险性分析、安全性评价、对策制定、监控管理及事故调查分析的有力武器。

山区高速公路施工过程主要是组织人员、材料、设备和工具等，按照工作计划、客观规律和条件、作业标准等，通过一系列的组织和管理手段，完成桥梁、路基、隧道的建设工作，这些工程施工过程中发生的使工程停止或受到干扰的意外事件有很多种类，产生这些意外事件的根源还涉及该项目的设计单位、建设单位、监理单位等各参与方，同时，还有自然力的因素。山区高速公路施工安全事故是指在正常的施工条件下，由于施工企业自身的组织、管理及特殊施工环境等原因，造成施工过程中的某些要素扰动，引起工作或活动偏差，导致施工进程停止或受到干扰，形成损失或伤害的意外事件。

3.1.1 山区高速公路施工能量意外致因

山区高速公路施工中导致能量意外释放的主要原因是施工过程中危险源中的各种能量的载体，或者导致能量载体在正常存在条件下遭受破坏的各类软件或者硬件，在一定的条件下被触发了。在山区高速公路施工现场，可能导致能量的意外释放主要有以下几类情况：

（1）施工物料本身的物理化学危险性。

山区高速公路施工现场采用的材料中存在许多可燃性、爆炸性和有毒性、腐蚀性的材料，例如电焊气割场所的氧气瓶、乙炔瓶等，石方爆破用的炸药等，当这些材料的化学能量没有得到恰当的储存、运输和使用中被意外释放就会导致伤害。

（2）施工中势能积聚的危险性。

由于山区高速公路施工现场尤其是桥梁工程中高空施工作业较多，施工材料和预制构件本身体积庞大，质量沉重，极易造成势能集聚。一旦由于施工工艺不当或防护措施失利，会导致该能量意外释放发生事故。

（3）施工中电、火能量的危险性。

山区高速公路施工场地的火点多，离不开用电。一旦电器受损或者明火遇到具有可燃、爆炸性的物料，就可能发生事故，其热辐射、爆炸波和爆炸产生的碎片将导致邻近范围内的人员伤亡；施工机械和设备通常也在电或油气能量的作用下进行，一旦控制不当，会导致危害。

（4）施工工艺的危险性。

危险源当处于不当的工艺生产过程中也会导致事故，即工艺危险性。工艺危险性主要包括工艺的具体操作形式，产品及原材料的运送方式，工艺操作流程中的温度、压力、加热和燃烧方式，腐蚀是否需要在爆炸极限附近操作，以及工艺操作所在场所等。

3.1.2 因果连锁分析

事故因果认为事故的发生不是一个孤立事件，往往是与其原因有着必然的因果关系。事故因果连锁理论又称作因果继承原则。

在事故因果中，事故原因分为直接原因和间接原因。

直接原因又称一次原因，在时间上是最接近事故发生的原因，分为物的原因和人的原因。物的原因是由于设备、物料、环境等不安全的状态所引起的，人的原因是人的不安全行为。但直接原因只停留在事故的表面现象，往往不能揭露事故发生的本质。间接原因是二次、三次以至多层次继发原因，是来自事故本源的基础原因，这些原因才是需要从大量的事故数据中进一步挖掘的事故致因。而二次原因又是三次原因的结果，如此类推。

间接原因大致可分为六类：① 技术的原因；② 教育的原因；③ 身体的原因；④ 精神的原因；⑤ 管理的原因；⑥社会及历史的原因。其中，技术、教育和管理这三项是最重要的间接原因。另外，在①~⑥项间接原因中，①~④是二次原因，⑤、⑥为基础原因。在二次原因中，①是物质和技术方面的原因，②、③、④三项是人的原因。

事故与事故起因之间存在着复杂的关系，按照事故和事故起因之间的关系可以分为以下三类：多因致果型、因果连锁型、集中连锁复合型。根据我国现行国家标准《企业职工伤亡事故分类》（GB 6441）中的因果连锁模型。见图 3.1。

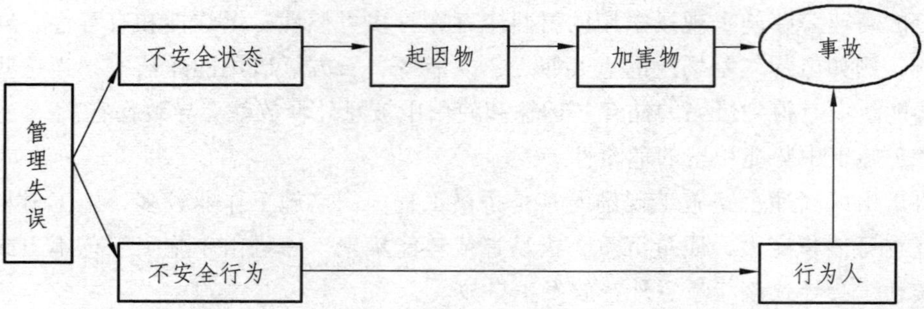

图 3.1　因果致因理论模型

从图中也可以看出，导致人的不安全行为和物的不安全状态的根本性原因是管理的失误。不安全状态又可以分为直接产生事故的物，即加害物，以及加害物的触发因素即起因物。不安全行为主要是由于人的各种违反安全规律的行为导致了最终受害。

在山区高速公路施工项目中，这些由于管理失误产生的不安全状态和不安全行为是客观和普遍存在的，也是我们关注和研究的核心。它在山区高速公路施工危险源中主要体现在以下几个方面：

① 山区高速公路施工管理中对危险源的检测、防护及控制等的管理不到位，造成这些能力得不到正常发挥，从而就会产生一些加害物和起因物。比如桥墩施工中没有防护设施，这个桥墩成了加害物。

② 山区高速公路施工管理对安全意识的管理强度不够，安全意识不强，就会造成施工作业人员的不安全行为。比如不戴安全帽、不系安全带等等。

3.2　山区高速公路施工现状

3.2.1　山区高速公路施工的特点

山区的公路大部分是在原有的简陋山路上扩建改建而成，新建的山区高速公路必须通过桥梁或隧道等工程穿越复杂得地形。因此山区的地形复杂的特点对道路的设计和施工有着很大的影响。山区修建公路的特点：

（1）山区道路地形地质复杂。

山区地形复杂，表现为地面高差大，变化频繁，横坡陡；地质复杂表现为岩溶、滑坡、不稳定斜坡、崩塌、陡崖等不良地质。山区地形陡峻，地质情况较为复杂，公路桥梁、隧道工程量大，工程艰巨，山区公路路基填切较大，对公路防护工程的要求也较高。

（2）地形条件限制。

由于地形条件的限制，原有的山区道路线形通常较差，在改建的过程中要进行重新选线，既要充分结合原有道路，又要利用好大型的桥梁或隧道等构筑物。这样必须要求勘测人员有高的勘测水平和勘测经验，并熟悉道路的地形地貌。

（3）山区河流对山区高速公路的破坏。

山区河流洪水猛、流速大、冲刷凶、水位涨落和河湾冲高的幅度都很大。设计洪水位时，既要考虑河道上下游断面的变化，又要考虑山区高速公路修筑和施工弃渣后造成淤积、改变流向等影响。山区如有较大河流，在设计时注意河流对道路的影响，保证道路的正常和安全使用。

（4）山区道路建设应考虑对山区环境的破坏。

山区高速公路对环境影响较大，而且山区自然生态环境较脆弱，山区高速公路设计应从各个方面把对环境的影响降到最低。

3.2.2 山区高速公路施工安全分析

1. 山区高速公路的施工环境

山区高速公路工程的流水施工作业，使得作业人员经常更换工作地点和环境。山区高速公路工程的作业场所和工作内容是动态的、不断变化的，工作环境包含着危险源，而相应的安全防护设施往往是同步于甚至落后于施工过程（结构施工中）。

2. 不断变化的工程安全性

施工项目具有临时性和一次性的分别，这就决定了山区高速公路工程的安全性是不断变化的。

施工项目中的结构物、设备、机械、机具、材料等，都表现出很强的临时性，甚至包括人员，很难按照同一张纸、同一工艺、同一生产设备进行重复生产，导致无法彻底辨识施工中的全部危险源，并且展开系统地防范和控制措施。而且，大部分施工过程都在临时设施上进行的，如脚手架、模板、支护等，增加了现场施工的危险性。并且施工项目工序多，变化大，环境影响因素突出，危险隐患增加。施工项目高处作业多，在防护不当时，极易发生高处坠落等安全事故。建筑施工过程中通常存在施工作业面狭窄，交叉作业多等危险隐患。

3. 施工现场的组织机构要求

从施工参与方来看，施工过程中存在多个参与方，其关系的复杂性、多方参与性决定了施工安全的管理难度较高。施工安全管理是全方位的、整体的、相互制约的。施工安全的主体是施工企业，但施工企业在整个项目流程中并不占据主导地位，对其他参与方的影响力小，而且众多参与方之间的关系复杂，决定了施工企业对施工安全的管理难度较高。

多个建设主体的存在及其关系的复杂性决定了安全管理的难度较大，山区高速公路工程建设的责任单位有建设、勘察、设计、监理、施工等诸多单位。施工现场安全主要由施工企业负责，实行总承包的，主要由总包单位负责，分包单位向总承包单位负责。由于多级分包体制的存在，承包商安全管理的力度会随着管理层级的增加而衰减。具体施工过程中遇到的安全问题，由于调动资源的权限不同，很难及时得到解决。并且施工企业的队伍和人员流动性较大，使得现场的工作人员经常发生变化，而且施工人员属于不同的分包单位，有着不同的安全管理措施和安全文化。

4. 施工管理中不安去因素分析

（1）目标（结果）导向对施工企业形成一定的压力。

山区高速公路工程施工中的管理主要是一种目标导向的管理，只要结果（产品）不求过程（安全），而安全管理恰恰体现在过程上。项目具有明确的目标（质和量）和资源限制（时间、成本），再加上分包的出现，这些使得施工企业承受较大的压力。

工程建设涉及建设单位、勘察单位、施工企业、工程监理单位、设备租赁单位和拆装单位等众多主体，对这些主体的安全生产责任难以有效的贯彻落实。建设工程安全生产的投入不足。建设工程安全生产监督管理制度尚未有效全面展开，安全生产信用体系尚待建立。安全生产事故应急预案制定和应急救援制度尚未健全。安全技术开发力度和安全资源配置不足。对事故隐患检测能力和一旦发生事故后的事故处置能力均显不足。

（2）施工作业的非标准化使施工现场危险因素增多。

施工企业生产过程技术含量低、劳动和资本密集。工人散布工地从事多个工位和任务的工作，施工现场劳动对象和劳动条件千变万化，很难一一规范所有操作行为。低技术含量决定了从业人员的素质相对普遍较低。而工人与施工单位间的短期雇佣关系，造成施工作业培训不足，使得违章操作的现象时有发生，这使不安全行为成为重要的事故发生隐患。管理和控制只能更多地依赖监督和经验。

5. 作业人员不安去因素分析

（1）工人工作的自主性。

工作环境的变化、管理的目标导向以及作业的非标准化，使得从事山区高速公路施工的作业人员在工作中相对于其他行业的劳动者有更大的自主性，即事故预防更多地依赖对工人的管理和安全培训。且施工作业者劳动强度高，作业人员易产生工作疲劳、注意力分散，从而出现误操作和事故发生。作业人员的操作过程复杂程度高，现代施工项目工艺繁杂，施工条件复杂。

（2）工人的素质。

从业人员的素质相对较低，造成施工人员缺乏安全常识。建筑施工是低技术含量、非标准化作业，又需要大量的人力资源，属于劳动密集型行业。决定了从业人员的素质相对较低，不懂得在劳动中合理地保护自己。

对不同山区高速公路上的工人的文化程度、年龄、籍贯等基本的人口统计学变量进行了调查，结果如表 3.1 所示。

表 3.1　山区高速公路工人（农民工）基本情况

项目名称	承德—张家口高速承德段	三（门峡）淅（川）高速公路	邢汾高速公路	承德—张家口高速张家口段
平均年龄	48	45	46	47
主要来源地	重庆、四川、安徽	贵州、四川、安徽	重庆、四川、贵州	重庆、四川、贵州
教育水平及比例	初中（61.4%）	初中（67.3%）	初中（71.3%）	初中（60.4%）
从业时间	3.4	2.4	2.4	2.5
流动性（每年转工地数）	1.8	1.7	2.0	1.8

表中内容说明了以下几点：

① 山区高速公路上的工人平均年龄较大。

② 山区高速公路上的工人主要来自重庆、四川、贵州。

③ 初中文化程度的工人占总人数的比例较高。

④ 工人从事山区高速公路建设时间平均为 2.8 年，且流动性（每年转换工地数）比较大。

（3）工作状况。

建设工期被不合理的压缩使安全风险增大，业主常常为了业绩和投资收益，要求项目提前竣工或暗示施工企业压缩工期，而施工企业因处于产业链底层。迫于市场压力不得不压缩工期、日夜赶工。施工人员超负荷工作、疲劳作业。同时，安全措施的落实得不到时间上的保障，施工人员不得不冒险施工，这些必然增大了施工中的安全风险。

据有关调查结果显示，工人每天的劳动时间都在 8 ~ 10 h，有的长达 12 ~ 14 h，而且没有休息日，导致因疲劳过度酿成的伤亡事故时有发生。主要从工作时间、安全生产、合同与医疗三个方面来调查工人的工作情况，统计结果如表 3.2 所示。

表 3.2 山区高速公路工人（农民工）工作状况

项目名称	承德—张家口 高速承德段	三（门峡）淅（川） 高速公路	承德—张家口 高速张家口段
每日正常工作时间/h	12	10.9	11.4
正常睡眠休息时间/h	8	7.9	7.8
夏季加班时间/h	7	7.4	7.3
个人安全装备比例 （安全帽、安全带）	71%	68%	65%
技术人员提醒注意安全频率	经常	偶尔	偶尔
参加安全培训的比例	43%	34%	44%
签订合同的比例	30%	34%	37%
定期检查身体的比例	17%	18%	20%

通过表 3.2 中的数据和对工人的访谈可知：

① 工人的工作时间较长，有时甚至长达 18 h；

② 只有 70%左右的工人配有安全帽、安全带等基本的个人安全防护装备，只有在上级单位检查的时候才配戴安全防护用品。在访谈中工人均未配备诸如工作鞋、防护服、防护镜及隔噪耳塞等安全防护设备；

③ 参加安全培训的工人比例较低，且人均累计总时间较少，低于相关法律规定的 48 学时要求。

④ 工人签订合同的比例偏低，且有较高比例的工人对合同不了解；定期进行身体检查的工人比例较低，低于 20%。

综上所述，山区高速公路施工安全生产的特点决定了安全生产管理的难度较大，在施工过程中，由于项目处于复杂多变的环境条件下，且自身作业活动多样、施工条件多变，导致系统整体包含的危险源集中，危险性特点多样，表现为安全事故的多发性。安全生产工作需要从系统的角度整合各方面的资源来有效地控制安全事故的发生。同时，这些特点也决定了安全事故发生于具体的施工作业活动中，有效地进行安全生产行为管理，即为控制安全事故的发生，采取有效的工作步骤和序列，是施工企业降低安全事故发生概率，提高安全管理水平的最直接有效的方法。

3.2.3 山区高速公路安全措施的技术原则

安全管理的重点就是要实现有效的控制，而安全控制的三个重点是：施工中人的不安全行为，物的不安全状态，作业环境的不安全因素和管理缺陷。所谓有效控制就是要有针对性的控制，对人的不安全行为的控制，主要采取安全法制措施，通过建立健全劳动安全卫生法律、法规、操作规程来约束人们的行为。通过监管理措施，保证法律、法规的有效实施。从管理对象的角度说，人应该按照一定的规范和准则约束自己的行为，在满足行为规范和准则的条件下受到应有的保护，针对人的安全生产规章制度通常分为各级人员安全生产责任制、安全教育培训制度、安全奖惩制度、劳动保护制度、群众监督制度。对于物的不安全状态的控制，主要采取工程技术措施。依据的技术原则主要有以下几个方面。

① 消除原则：采取有效措施尽量消除一切危险、有害因素，实现本质安全。

② 预防原则：对于无法完全消除的危险、有害因素，在生产前要采取预防措施。

③ 减弱原则：对无法完全消除的危险、有害因素，假设预防措施没有发挥作用或其他因素可能引发事故，应采取措施减弱其危害。

④ 隔离原则：对于无法消除，也得不到良好预防的情况，应采取隔离措施，把人员与有害因素隔开。

⑤ 个体防护原则：通过使用个体防护用具，减轻事故造成的后果，或采取其他防护措施，避免有害因素对人体的危害。

我国建筑安全管理的方针是“安全第一，预防为主”。安全第一就是要把保证安全放在一切工作的首位，各项工作都要服从安全第一；预防为主就是要把安全工作放在事前做好，做到防微杜渐，防患于未然。

实施安全管理必须坚持的六项基本原则是：

① 管生产必须同时管安全；

② 坚持安全管理的目的性；

③ 坚持贯彻预防为主的方针；

④ 坚持全程动态管理；

⑤ 安全管理重在控制；

⑥ 在管理中发展和提高。

4 山区高速公路路基施工安全与管理

由于路基土石方工程量大，分布不均匀，施工路线长。路基施工的基本方法大致可分为：

（1）人工施工。

采用手工工具施工，劳动强度大，工作效率低，进度慢。在施工生产活动中潜伏着众多的不安全因素。例如，为了加快施工进度，在挖方中有的采用挖“神仙土”方法，即开挖掏洞，使其上部土层失去支撑，利用上层土的自重或再加施压，使上土层自已下塌。这样，往往出现严重伤亡事故。且由于主要靠人力开挖或填筑，劳动强度大，工人极易疲劳，在暑天亦易中暑等等。因此，劳动保护任务十分繁重。

（2）简易机械化施工。

以人力为主，配以少量机械或简易机械进行施工。其施工中的不安全因素亦与人工施工基本相同，只是工人劳动强度稍有减轻。

（3）机械化施工和综合机械化施工。

使用配套机械，对主机配以辅机，相互协调，共同形成主要工序的综合机械化进行施工。这样，劳动人数减少，劳动强度减轻，但机械施工中的不安全因素大量增加。

（4）爆破法施工。

由于采用钻岩机钻孔与机械清理作为主要手段，特剧是采用爆破，其不安全因素不但大量存在，而且极具危险性。爆破法施工主要用于石方和冻土路基开挖。

（5）水力机械化施工。

采用水泵、水枪等水力机械，喷射强力水流，以冲散土层并流运至指定地点沉积。由于它的机械特点和施工条件，因而不安全因素大量存在。

4.1 清理施工场地的安全管理

4.1.1 砍伐树木的安全控制

在清理施工场地工作中，往往要采用人工砍伐或电锯砍伐树木，清除草丛和刨挖树根等作业，这些作业中的主要安全控制点：

① 伐树前，应将伐树范围弄清，在伐树范围内应从保证安全出发设置警戒，非工

作人员不得在范围内逗留和接近范围。

② 伐树前，应将周围有碍砍伐作业的灌木和藤条砍除，并选好安全躲避的退路。

③ 伐树前，应有计划，使砍伐工作按计划、有步骤、有顺序地进行，特别是多组砍伐时，更应计划严密。

④ 伐树前，应对伐具，特别是电锯的设备、布置（如线路）进行检查。

⑤ 明确操作要求。为使树木按预定方向倾倒，要在树木下部倒树方向砍一剁口，其深度为树干直径的 1/4，然后再从剁口上边缘的对面开锯，最后应留 2 ~ 3 cm 安全距离。

⑥ 在陡坡悬岩处砍伐树木，应有防止树木伐倒后顺坡溜滑和撞落石块伤人的安全措施。在山坡上严禁在同一地段的上下同时进行砍伐作业。

⑦ 截锯木料时，三叉马和树干垫撑必须稳固。

⑧ 大风、大雾和雨天不得进行伐树作业。

⑨ 清挖树根，特别是用拖拉机配缆绳拖拔大树根时，缆绳与树根要捆结牢固，缆绳必须具有足够强度，以防缆绳绷脱树根或断裂而出现事故。

⑩ 清除的丛草、杂树、树根等严禁放火焚烧，以防引起火灾。

4.1.2 拆除建筑物的安全控制

1. 拆除作业之前

拆除作业之前，应制定安全可靠的拆除方案，应将与拆除物有连通的电线、水、煤气管道切断，并在四周危险区域内设置安全护栏，并配以必要的警告标志，并设置夜晚的警示灯，非工作人员不得进入。拆除工序应由上而下，先外后里，严禁数层同时作业。搭设的脚手架必须稳固可靠，并应在作业前进行检查，以确保安全。搭设脚手架的材料、扣件必须符合质量要求。操作人员操作时，应站在脚手架或稳固的结构部位上作业。操作人员所用的工具，如大锤等必须符合要求，把手拼接必须紧固，以防脱锤伤人。严密注意观察拆除过程中结构的变化。对有倒塌危险的结构物应予以可靠的临时支撑加固。拆除梁、柱之前，应先拆除其承托的全部结构物，严禁采用掏空、挖切和大面积推倒的拆除方法。拆除石棉瓦及轻型结构屋面工程时，严禁施工人员直接踩在踏石棉瓦及其他轻型板上进行作业，必须使用移动板梯，板梯上端必须挂牢，防止从高处坠落。

2. 拆除作业的要求

拆除建筑物一般不采用推倒方法，遇有特殊情况必须采用推倒方法时，砍切墙根的深度不能超过墙厚的 1/3，端的厚度小于两块半砖的时候，不许进行掏掘。为了防止端壁向掏掘方向倾倒，在掏挖前，要用支撑撑牢。建筑物推倒前，应发出信号，待所有人员远离建筑物高度 2 倍以上的距离后，方可进行。在建筑物推倒倒塌范围内，有其他建筑物时，严禁采用推倒方法。在高处进行拆除工程时，要设置流放槽，以便散碎废料顺槽流下。拆下较大的或沉重的材料要用吊绳或者起重机械及时吊下或运走，禁止向下抛掷。

当采用控爆法拆除大型建（构）筑物时，必须有经批准的控制爆破设计文件，并有可靠的安全技术措施计划，并注意严格遵守现行国家标准《土方与爆破工程施工及验收规范》（GB 50201）关于拆除爆破的规定。在人口稠密、交通要道等地区爆破建筑物，应采用电力或导爆索起爆，不得采用火花起爆。当采用分段起爆时，应采用毫秒雷管起爆。爆破时，对原有蒸汽锅炉和空压机房等高压设备，应将其压力降到 0.1 ~ 0.2 MPa。爆破各道工序要认真细致地操作、检查与处理，杜绝各种不安全事故发生。爆破要有临时指挥机构，便于分别负责爆破施工与起爆等有关安全工作。应设置安全范围，进行必要的围栏和设置禁止标志及设置安全员值班。

3. 爆破拆除安全施工要点

爆破拆除工程、应根据周围环境、作业条件、拆除对象、建筑类别、爆破规模，按照现行国家标准《爆破安全规程》（GB 6722）将工程分为 A、B、C 三级，并采取相应的安全技术措施。爆破拆除应做出安全评估并经当地有关部门审核批准后方可实施。

从事爆破拆除工程的施工单位，必须持有工程所在地法定部门核发的《爆炸物品使用许可证》，承担相应等级的爆破拆除工程。爆破拆除设计人员，应具有承担爆破拆除作业范围和相应级别的爆破工程技术人员作业证。从事爆破拆除施工的作业人员应持证上岗。

购买爆破器材，必须向工程所在地法定部门申请《爆炸物品购买许可证》，到指定的供应点购买。爆破器材严禁赠送、转让、转卖、转借。运输爆破器材时，必须向工程所在地法定部门申请领取《爆破物品运输许可证》，派专职押运员押送，按照规定路线运输。爆破器材临时保管地点，必须经当地法定部门批准，严禁同室保管与爆破器材无关的物品。

对烟囱、水塔类构筑物采用定向爆破拆除工程时，爆破拆除设计应控制建筑倒塌时的触地振动，必要时应在倒塌范围铺设缓冲材料或开挖防振沟。建筑基础爆破拆除时，应限制一次同时使用的药量。爆破拆除工程的实施，应在工程所在地有关部门领导下成立爆破指挥部，应按施工组织设计确定的安全距离设置警戒。爆破飞散物的防护，在爆破部、危险的方向上对建筑物进行多层复合防护，把飞石控制在允许范围内。对危险区域实行警戒，保证在飞石飞行范围内没有人和重要设备。分散爆点以减少振动，分段延时起爆，使一次起爆药量控制在允许范围内，隔离起爆，先用少量药量炸开一个缺口 ，使以后起爆的药量不与地面接触，以此隔振。爆前对爆破建筑物用水冲洗，清除表面浮尘。爆破区域内设置若干“水炮”同时起爆，形成弥漫整个空间的水雾，吸收大部分粉尘。在上风方向设置空压水枪，起爆时打开水枪开关，造成局部人造雨，消除因解体塌落时产生的部分粉尘。

4.1.3 施工测量作业的安全控制

在密林丛草间进行施工测量时，应遵守护林防火规定，严禁烟火，并需要根据不同地区的具体情况，制订和落实预防有害动、植物伤害，自然环境危害以及预防迷路等的措施、办法。测量打桩要注意周围行人、车辆的动态情况，保证其安全，不得两人对面使锤。钢钎和其他工具不得随意抛扔。测量人员在高压线附近工作时，必须保持足够的安全距离（表 4.1）。遇雷雨等天气情况，要停止作业，不得在高压线、大树下停留。

表 4.1 工程外侧边缘与外电线路最小安全距离

外电线路电压/kV	<1	1～10	35～110	154～230	330～500
最小安全操作距离/m	4	6	8	10	15

在陡坡及危险地段测量时，应系安全带，脚穿软底轻便鞋。在桥墩等高处作业环境下测量时，应有预防测量人员高处坠落的安全措施，切忌不要以测量时间短等为理由，而忽视高处测量作业的安全措施。在公路、城市道路、街道等存在公共交通的区域内测量时，必须要设责任心强的人员，专门负责警戒。特别情况下，还可以请当地公安交通管理部门派员协助，以确保交通安全。

4.1.4 施工现场平面布置安全控制

1. 一般要求

施工现场应按照规定设置防护设施、安全标志、警告标志，并不得擅自拆动。施工现场入口处应设置入场须知、现场安全管理规定牌、工程名称及总负责人、技术负责人、安全负责人牌、施工现场平面图等。上下交叉作业有危险的出入口，要有防护棚或其他隔离设施。距地面 2 m 以上作业要有防护栏杆、挡板或安全网。对环境有污染的设施和材料，应设置在远离人员居住的较为空旷的地点。污染严重的工程场所，应配有防污染的设施。

施工现场内的道路、现场用电、临时设施、生产生活房屋、易燃易爆仓库、料场、停车场以及动力通信线路的位置，均要符合防火、防触电、防洪、防风、防爆的要求。位于河流两岸的施工现场，在设置前要进行河流流量、水位和地形的调查，以保证所有的房屋、线路、机械设备、料具的堆放地点，均位于最高水位之上。水上作业应按照《中华人民共和国水上水下施工作业通航安全管理规定》到当地有关主管部门办理《水上施工许可证》，并按照施工方案和水上作业的有关规定进行施工。水上作业应根据水流情况配备救生圈、救生快艇等。水上作业人员应穿救生衣。通航水域桥梁施工应采取防撞措施。渡船、拖船及其驾驶人员的证件、手续应办理齐全。渡船、拖船应配有安全设施，按规定其载质量、车辆、人数，严禁超载、超高、超宽。遇有上下船舶通过，不得横越抢渡。

2. 施工临时设施的安全

（1）施工现场临时道路安全。

施工现场道路应按照施工组织设计的施工平面布置图修筑，一般用焦渣、砂、石做路面，并应压实、平整，道路断面的中间起拱，道路两侧应有排水设施。为避免道路堵塞，影响工作效率，甚至造成事故，办公区、生产区、生活区的道路应明显标示出边界线，并尽量布置成围绕建筑物的环形或 U 形，以方便进出。通往施工部位的施工便道应遵照下列要求布置。

载重车辆通过较多的道路，其弯道半径一般不小于 15 m，特殊情况不得小于 10 m。急弯及陡坡地段应设置明显交通标志。铁路与公路交会处应由专人看管，并设信号装置和落杆。施工现场最小道路路面宽度应按表 4.2 设置。

表 4.2　施工现场最小道路路面宽度

序号	车辆类型及要求	道路宽度/m	备注
1	汽车单行道	不小于 3.0	消防规定不小于 3.5 m
2	汽车双行道	不小于 6.0	—
3	平板拖车单行道	不小于 4.0	—
4	平板拖车双行道	不小于 6.0	—
5	手推车道路	不小于 1.5	—

靠近河流和陡壁处的道路，应设防护栏和明显的警告标志。场内行驶的斗车、平车的轨道，应平坦顺直，纵坡不得大于 3%，车辆应装制动装置，轨道终点应设置倒坡和车挡。行走式工程机械通过的道路，要按照行走式工程机械爬坡能力，参照产品说明书搭建。

（2）临时建筑注意安全事项。

临时建筑，应按施工组织设计中确定的位置、规模搭设，不得随意改变。搭建临时建筑应根据现行国家标准《钢结构设计规范》（GB 50017）、《木结构设计规范》（GB 50005）等进行施工设计。设计应经工程项目部总工程师审核批准后方能施工，竣工后应由项目经理部负责人组织验收，确认合格并形成文件，方可使用。使用装配式房屋应由有资质的企业生产，并有合格证。搭设后应经检查、验收，确认合格并形成文件后，方可使用。使用原有建筑应在使用前对其结构进行鉴定，确认符合安全要求并形成文件后，方可使用。

临时建筑位置，应选择地质、水文条件良好的地方，避开架空线路、陡坡、低洼积水等危险地区，并不得占压各种地下管线。临时建筑搭设，必须符合安全、防汛、防火、防风、防雨（雪）、防雷、防寒、环保、卫生、文明施工的要求。

（3）现场模板和钢筋加工场搭设安全控制。

现场应按施工组织设计要求布置加工机具、料场与废料场，并应设运输、消防通道。现场模板和钢筋加工场应单独设置，不得与材料库、生活区、办公区混合设置，场区周围应设围挡。如图 4.1 所示。

图 4.1　钢筋加工场布置图

（4）模板制作场地的安全要求。

木料、钢模、模板半成品的堆放，废料堆集和场内道路的修建，应做到统筹安排，合理布局。作业场地应搭设简易作业棚，修建防火通道，配备必需的防火器具，四周应设置围栏，作业场内严禁烟火。钢模、木材应堆放平稳，原木垛高不得超过 3 m，垛距不得小于 1.5 m，成材垛高一般不得超过 4 m，每增加 0.5 m 应加设横木，垛距不得小于 1 m。作业场地应避开高压线路。下班前应将锯末、木屑、刨花等杂物清除干净，并要运出场地进行妥善处理。

（5）模板支立及拆除作业安全控制要点。

在基坑或围堰内支模时，应检查基坑有无坍方现象，围堰是否坚固，确认无误后，方可操作。向基坑内吊运材料和工具时，应设溜槽或绳索系放，不得抛掷。机械吊送应有专人指挥。模板要捆绑结实，基坑内的操作人员要避开吊送的料具。用人工搬运，支立较大模板时，应有专人指挥，所用的绳索要有足够的强度，绑扎牢固。支立模板时，底部固定后再进行支立，防止滑动倾覆。用机械吊运模板时，应先检查机械设备和绳索的安全性和可靠性，起吊后下面不得站人或通行。模板下放，距地面 1 m 时，作业人员方可靠近操作。

支立模板要按工序操作。当一块或几块模板单独竖立和竖立较大模板时，应设立临时支撑，上下必须顶牢，操作时要搭设脚手架和工作平台。整体模板合拢后，应及时用拉杆斜撑固定牢靠，模板支撑不得钉在脚手架上。

拆除模板时，应制订安全措施，按顺序分段拆除，不得留有松动或悬挂的模板，严禁硬砸或用机械大面积拉倒。拆下带钉木料，应随即将钉子拔掉。拆除模板不得双层作业，3 m 以上模板在拆除时，应用绳索拉住或用起吊设备拉紧，缓慢送下。

（6）钢筋加工作业安全控制要点。

钢筋施工场地，应满足作业需要，机械设备的安装要牢固、稳定，作业前应对机械设备进行检查。钢筋调直及冷拉场地，应设置防护挡板，作业时非作业人员不得进入现场。钢筋切断机作业前，应先进行试运转，检查刃口是否松动，运转正常后，方能进行切断作业。切长料应有专人把扶，切短料时，要用钳子或套管夹牢。不得因钢筋直径小而集束切割。采用人工锤击切断钢筋时，钢筋直径不宜超过 20 mm，使锤人员和把扶钢筋、剪切工具人员身位要错开，并防止断下的短头钢筋弹出伤人。

加工场不得设在电力架空线路下方，必须配置有效的消防器材，不得存放油、脂和棉丝等易燃品。含有木材等易燃物的模板加工场，必须设置严禁吸烟和防火标志。加工机具应完好，防护装置应齐全有效，电气接线应符合现行行业标准《施工现场临时用电安全技术规范》（JGJ 46）的要求。加工机具应设工作棚，工作棚应具有防雨（雪）、防风功能。操作台应坚固，安装稳固并置于坚实的地基上，各机械旁应设置机械安全操作规程牌。加工场搭设完成后，应检查、验收，确认合格并形成有效文件后方可使用。

（7）现场混凝土搅拌站搭设安全要点。

施工前，应对搅拌站进行施工设计，平台、支架、储料仓的强度、刚度、稳定性，应满足搅拌站在拌和水泥混凝土过程中荷载的要求。搅拌站不得搭设在电力架空线路下方。搅拌站的作业平台应坚固，安装稳固并置于坚实的地基上。搅拌站搭设完成后，应经检查、验收，确认合格并形成文件后方可使用。

现场应按施工组织设计的规定布置混凝土搅拌机、各种料仓和原材料输送、计量装置，并形成运输、消防通道，周围应设围挡。

搅拌机等机电设备应设工作棚，工作棚应具有防雨（雪）、防风功能。搅拌机、输送装置等应完好，防护装置应齐全有效。电气接线，应符合现行行业标准《施工现场临时用电安全技术规范》（JGJ 46）的要求。

（8）临时码头建设安全要点。

施工现场的临时码头、栈桥、便桥位置，应按照当地有关部门批准的设计选址施工，并应配备相应的安全防护设施。临时码头位置，应选在河流两岸比较开阔，河床比较稳定，水流顺直，地质较好的河段，两岸引道应保持坚固稳定。

搭设的栈桥、便桥必须坚固可靠，桥面满铺木板。栈桥临水端应设置靠船的靠帮和系缆设施。通过栈桥、便桥的电线、电缆必须绝缘良好，并固定在桥的一侧。栈桥码头、便桥应有抗洪水、流冰及其他漂浮物的能力，工作人员应对各种设施经常维修。渡船、拖轮应配有安全设施，按规定核定其载质量、车数、人数，严禁超载、超高、超宽。遇有上下船舶通过，不得横越抢渡。

（9）施工现场冬期生活供暖安全要求。

现场宜选用常压锅炉采取集中式热水系统供暖。采用电热供暖，应符合产品说明书的要求，严禁使用电炉供暖。严禁敞口烧煤、木料等可燃物取暖。

现场不宜采用铁制火炉供暖，由于条件限制需采用时，应保证供暖系统应完好无损。火炉及其供暖系统安装完成后，必须经主管人员检查、验收，确认合格并颁发合格证后，方可使用。房间必须安装风斗，风斗应安装在房屋的东南方。

3. 施工现场消防安全

易燃易爆品仓库、发电机房、变电所，应采取必要的安全措施，严禁用易燃材料修建。施工现场必须建立现场安全用火和消防制度。施工现场应当划分出用火作业区、易燃可燃材料场、仓库区、易燃废品临时集中站和生活区等区域。各类建筑设施、材料场区域之间的防火间距见表 4.3。

表 4.3 各类建筑设施、材料场区域之间的防火间距

设施、场区	施工工程	办公区、生活区	非燃烧材料仓库、露天堆场	易燃材料仓库	锅炉房、厨房及其他固定生产用火	木料堆（圆木、方木成品半成品）	废料堆及草帘
施工工程	—	20	15	20	25	20	30
办公区、生活区	20	—	6	20	15	15	30
非燃烧材料仓库、露天堆场	15	6	6	15	15	10	30
易燃材料仓库	20	20	15	20	25	20	30
锅炉房、厨房及其他固定生产用火	25	15	15	25	—	25	30
木料堆（圆木、方木成品半成品）	20	15	10	20	25	—	30
废料堆及草帘	30	30	20	30	30	30	—

4.2 施工现场通用部分的安全施工管理

4.2.1 场地选址

根据施工人员配置情况及对现场调查，遵循“因地制宜、节约土地、保护环境、安全可靠、规范有序、功能完备、布设合理、方便生活、满足生产、靠近现场、管理方便”的原则进行设定选址方案。工程项目场站建设，必须根据工程所在地自然条件，从满足环境保护、周边环境、安全距离、安全管理等方面要求做好选址工作。

场地选址需要考虑预制场或拌和场的选址，临时生产生活用房应的选址（避开滑坡、冲沟、泛洪等险地），还有堆料场、预制场、加工场、弃土场等的选址。场站选址应避开雷电高发区，建设时应采取防雷措施。施工现场的临时设施选址应设在水文地质、地基良好的地段，尽量避开泥沼、悬崖、危岩、陡坡、低洼等危险地区，以及易发生塌方、落石、滑坡、洪水、泥水流、雪崩等自然灾害，或受暴潮、台风等自然气候影响严重的地区。

4.2.2 驻地和场站建设

1. 场站建设整体要求

场站建设时，应先组织相关人员按场地选址的相关要求进行现场查勘。预制构件场应编制临时设施选址方案，绘制施工场地总体平面布置图，在方案实施前必须报监理单位审查批准。其他场站建设可按照合同约定履行要关手续。场地必须进行混凝土硬化处理，场地硬化按照四周低、中心高的原则进行，面层排水坡度不应小于1.5%，必要时可适当增大排水坡度。场地四周应设置排水沟、排水沟底面采用M7.5砂浆进行抹面，做到雨天场地不积水、不泥泞、晴天不扬尘。场站应避开高压线路及高大树木，与通信线路保持一定距离，避开取土、弃土场地，且必须距集中爆破区 500 m 以外。不得将项目部选在拌和站、实场的下风口。

场站的消防设施应满足现行国家标准《建设工程施工现场消防安全技术规范》（GB 50720）的有关规定。场站内的临时用电均应符合现行行业标准《施工现场临时用电安全技术规范》（JGJ 46）的有关规定。场站应保证消防通道畅通。

对环境有污染的设施和材料应存放在远离人员居住的较为空旷的地点。污染严重的工程场站应配有防污染设施。有关场站的安全距离详见表4.4。

表4.4 场站中的安全距离

设施	间距						
	办公用房、宿舍	发电机房、变配电房	可燃材料库房	厨房操作间、锅炉房	可燃材料堆场及其加工场	固定动火作业场	易燃、易爆物品库房
办公用房、宿舍	4	4	5	5	7	7	10
发电机房、变配电房	4	4	5	5	7	7	15
可燃材料库房	5	5	5	5	7	7	10
厨房操作间、锅炉房	5	5	5	5	7	7	10
可燃材料堆场及其加工场	7	7	7	7	7	7	10
固定动火作业场	7	7	7	7	10	10	12
易燃、易爆物品库房	10	10	10	10	10	12	12

2. 项目经理部

总承包部和分包单位应根据现场实际情况确定项目经理部地点，自建项目经理部。项目经理部占地面积一般应在3000～6000 m^{2}左右，并应有围墙和大门，在门墩悬挂项目经理部名牌。项目经理部办公用房、生活用房及机具停放场地应适当分开，场地及主要道路应硬化处理并适当绿化，室内地面应适当铺装。现场应设置总平面布置图、施工告示牌、安全生产管理制度、文明施工管理制度等标牌。

办公用房应设各职能办公室和会议室等。生活用房应设：宿舍、食堂、活动室、浴室、厕所等。办公、生活用房应实用美观、隔热通风，符合施工管理需要。办公、生活用房提倡采用装配式标准化简易房结构。项目经理部人均办公用房面积一般不应小于 6 m^2，人均生活用房面积一般不应小于 4 m^2；施工区人均办公用房面积一般不应小于 6 m^2，人均生活用房面积一般不应小于 4 m^2。各办公室内应有岗位职责和安全生产职责以及各项管理规章制度等。

3. 生产生活用房

临时生产生活用房应认真选址（避开滑坡、冲沟、泛洪等险地）、合理规划、布局有序，生产和生活用房应分开搭设。房屋搭设稳固，室内外地面硬化。临时住房建议采用符合相关安全标准的装配式活动房。工房不提倡搭通铺，一室不得超过 8 人，人均居住面积不少于 2 m^2。做好安全用电和防火工作，按有关规定配备消防器材。台风和雨季，应做好防护各项准备工作。做好生活区的环境卫生工作，对生活垃圾和污水进行合理处置，保证周围环境整洁卫生。

4. 拌和站

拌和站应合理划分为生活区、拌和作业区、材料存放区、材料库及运输车辆停放区。拌和站的场地处理：

① 拌和站的所有场地必须进行混凝土硬化处理，以保证车辆通行、清洁为原则。

② 场地硬化按照四周低，中心高的原则进行，面层排水坡度不应小于 1.5%，场地四周应设置排水沟，排水沟底面采用 M7.5 砂浆进行抹面。

③ 在场地外侧合适的位置设置沉砂井及污水过滤池，严禁将站内生产废水直接排放。

④ 拌和站应采用封闭式管理，四周设置围墙，进出场设置大门，并悬挂安全生产标语。

5. 水泥及外加剂库房

施工单位应尽可能使用散装水泥，在不具备使用散装水泥的情况下使用袋装水泥，应建造库房存放，库房面积按照 1.5 t/m^2 的标准搭建。水泥库房原则上采用钢材、砖石等材料搭设，周围封闭，顶篷履以防水耐晒材料，四周做好排水沟，确保库房不漏水。

库房尽量靠近拌和楼，地面采用 C15 混凝土进行硬化，上铺 2 层油毡，然后利用方木或砖砌上搭 5 cm 木板，铺设油毡，使水泥储存离地 30 cm。各个分区的水泥存放应远离四周墙体 30 cm 以上。库房内外加剂与水泥应分开存放，存放高度不应超过 1.5 m。不同批次、不同品种、不同生产日期的水泥应分区堆放，并根据不同的检验状态和结果采用统一的材料标识牌进行标识。库房应设置进库门和出库门，确保水泥的正常循环使用。

水泥库房内应建立详细的调拨台账，使物资的使用具有可追溯性。使用散装水泥的拌和站，要设水泥储存罐，根据用量选定水泥罐容量，配合电脑自动输入。

6. 砂石料场

凡用于正式混凝土工程的砂石料应按三仓式配料要求，不同粒径、不同品种分仓存放，不得混堆或交叉堆放，分料仓应采用“37”墙砌筑 1.5 m 高，并用水泥砂浆抹面，仓内地面设不小于 4%的地面坡度，分料墙下部预留孔洞，避免积水。料仓的容量应满足最大单批次混凝土连续施工的需要，并留有一定的余地，另外还应满足运输车辆和装载机等作业要求。

桥梁上部用碎石应采用反击破设备生产的碎石。混凝土用碎石使用前应用水冲洗，确保在不污染情况下方可用于施工。

4.2.3 施工便道与便桥的建设安全要求

便道便桥修建以主题工程及拌和站为中心，以最短距离通往主体工程施工场所，并连接主干道路，使内外交通方便。充分利用原有的乡村道路，对不满足施工要求的道路进行改造，以节约投资及施工准备时间。尽量避开洼地和河流，不建便桥或少建施工便桥。因地制宜，充分利用现、现场的地形和地物。便桥的选址要充分考虑河道的排洪要求，同时尽量地减少桥长为原则，以降低成本。

1. 便桥构造

漫水便桥两端采用埋设圆管涵至工字钢便桥跨径位置，圆管内径 1.5 m，单节长度 2 m，沿水流方向埋设 2 排，工字钢便桥采用工 45b 工字钢 10 道，每道 12 m，两端桥台搭接 1 m，净跨为 10 m，桥面净高取 2.7 m，净宽为 4.0 m。设计最大荷载 50 t，安全系数取 1.75 设计。

圆管涵底部采用 C25 混凝土基础，基础厚 20 cm，顶部浇筑 30 cm 后 C25 钢筋混凝土面板，面板钢筋采用直径 20 螺纹钢，按 15 cm×15 cm 网格上下两层铺设。混凝土面板上再铺筑 70 cm 厚土石混合料回填，保证圆管不被压裂。

工字钢两端桥台为 C25 片石混凝土桥台，先铺筑 20 cm 后 C20 混凝土基础，基础上竖向放置 6 排直径 1.5 m、高 2 m 圆管，管内浇筑 C20 片石混凝土，圆管顶面横向布置工 45b 工字钢一道，保证纵向工字钢搭接平稳，受力均匀，纵向采用 10 道工 45b 工字钢，按行车轮胎位置两段分散布置，1.4 m 布置 5 道，中间空 1.2 m，再 1.4 m 布置 5 道，桥面采用直径 25 螺纹钢按 10 cm 等间距焊接于工字钢顶面，作为桥面使用，同时使工字钢连为整体，桥面护栏高度 1.5 m，采用 ϕ 8×3.5 mm 钢管连接，长度单侧长度 12 m。

2. 施工方法及工艺流程

挖机回填片石减小河水流速，降低水位后施工圆管涵基础，工字钢便桥桥台采用用竖向圆管涵内浇筑混凝土，管涵内预埋钢筋与涵管基础及顶部工字钢连接，钢筋竖向间距 20 cm，每根长度 2.5 m。两端桥台完成后，用 25 t 吊车吊装工字钢，就位后用长度 4.2 m 按 10 cm 等间距焊接桥面系钢筋，最后施工防护栏。

施工工艺流程为：

便桥设计→方案制定→设备材料进场→施工放样→管涵基础施工→埋设管涵→管涵混凝土浇筑→桥台混凝土浇筑→工字钢吊装→桥面钢筋焊接→防护栏施工→完工验收。

3. 施工便道施工一般安全要求

施工便道路基宽度不小于 4.5 m，路面宽度不小于 3.5 m，曲线或是地形复杂地段应适当的加宽。视地形条件和视距要求，不大于 400 m 设置一处会车道。会车道路基宽度不小于 6.5 m，路基宽度不小于 5.5 m，长度不小于 20 m。如图 4.2 所示。便道土质路基地段基层为不小于 20 cm 后的篇（碎）石垫层，其面层为 5 cm 的泥结碎石面层，如图 4.3 所示。挖方石质地段路基表面用泥结碎石找平。便道的两侧应该设置边沟和排水沟。便道急弯、陡坡地段须设置安全防护栏和醒目的警示标志，岔路口设置方向批示牌，并在便道弯急处设置防擅墩。如图 4.4 至图 4.7 所示。

图 4.2　施工便道①

图 4.3　施工便道②

图 4.4　指示路标

图 4.5　安全警示牌

图 4.6　防擅墩

图 4.7　便道指示牌

施工期间应指定专人（队）负责对施工便道（便桥）的日常检查和养护、洒水。做到雨天不泥泞，晴天不粉尘。便道洒水和养护如图 4.8 图 4.9 所示。

图 4.8　便道洒水

图 4.9　便道养护

各施工便道从起点依序编号，设便道标识牌于路口处，蓝底白字，标明便道序号、方向（通往××）、陡弯段里程、注意安全驾驶等内容。便道、混凝土搅拌站和制梁场等出入口要有引导标识。引导标识见图 4.10 所示，标段、路桥分界牌如图 4.11 所示。

图 4.10　引导标识

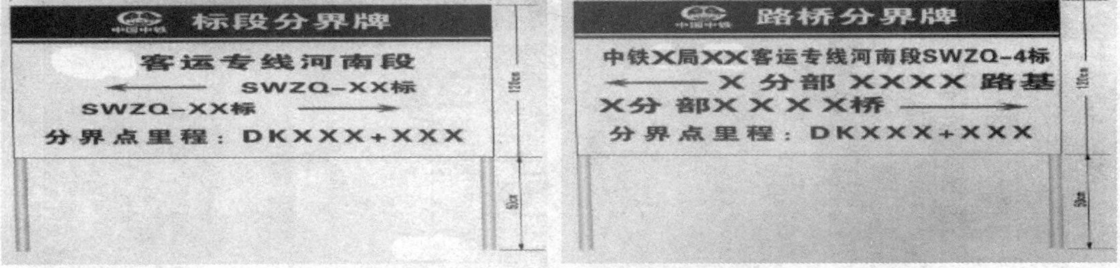

图 4.11　标段、路桥分界牌

4. 施工便桥一般安全要求

施工前，应根据工程地质、水文地质、使用条件和现场情况，按照现行公路设计规范等的有关规定，对便桥结构进行施工设计和结构计算，临时便桥设计图纸应经过审查批准。

施工机械、机动车与行人便桥宽度应根据现场交通量、机械和车辆的宽度等参数在施工中确定。一般人行便桥桥宽不小于 80 cm，手推车便桥宽度不得小于 1.5 m，机动翻斗车便桥桥宽不得小于 2.5 m，汽车便桥桥宽不得小于 3.5 m。如图 4.12 所示。

图 4.12　施工便桥

便桥两侧必须设置不低于 1.2 m 的防护栏杆，其底部设挡脚板。栏杆、挡脚板应安设牢固。便桥桥面应具有良好的防滑性能，钢质桥面应设防滑层。便桥应满足载重和排洪要求，汽车便桥桥面宽度不小于 3.5 m，设置防护栏杆和超限标牌。便桥搭设完成后应经验收，确认合格并形成文件后，方可使用。在使用过程中，应随时检查和维护，保持完好。如图 4.13、图 4.14 所示。

图 4.13　便桥护栏

图 4.14　便桥警示标示

5. 临时码头的一般安全要求

临时码头位置应选在河流两岸比较开阔，河床比较稳定，水流顺直，地质较好的河段，进入码头的道路应坚固、稳定。对临时码头应进行施工设计，图纸应经过审查批准，应按设计图纸施工。临时码头应配备相应的安全防护设施。

渡船、拖轮应配有安全设施，按核定其载重或车数、人数装在，严禁超载、超高、超宽运输。遇有上下船舶通过，不得横越强渡。码头的附属设备，如跳板、船环、柱桩等应牢固可靠。

搭设的栈桥必须坚固可靠，两侧人行道、轨道中间应满铺木板。栈桥临水端应设置靠船的靠帮和系缆设施。通过栈桥的电线、电缆要绝缘良好，并固定在栈桥的一侧。栈桥码头应有抗洪水、流水及其他漂浮物冲击的能力，应对各种设施经常进行维护。

6. 便桥荷载分析

从结构可靠性、经济性及施工工期要求等多方面因素综合考虑，便桥采用 10 片 45b 工字钢作为主梁，5 片为一组，两组工字钢见净距 105 cm，各组工字钢分别由 Φ25 钢筋横向连接为一整体，保证 5 片工字钢整体受力，满足设计荷载要求。

根据现场施工需要，便桥承受荷载主要由桥梁自重荷载 q，及车辆荷载 P 两部分组成，其中车辆荷载为主要荷载。如图 4.15 所示：

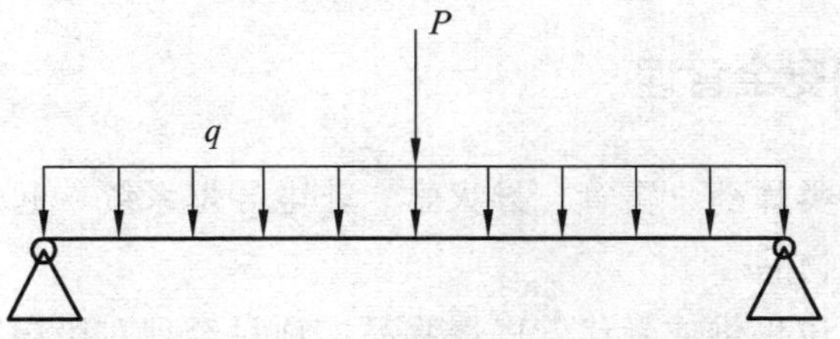

图 4.15　便桥荷载受力

为简便计算方法，桥梁自重荷载按均布荷载考虑，车辆荷载按集中荷载考虑。以单片工字钢受力情况分析确定 q、P 值。

（1）q 值确定。

45b 工字钢每米重 87.4 kg，再加上联结钢筋及钢板重量，单片工字钢自重按 1.5 kN/m 计算，即 q=1.5 kN/m。

（2）P 值确定。

根据施工需要，并通过调查，便桥最大要求能通过后轮重 60 t 的大型车辆，及单侧车轮压力为 300 kN，单片 45b 工字钢尺寸如图 4.16，单侧车轮压力由 5 片梁同时承受，其分布如图 4.17 所示。

单侧车轮压力非平均分配于 5 片梁上，因此必须求出车轮中心点处最大压力 f_{max}，且车轮单个宽 25 cm，45b 工字钢翼板宽 15 cm，每片工字钢间横向间距为 20 cm，由于用 ϕ25 钢筋间距 10 cm 铺满桥面，因此单侧车轮压力均匀作用于五片工字钢上。而 f 按图 4.17 所示转换为直线分布，如图 4.18 所示。

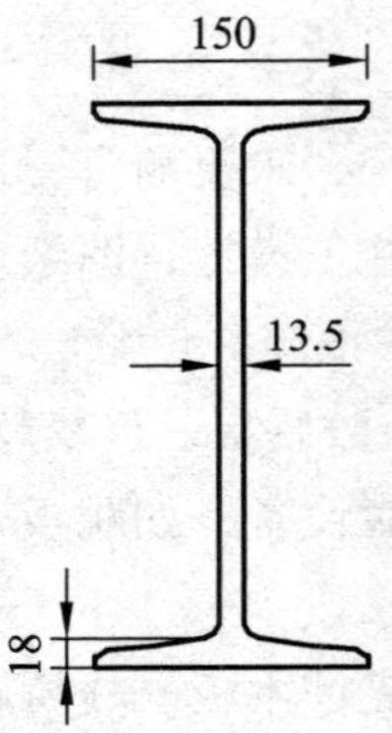

图 4.16　工字钢尺寸

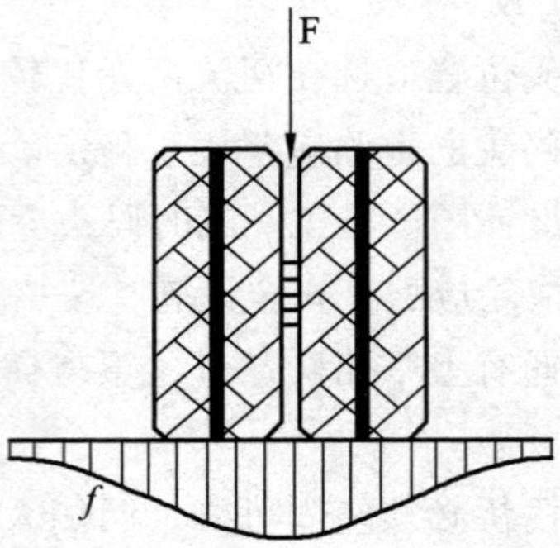

图 4.17　单侧车轮压力分布

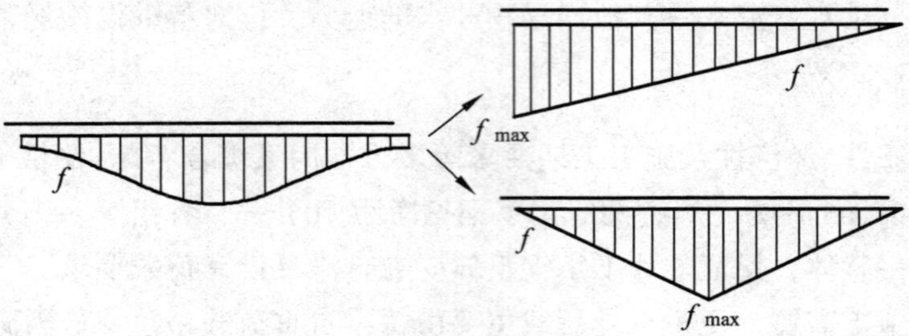

图 4.18　受力转换

4.2.4　民爆物品的安全管理

民爆物品是指各类炸药、雷管、导火索、非电导爆系统、起爆药和公安机关认为需要管理的其他民爆物品。

严禁违规向外单位提供或者代管民爆物品。项目经理对民爆物品的安全管理负总责。安全总监协助项目经理，分管民爆物品管理。储存、运输、使用民爆物品的部门或者班组，必须按照安全技术操作规程，建立岗位责任制。涉爆作业的人员必须政治可靠，责任心强，身体健康，并经当地公安机关培训取得上岗证。其中，民爆用品仓库保管员必须由公司内部职工担任。

1. 关于民爆物品存储的规定

（1）值班、管理制度。

库区设立独立的看守值班室。民爆物品仓库执行库房安全管理制度、门卫管理制度和领发制度，做到有章可循，按规定办事，责任落实到人，严禁脱岗失控。值班室配备必需的通信工具，实行专人管理，保证 24 h 有保管员在位值班。民爆物品仓库要执行严格的出入登记管理。除专职的保管员，或者迎接业主单位、监理单位和项目部的安全专项检查，未经项目部分管领导批准，不得擅自闯入库区。

经批准进入库区的人员和车辆，必须遵守管理规定，并配合保管员做好入出登记。保管员负责检查库区安全情况、消防设施和防雷装置，发现问题，及时处理。必要时，向项目部分管领导汇报并提出处理意见。

（2）警戒标志。

库房周围应设置警戒隔离区和明显的警戒标志，库房建筑应具备良好的防盗、防火、防潮、防雷击、防爆炸性能。库房应设置监控视频、自动报警器、看守犬等技防、物设措施。库区应设置避雷装置，并应当定期检测，特别是在每年雨季前确保性能稳定、正常作业。炸药库和雷管库必须分别建库，两库间距离不得少于 30 m。值班室与雷管、炸药库间的距离均不得少于 30 m。库内要通风良好，相对湿度一般控制在 45%～70%范围内，温度控制在 15～30 °C 的范围内。保持好库内清洁卫生，及时清理垃圾。库内及周边区域要经常检查，确保周围 20 m 内无杂草，严禁焚烧杂物，严禁堆放其他易燃易爆物品，防止自然自爆。严禁将火种或其他容易引起燃烧、爆炸的物品带入仓库，严禁在库区内吸烟，严禁使用明火做饭、烧水等。库房要不准存放和使用铁制品用具，要配置足够的消防灭火器材（灭火器、水源等），并保证可正常使用。

（3）保管储存。

保管室内存放的物品必须按照规定分类摆放整齐，并贴上显著标签。库内储存的民爆物品要设置明显的标牌，不准靠墙堆码，垛间应留有通道。民爆物品要分类专库存放，同一库内严禁存放性质相抵触或易引起爆炸的其他物品。民爆物品堆码处应垫高 20～30 cm，堆码整齐。雷管库必须铺设胶质皮垫。硝铵炸药垛高一般不得超过 1.8 m，胶质炸药垛高不得超过 1.5 m；雷管要按照登记编号存放。严禁超过设计容量存放。起爆点火器材不得与炸药同一库房存放。炸药、雷管必须分库存放，严禁挤压、碰撞、摩擦、重压、敲击、掷滚、摔落和火烤。建立健全严格的出入库审批、检查、登记制度，做到制度健全，账目清楚，手续齐备，账物相符。收存发放民爆物品应立即进行造册登记，做到账目清楚，帐、物、卡相符。库存账目、领取料台账等，要照实填写。保管员要定期（周、月）与放炮员核实清楚民爆物品的使用情况。

（4）民爆物品仓库管理。

严禁发放含水分超过 5%和硬质不能手搓松的炸药。对于过期的、实效的民爆物品，保管员要及时向项目部分管领导汇报，并提出处理意见。禁止随意丢弃或掩埋民爆物品。变质和过期失效的民爆物品，应及时清理出库，认真清点，登记造册，报当地县公安局治安部门批准，在指定地点妥善销毁，并及时清理销毁现场，经当地公安局和项目部记录签字，确认责任。在民爆物品的施工作业、运输和存储中，相关人员要严格遵照管理规定。在爆破的作业中，现场人员严禁吸烟，不得携带一切点火物品，不准与带电物体、缆线相接触。

2. 关于民爆物品发放的规定

使用民爆物品要建档建册，要认真规范填写，领取民爆物品时由现场负责人，保管员、爆破员、安全员核对无误后，签字申请领取和核实当班使用量。

施工班组必须按照当班现场爆破作业的工作量，准确估算、申请和领取炸药、雷管及放炮器材等民爆物品的用料数量。不得以任何理由，违规超量领取民爆用品，更不得为图方便省事一次代领几次爆破作业的用料。

民爆物品的领取程序是：由施工班组负责人开取领料单，并注明民爆物品的使用地点、品名、数量、用途，经现场施工员和安全员签字核准发放后，方可派指定的放炮员到炸药库领取。民爆物品的领取，由经过培训且执证上岗的放炮员手执经审批的领取料单据到仓库领取。严禁无据领用和发放炸药等民爆用品。保管员要认真核对经审批的领取料单和手执单据的人员身份。民爆物品只对放炮员发放，领料人员不得进入库内。保管员应当严格按照领取料单的记载事项，亲自分别发放雷管、炸药及放炮器材，当场检查、分清种类、点清数量、实行编号，由领取人员签字认可，场交付。领取雷管等，必须按标号登记备查。

3. 关于民用民爆物品运输的规定

民爆用品运输，特指从仓库到施工现场的区间运送。运输民爆物品，必须由合格的押运员押运。押运前要仔细检查运输车辆状况，确定车况良好、燃油充足和消防器材完好可用。运载车辆应符合安全要求。车辆的排气管应加装灭火花装置，挂防静电接地链条和危险标志，严禁超高超载。运输途中，禁止无关人员靠近，严禁在民爆器材附近吸烟和用火。严禁用具有翻斗、自卸功能的汽车、拖车、拖拉机、机动（人力）三轮车、自行车、摩托车和皮带运输机等运输民爆用品。民爆用品的装载高度不得超过车厢边缘，雷管或者硝化甘油类炸药的装载不得超过两层。

车辆在运输中，应当遵守施工便道限速的规定：不超过 15 km/h。分别装运民爆用品的车辆，前后应保持避免引起殉爆的距离，即间距不得少于 50 m。在施工中的隧道运输时，尽量选用带净化装置的柴油机动力车辆，严禁燃烧汽油的车辆。

4. 关于民爆物品使用的规定

严禁无证爆破作业、违规爆破作业。爆破作业人员必须经爆破培训、安全培训、考核合格后，执证上岗；必须严格履行岗位职责，按照爆破指令单和爆破设计规定进行爆破作业，按章操作，规范爆破，注意安全。

爆破时，所有人员必须撤离现场。爆破后，必须经过通风排烟，相距 15 min 后，才准许检查人员进入工作面，检查有无盲炮及可疑现象，有无残余炸药或者雷管，顶板两帮无有松动石块，支护有无损坏与变形。两工作面接近贯通时，两端应加强联系与统一指挥。在岩石隧道两面距离接近 15 m，软岩隧道则为 20 m 时，土质或者岩石破碎的隧道，应该根据岩性适当确定预留贯通的安全距离。此时，一端放炮，另一端人员撤离至安全位置。

5. 关于民爆物品剩余量退还炸药库的规定

每次爆破作业必须在规定的表格中予以登记。爆破作业后，必须核对领料单与当场爆破作业使用量，确保民爆物品不遗失、不外流。

施工作业剩余的民爆物品必须当天清退入库。严禁民爆物品在工地过夜或随意放在库外。仓库值班保管员必须切实抓好民爆物品班后清退工作。在每天办班下班之前，保管员要尽量和爆破作业班组核实当班民爆物品使用情况和剩余量数量，并督促专职放炮员负责退化剩余的民爆用品。在全线工程爆破任务最终结束后，民爆物品仓库应及时清库和撤库。保管员负责整理原始台账档案资料，逐项核对无误后，移交项目部存档。

若发现以下情况，值班保管员必须及时向当班班组负责人核实情况，必要时向工区负责人和项目部分管领导汇报并提出处理意见。

① 放炮员不能立即清退民爆物品剩余量。

② 清退时无经多方签字确认清退单据。

③ 清退单据填写不符合要求的。

④ 清退单据有涂改痕迹的。

4.2.5 危险品的安全管理

项目部危险品仓库的防火工作在工地消防领导小组的领导下，由义务消防队负责搞好消防器材的配备、管理、养护和使用工作。

（1）氧气瓶、乙炔瓶的安全要求。

氧气瓶、乙炔瓶应分别存放在通风良好的场所，应防止日光曝晒。严禁和易燃物、易爆物混放在一起，严禁靠近热源，气瓶与明火距离不得小于 10 m，使用时，氧气瓶和乙炔瓶的间距不得小于 5 m。乙炔瓶应保持直立，并应有防止倾倒的措施。

（2）易燃、易爆化学品的安全要求。

易燃、易爆物品、有毒物品等应分别存放在与普通仓库隔离的专用库内，并按照有关规定严格管理。汽油、酒精、油漆极其稀释剂等挥发性易燃材料应密封存放。酸类及有害人体健康的物品应放在专设的库房内或场地上，并做出标记，库房内应保持通风。闪点在 45 °C 以下的桶装易燃液体不得露天存放，必须少量存放时，在炎热夏季应严防曝晒，并采取降温措施。

（3）危险品仓库库房的安全要求。

危险品仓库应配备足够的消防器材，并定期检查养护，保证其能正常使用。危险品仓库房内应使用防爆型照明灯具，严禁使用明火，门口要写出防火标志，人员搬运时要轻拿轻放，严防撞击。危险品仓库应有避雷及静电接地设施。

（4）施工中的安全要求。

严格执行进出仓库清点验收登记手续。在使用过程中严格执行动火审批制度，准备好应急措施并安排专人进行监控。

（5）使用柴油时应注意以下问题。

盛装柴油的容器应放在阴凉通风处，应没有严禁烟火的标志，禁止放在明火旁或暴晒。远离明火。储油容器的盖要拧紧，预防柴油及蒸发外溢。一切储油设施及输油管线均有良好的接地装置。

（6）油罐的防火安全及要求。

小型油罐应装有排气管，排气管上应装有防火器，大型油罐应装呼吸阀，排气管出口距地面不应低于 2.5 m。新油罐动用前应用水压进行牢固性试验，试验持续时间应不小于 12 h。

（7）输油中应防止静电或火花。

进液管应伸入储罐底部，防止液体冲击产生过量静电，储罐体以及储罐内的一切铁件，均应接地，导除静电。禁止悬空向罐内输油，以免产生静电，像罐内输油的油泵能力不应超过呼吸阀的工作能力，以免破坏储罐。

（8）建立健全防火制度。

责任制落实，加强防火检查，消除不安全因素，配备好适当的、足够的灭火器材。

4.2.6 安全消防设施的管理

1. 各项目经理部防火制度的建立

施工现场都要建立、健全防火责任及检查制度。建立消防安全领导小组，项目经理任组长。建立动用明火审批制度，按规定划分级别审批手续完善，并有监护措施。

2. 一般规定

项目部应建立和完善各项安全防火责任制度。施工现场实行逐级防火责任制，做到层层有专人负责。施工现场应制定火灾应急预案，并进行预案演练。施工现场应划分防火责任区，应根据现场需要合理配备灭火器材。各类灭火器材、消火栓及水带应经常检查和维护保养。

3. 组织机构

施工现场成立以项目经理为组长，技术负责人、施工员、安全员、工区和班组负责人等有关人员参加的防火安全管理领导小组，建立义务消防队，负责施工现场消防保卫工作，组织义务消防队员学习消防知识。

4. 施工现场防火要求

（1）办公生活区防火要求。

在编制施工组织设计时，施工总平面图、施工方法和施工技术均要符合消防安全要求。

施工现场房屋的建筑构件和建筑材料的防火性能必须符合国家现行标准的要求。施工现场房屋内装修、装饰应选用不燃、难燃的合格材料。应设消防通道，室外宽 4 m，室内宽 0.9 m，并保持畅通。

（2）生产、辅助生产区防火要求。

① 施工现场应明确划分禁火区，并设置明显警示标志。

② 现场应在明显易取处设置灭火器、水桶、沙箱、锹、耙等防火专用工具，并有防雨防冻措施，同时指定专人维护、管理、定期更新，保证状态完好。

③ 在仓库、油库、配电室、木工作业场所、焊割现场及存放易燃、易爆物品场所等地点严禁动用明火，并设置明显的“禁止烟火”标志。上述场所及重要机械设备处应配备相应的消防灭火器材。

④ 焊、割作业与氧气瓶、乙炔发生器等危险物品的距离不得少于 10 m，与易燃、易爆物品的距离不能少于 30 m。

⑤ 焊、割作业开始前，应将作业现场下方和周围的易燃物清理干净。当无法达到要求必须作业时，应采取浇湿、隔离等安全措施。

⑥ 施工现场的焊、割作业，必须符合防火要求。

⑦ 电气设备和线路应经常检查，发现可能引起火花、短路、发热和绝缘损坏等情况时，必须立即修理。

（3）施工现场防火要求。

施工现场应明确划分用火作业、易燃可燃材料堆场、仓库、易燃废品集中站和生活区等区域。施工现场夜间应有照明设备，保持消防车道畅通无阻，并要安排力量加强值班巡逻。

施工作业期间需搭设临时性建筑时，必须经施工企业技术负责人批准，施工结束应及时拆除。但不得在高压架下面搭设临时性建筑物或堆放可燃物品。施工现场应配备足够的消防器材，指定专人维护、管理、定期更新，保证完整好用。

焊、割作业点与氧气瓶、电石桶和乙炔发生器等危险物品的距离不得少于 10 m，与易燃易爆物品的距离不得少于 30 m；若达不到上述要求的，应执行动火审批制度，并采取有效的安全隔离措施。乙炔发生器和氧气瓶的存放之间距离不得小于 2 m，使用时，二者的距离不得小于 5 m。氧气瓶、乙炔发生器等焊割设备上的安全附件应完整有效，否则不准使用。

（4）季节性防火要求。

① 用电设备、配电箱都必须采取相应的防雨措施，防止因电线短路造成火灾事故。

② 防雷装置必须符合规定，接地电阻不得大于 10 Ω，使防雷装置处于良好状态。

③ 电石、乙炔、氧气瓶、易燃液体等应在库内存放，禁止露天存放，防止因受雷雨、日晒发生火灾事故。

④ 生石灰、石灰粉的堆放远离可燃材料，防止因受潮产生高热引起周围可燃材料起火。

⑤ 冬期施工采用电热器加温，应设电压调整器控制电压，导线应绝缘良好，连接牢固，并在现场设置多处测量点。

⑥ 施工现场的动火作业，必须执行审批制度。

5. 施工现场防火安全管理

（1）施工现场防火管理。

建立施工现场防火档案，确立施工现场的防火重点部位。进行经常性的防火安全检查。施工现场内消防器材、消防栓必须按消防部门指定的明显位置放置。所有消防器材任何人不得私自移动，损坏，挪用并定期检查和更换。

施工人员每月要进行一次消防自检，检查消防重点区域和重点设备，实行定点、定人、定措施的制度，发现问题及时向安全部门汇报。对员工进行消防知识的普及，对消防器材使用的培训，特别是消防的重点部位，要进行专门的消防训练和考核，做到经常化、制度化。要坚持经常性消防安全宣传，教育工作，利用各种形式（如黑板报，图片，录像等）宣传，普及消防知识，提施工现场人员消防安全意识，增强防火工作的自觉性。

（2）施工现场火灾事故的管理。

施工现场发生火灾险情时，应立即启动应急预案，及时向当地消防部门报警，并清理通道，为消防灭火做好准备。施工现场发生火灾或火警，应立即报告消防部门，以最快的速度组织抢救。在火灾事故发生后，应保持好现场，并配合消防部门进行现场调查。对火灾事故的处理提出建议，并提出和落实的防范措施。

6. 各项目经理部消防器材的配备

临时搭设的区域内，每 100 m^2 配备 2 只 10 L 灭火器。大型临时设施总面积超过 1 200 m^2，应备有专供消防用的积水桶（池）、黄沙池等设施，上述设施周围不得堆放物品。临时木、机具间等每 25 m^2 配备一只种类合适的灭火器，油库、危险品仓库应配足够数量、种类合适的灭火器。

7. 项目经理消防职责

项目经理是工程项目消防安全工作的直接责任人，对消防安全负全面责。认真贯彻落实上级和公司的安全管理制度和措施，落实《中华人民共和国消防法》，支持安全管理人员独立的和积极开展安全工作，督促和检查。依据施工组织设计，落实防火安全技术措施，工程项目实行三级动火审批制。发生火灾事故要及时向公司报告，并及时采取有效保护措施，同时组织有关人员对所发生的事故进行认真的分析，找出事故的原因，制订行之有效的整改措施，消灭一切火灾事故的发生。

8. 安全部部长消防职责

认真贯彻执行消防工作方针，组织实施上级公安消防管理部门和本项目的各有关消防法规条例。完善和修改各项消防安全管理制度，组织学习各项消防法规条experiment例，监督检查日常消防安全管理工作。及时传达单位的各项指示精神，对于检查中发现的问题，及时向领导汇报，保证各项工作顺利开展。负责组织管理本项目的专职消防队，负责组织实施本单位的消防安全宣传工作，定期组织人员对员工消防知识掌握情况及灭火器材的使用情况进行定期和不定期的抽查考核，提高全体员工防火意识及自防自救、灭火作战的能力。

9. 施工队负责人消防职责

认真贯彻执行上级的安全生产和要求，把安全生产消防列为重要内容。坚决制止一切忽视安全的行为，坚决支持队安全员开展安全工作，并落实好《中华人民共和国消防法》。坚持定期安全检查，对事故隐患和上级检查指出的问题，应认真组织有关人员进行研究，督促有关人员抓落实，及时整改。发生火灾事故要立即组织抢救，处理和制定预防措施，避免事故重复发生或扩大，要及时向上级报告事故情况，查明原因，追究其责任。

4.2.7 临时用电的安全要求

施工现场用电采用三相五线制系统和三级配电二级保护方式，工作接地电阻值不得大于 4 Ω。供电线路始端、末端必须做重复接地。当线路较长时，线路中间应增设重复接地，其电阻值不应大于 10 Ω。

进入施工现场的电气设备、固定吊装设备、钢梁梁体等可能因雷电或外壳带电造成人身伤害的设备、设施，均装设接地线。施工现场临时用电应符合现行行业标准《施工现场临时用电安全技术规范》（JGJ 46）的规定。工程专用的电源中性点直接接地的 220/380 V 低压电力系统，必须采用 TN-S 接零保护系统，并做到三级配电两级保护和“一机一箱一闸一漏”。

1. 现场勘察

进行现场勘察：必须确实实地了解施工现场的地形地貌和各分项工程的位置，现场材料堆放场所，生产、生活用建筑物的位置；各用电设备的装设位置和容量等。只有经过现场勘察才能为合理选择配电室位置、电源进线等提供合理依据。

2. 临时用电的原则

（1）施工现场临时用电系统应遵循的原则。

在保证生产的前提下，满足用电设备在使用中的可靠性、安全性，从而提高电能质量。线路布置、配电箱和电器设置，简单可靠、安装维修方便。符合“三级配电，两级保护”的要求。采用 TN-S 中性零线保护系统。符合“一机、一闸、一箱、一漏、一锁”的要求。

（2）拌和站用电。

拌和站除拌合楼外，场地附设有多个用电设备，用电复杂。搅拌站采用橡套电力电缆。由单独一个二级配电柜供电，通过电缆架空送到拌和机移动分配电箱。另外场地其余用电设施，由另一个二级配电柜供电，均用橡套电缆穿管延地表附设，做到单线单闸，随时可切断电源。

（3）生活区用电。

生活区的照明灯采用漏电保护低压电源供电。

（4）采石场。

采石场用电单一，由单独一个一级配电柜供电，通过电缆架空送到采石场二级配电箱。

（5）用电布置。

根据施工现场用电设备分布和设备的运行规律，设置总配电柜两台，二级配电柜4台，生活区配电箱一台，由专职人员管理调度。根据现行行业标准《施工现场临时用电安全技术规范》（JGJ 46）规定本临时供电系统采用 TN-S 三相五线制供电，施工现场总配电箱中性点做重复接地。施工现场设总配电柜两台。总配电柜内的电器设置应满足供电要求，同时应符合现行行业标准《建筑施工安全检查标准》（JGJ 59）的要求和《施工现场临时用电安全技术规范》（JGJ 46）的要求。两级漏电保护，漏电开关设置在总配电箱和开关箱内。施工现场专用中性接地的电力线路，采用 TN-S 接零保护系统。

（6）线路布置敷设。

线路布置需要根据用电布置划分的供电区域，从敷设方、线路安全、文明施工等因素综合考虑，采用暗敷设铝芯电缆。

3. 线路敷设走向

由甲方总变压器到现场一号一级配电柜相距约 100 m 左右，线路导线选用 LV（4×240 +1×120）聚氯乙烯绝缘线，架空敷设，一级配电柜内安装 630 A 空气开关一个，630A 隔离开关一个，630A 漏电开关一个，分五个回路安装带漏电保护的空气开关。

重复接地线与基础 TN-S 中性零线保护系统相连，连接导线多股 35 mm^2 铜芯线或 ϕ10 圆钢压接或焊接，接地线只能并联，不准串联，所有配电箱和用电设备的金属外壳必须和接地保护连接。并测量电阻是否符合规定要求，电阻不大于 4 Ω。临时用电的施工阶段，主要用电设备有塔吊、水泵、电焊机，高峰用电时在 450 kW 左右，它们来自各自的回路中。利用塔吊做施工现场的防雷保护装置，防雷装置的冲击接地电阻不得大于 4 Ω。

4. 临时配电设备的选择和配制

（1）配电箱与开关箱的选择。

现场总配电箱一般为一级配电，分配电箱称二级配电，供各机具使用的箱体为三级配电。按规范要求，动力配电箱与照明你工作配电箱宜分别设置，动力照明线路应分路设置，应独立箱体，不能混用，开关箱应由末级分配电箱配电。现场一级配电箱设在施工办旁，二级配电箱应装设在用电设备或负荷相对集中的地区。电箱与开关箱的距离不得超过 30 cm，开关箱与控制的固定式用电设备的水平距离不宜超过 3 m。

配电箱、开关箱应设在干燥、通风及常温场所，不得装设在有严重损伤作用的瓦斯、烟气、蒸汽、液气及其他有害介质中；不得装设在易受外来固体物撞击、强烈震动、液体飞溅及热源烘烤的场所；否则须作特殊防护处理。配电箱、开关箱内的开关电器（含插座）应按其规定的位置紧固在电器安装板上，不得歪斜和松动。配电箱、开关箱内的连接应采用绝缘导线，接头不得松动，不得有外漏带电部分。配电箱、开关箱的金属箱体、金属电器安装板以及箱内电器的不应带电金属底座、外壳等必须做保护接零。保护接零应通过接线端子板连接，配电箱、开关箱必须防雨、防尘。

（2）电器装置的选择。

每台用电设备应有各自专用的开关箱，必须“一机一闸一漏电”制，严禁用同一开关电器直接控制二台及二台以上的用电设备（含插座）开关箱的开关电器必须能在任何情况下都可以使用电设备实行电源隔离。开关箱中必须装设漏电保护器，漏电保护器的安装应符合现行国家标准《剩余电流动作保护电器（RCD）的一般要求》（GB/T 6829）的要求，开关箱内的漏电保护器其额定漏电动作电流不大于 30 mA，额定漏电动作时间应小于 0.1 s。漏电保护器必须按产品说明书安装、使用。对搁置已久重新使用和连接使用一个月的漏电保护器，应认真检查其特性，发现问题及时修理和更换。

手动开关电器的只许用于直接照明电流和容量不大于 5.5 kW 的动力电路。容量大于 5.5 kW 的动力电路应采用自动开关电器或降压启动装置控制。各种开关电器的额定值应与其控制用电设备的额定值相适应。配电箱、开关箱中的导线的进线口和出线口应设在箱体下面必须安装橡胶护口圈，严禁设在箱体的上顶面、侧面、后面或箱门处。

（3）熔电器熔体额定电流的确定。

熔体额定电流应不小于线路的计算电流，以使熔体在线路正常运行不致熔断。熔体额定电流还应躲过线路的尖峰电流，以致熔体在线路出现正常的尖峰电流时也不致熔断。对于尖峰电流的考虑，在单台电动机回路里熔体额定电流应取电动机的启动电流，在多台电动机回路里线路计算电流的尖峰电流一般应取容量最大一台电动机的启动电流与其各台电动机的额定电流之和。因此熔体的额定电流的选择，既要能够在线路过负荷时或断路时起到保护作用（熔断），又要在线路正常工作状态（包括正常的尖峰电流）下不动作（不熔断）。

熔断器与熔断器之间的配合，为保证前后级熔断器动作的选择性，一般要求前级熔断器的熔体额定电流为后级额定电流的 2～3 倍。

熔断器的额定电压应按线路的额定电压选择，即熔断器的额定电压大于线路的额定电压。

（4）用电设备的电流计算与保险丝。

① 电灯、电热（W）。

电灯、电热的电流计算表如表 4.5 所示。

表 4.5　电灯、电热的电流计算表

供电相数	功率/kW	每项电流/A	计算公式
单项	1 000	4.5	电流（A）=功率（W）/220 V
两项	1 000	2.3	电流（A）=功率（W）/380 V
三项	1 000	1.5	电流（A）=功率（W）/380 V×1.73

② 电动机（kW）。

表 4.6　电动机的电流计算表

类别	功率/kW	每项电流/A	备注	计算公式
单项电动机	1	8	力率=0.7 效率=0.75	电流（A）=功率（kW） ×1 000/220×力率×效率
三项电动机	1	2	力率=0.85 效率=0.85	电流（A）=功率（kW） ×1 000/1.73×380×力率×效率

③ 电焊机（kVA）。

表 4.7　电焊机的电流计算

输入电压/V	功率/kVA	每相电流/A	计算公式
220	1	4.5	电流（A）=功率（kVA×1 000/220 V）
380	1	2.7	电流（A）=功率（kVA×1 000/380 V）

④ 保险丝。

保险丝不宜过大，够用即可。插入式保险丝中要用标准的易熔铜片，上有额定电流值。尤其 60 A、100 A、200 A 必须使用此易熔铜片保险丝，30 A 以下用软铅，也要注意不要太大，尤其一些 1.5 kW、2.5 kW 的三相小电动机用家用保险丝即可。

（5）施工现场照明。

施工照明场地部分为碘钨灯 20 盏，照明线路分段设置漏电断路器和空气隔离开关作漏电和过载保护，每箱设安全隔离闸刀作短路保护，负荷分配时尽量平衡电流。

5. 临时配电线路

施工现场低压配电线路，全部采用三相五线制供电，它可提供 380 V/220 V 两种电源，供不同负荷的需要和使用，并有利于用电设备的保护接地和重复接地，保证安全用电。

（1）电缆敷设的基本要求。

根据工程结构和用电设备布置的特点，一般工程的临时低压配电线路全部采用电缆敷设，靠二衬边敷设，电缆保护架空高度不得小于 1.5 m，电缆固定在瓷瓶上，瓷瓶距边墙不得小于 30 cm。暂时停用的线路应及时切断电源，不再使用和工程竣工后的配电线路及设备应立即拆除。室内配线所用导线截面，应根据用电设备的计算负荷确定，但铝线截面应不小于 2.5 mm^2，铜线截面应不小于 1.5 mm^2。

（2）配电线路的要求。

电缆穿越建筑物、构筑物、道路、易受机械损伤的场所及引出地面从 2 m 高度至地下 0.2 m 处。必须加设保护套管，钢管保护套管内径大于电缆外径的 1.5 倍。

施工现场埋设电缆时，应尽量避免碰到下列场所：经常积水、存水的地方，地下埋设物较复杂的地方，时常挖掘的地方，预定建设物的地方，散发腐蚀性气体或溶液的地方以及制造和处存、易燃或燃烧的危险物质场所。埋地敷设的电缆接头应设在地面上的接线盒内，接线盒应能防水、防尘、防接卸损伤，应远离易燃、易爆、易腐蚀场所。

6. 安全用电技术措施

（1）建立临时用电安全技术档案。

进行临时用电施工组织设计，编制具体实施方案的全部资料；修改临时用电施工组织设计的资料；安全用电技术交底资料；临时用电工程检查验收表；接地电阻测试记录表；定期检（复）查表；电器设备调试、检验凭单和调试记录；电工维修工作记录。

（2）临时照明技术措施。

在夜间施工或自然采光差的场所，料具堆放场、道路、仓库、办公室、宿舍等应设一般照明。现场照明采用高光效、长寿命的照明光源，对需要大面积照明的场所，应用镝灯。照明灯具的金属外壳必须作保护接地，单相回路的照明开关箱（板）内必须装设漏电保护器。照明系统中的每一单相回路上，灯具和数量不宜超过 25 个，并应装设熔断电流为 15 A 以下的熔断器保护。

（3）接地、接零与防雷。

在施工现场专用直接接地的电力线路中，必须采用 TN-S 接零保护系统。电器设备的金属外壳必须与专用保护零线连接，专用保护零线（简称保护零线）应由工作接地线、配电室的零线或第一级漏电保护器电源侧的零线引出。作防雷接地的电器设备，必须同时作重复接地，同一台电器设备的重复接地与防雷接地可使用同一接地体，接地电阻应符合接地电阻要求。保护零线不得装设开关。保护零线应单独敷设，不做它用，重复接地应与保护零线相连接。施工现场内所有防雷装置的冲击接地电阻值不得大于 10 Ω。各机械设备的防雷引下线可利用设备金属结构体，应保证连接。机械设备上的避雷针（接闪器）长度为 1 ~ 2 m。

（4）各类用电人员安全规范要求。

使用设备前必须按规定安戴好和配备相应的劳动防护用品，并检查电器装置和保护设施是否完好，严禁设备“带病”运转。停用的设备必须拉闸断电，锁好开关箱。搬迁或移动用电设备，必须经电工断电源并做妥善处理后才能进行。临时用电的消防安全问题，将按照国家和当地有关消防安全管理规定配置和执行。

7. 临时用电工程安全管理

（1）建立临时用电安全管理体制（图 4.19）。

（2）落实各级管理人员岗位责任制。

项目经理：为安全生产第一责任人，负责督促各项规定和措施的实施，参与定期检查和解决用电设备配购，整改需要人员调整、安排临电费用。

电气工程师：负责临时用电的组织设计、修改方案的制定及解决用电过程中的有关技术问题。

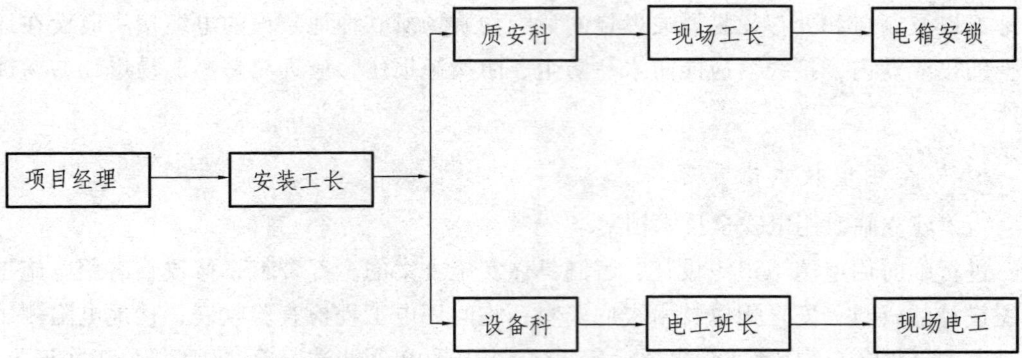

图 4.19　临时用电安全管理体制

质安科：负责督促用电方案和技术措施的实施，必须定期组织用电安全的检查工作，纠正违章，提出处罚和整改意见。

设备科：随时检查设备操作人员安全用电情况，发现隐患及时向公司领导和治安部反映，并参与安全用电的检查工作。

现场工长：负责安全用电交底，教育电气操作人员遵章守纪，不得违章作业。

电工班长：具体负责临时用电方案的实施工作，加强对电工维修人员的安全教育，并认真做好各种原始记录及资料的整保工作。

项目安全员：负责检查和及时向班长反映存在的不安全因素及建议整改意见。

现场电工：必须持证上岗，严格按照规范、规定要求进行操作和维修，不得违章作业、擅自处理有关重大技术问题。

8. 触电发生后急救措施

立即切断电源，或用不导电物体干燥的木棍，竹棒或干布等物使伤员尽快脱离电源。急救者切勿直接接触触电伤员，防止自身触电而影响抢救工作的进行。当伤员脱离电源后，应立即检查伤员全身情况，特别是呼吸和心跳，发现呼吸、心跳停止时，应立即就地抢救。

4.2.8　标志、标牌的要求

1. 标志标牌的设置要求

交通标志标牌应体现高速公路及周边路网的特点，使驾驶员准确确定自己所处的位置、找到正确的目的地，并对路网中的交通量进行合理分配。交通标志应容易识别、易于理解。

（1）标准牌工艺流程。

施工放样→基础施工→标志标牌加工制作→现场安装→验收。

（2）标志定位与设置。

在标志施工中经常会出现基础与立柱的安装角度难以一致的情况，尤其是双柱式和门架式标志更为突出，两个基础之间的间距和中心距出现稍微的偏差，将会导致门架标志横梁无法安装和双柱式标志安装角度偏微等严重后果。

按照施工图纸要求定位和设置，安装的标志与交通流向成直角，在曲线路段，标志的设置角度由交通流的行进方向来确定。悬臂、门架标志沿垂直轴向后倾斜 2°。对于路侧标志，标志板内缘距路缘石边缘不得小于 25 cm。养护作业区域标志标牌摆放位置如图 4.20 ~ 图 4.22 所示。

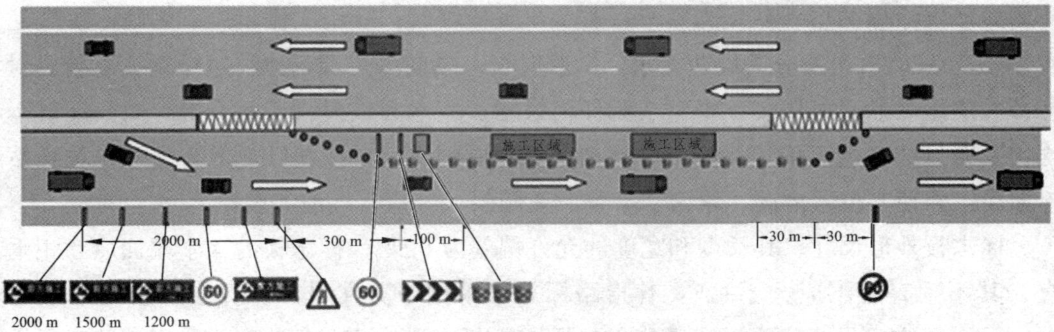

图 4.20　半幅内侧养护作业区域标志标牌摆放示意图

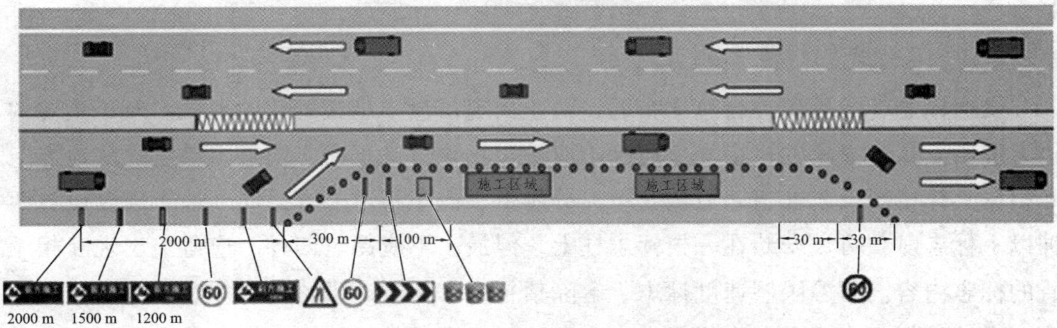

图 4.21　半幅外侧养护作业区域标志标牌摆放示意图

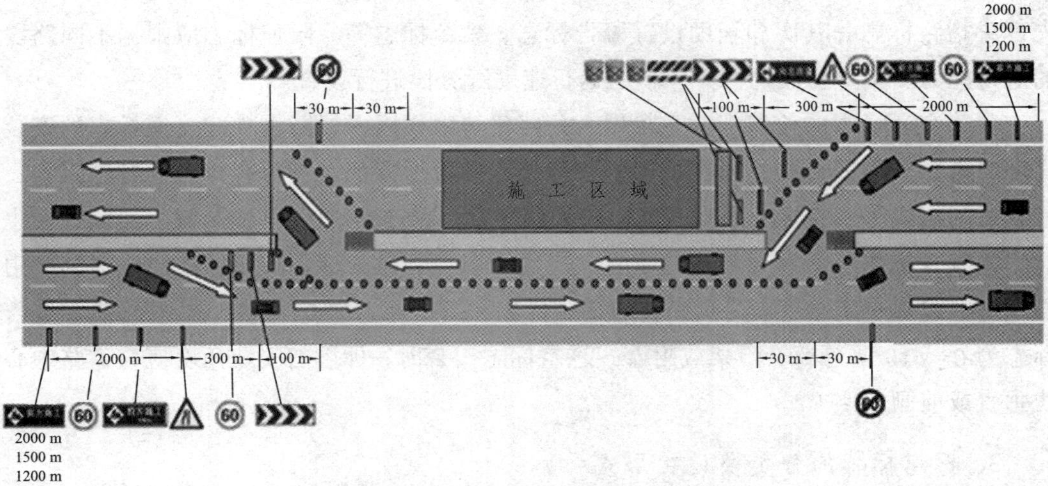

图 4.22　单幅养护作业区域标志标牌摆放示意图

（3）标志板面制作。

标志面板风压按 0.55 kN/m^2，标志版面底衬及字符均贴 V 类反光膜，反光膜应符合现行国家标准《道路交通反光膜》（GB/T 18833）规定，其反光膜的逆反射系数和亮度系数应符合有关标准规定。为保证美观，标志版上的所有字符、图案均应是整张反光膜，严禁拼凑。粘贴反光膜时在温度 18 ~ 28 °C、湿度小于 10%的环境中贴在经过酒精清洁、脱脂、磨面处理的铝板上，不采用手工操作或用溶剂激活黏结剂，在标志表面的最外层涂保护层。贴反光膜不可避免出现接缝时，应用上侧膜压下侧膜，拼接处有 3 ~ 6 mm 的重叠部分，以防漏水，贴膜时自一端向另一端延伸，边贴边拆下膜后封层，并用压敏贴膜机压实、平整、无任何皱褶、气泡和破损，板面不得有回归反射不均匀及明显的颜色不均匀。将用电脑刻字机刻成的文字，按图纸规定事先放样位置贴于板面，并使其位置准确、紧密、平整、无倾斜、皱褶、气泡和破损。

标志板外形尺寸，其长度和宽度的允许偏差为 0.5%，标志板的 4 个端面应互相垂直，其不垂直度不应大于±2°。有指路标志均采用中英文对照。标志汉字高一般为 650 mm，英文字母高度为汉字高的 1/2。所有汉字、英文字母、数字均采用道路交通标志字体。

2. 标志标牌的设置原则及理念

交通标志的设置应进行总体布局，防止出现信息不足或过载的现象。对于重要的信息应给予重复显示的机会。交通标志应设在车辆行进正面方向最容易看见的地方。可根据具体情况设置在道路右侧、中央分隔带、或车行道上方。同一地点需要设置两种以上标志时，可以安装在一根标志柱上，但最多不应超过四种。应避免出现互相矛盾的标志内容。解除限制速度标志、解除禁止超车标志、干路先行标志、停车让行标志、减速让行标志、会车先行标志、会车让行标志应单独设置。标志牌在一根支柱上并设时，应按警告、禁令、指示的顺序，先上后下，先左后右的排列。高速公路应优先设置指路标志，其次和辅助设置警告标志、禁令标志等。限速标志应根据不同路段的通行能力、车型构成比例、车辆的运行速度等分段进行设置。

公路交通标志的任何部分不得侵入公路建筑限界以内，路侧柱式交通标志的安装高度应考虑其版面规格、所在位置的线形特点和地形特征、是否有行人通行等因素，悬臂、门架式等悬空标志净空高度应较公路净空预留 20 ~ 50 cm 的余量。路侧式标志应尽量减少标志板面对驾驶员的眩光。交通标志安装时，标志板面的法线应与公路中心线平行或成一定角度。路侧安装的禁令标志和指示标志为 0° ~ 45°，指路标志和警告标志为 0° ~ 10°。悬臂、门架或附着式悬空标志安装时，标志的安装角度应与道路中心线垂直或前倾 0° ~ 10°。

3. 标志标牌的分类及设置形式

交通标志分为主标志和辅助标志两大类。主标志分为警告标志、禁令标志、指示标志、指路标志、旅游区标志及道路施工安全标志。标志标牌的设置形式有单柱式、双柱式、单悬式、双悬式、门架式及附着式等。

4. 标志标牌的施工工艺

（1）施工准备。

进场后要认真熟悉设计文件、图纸及技术规范，认真勘察施工现场，做到每一个标志标牌的施工数据都有据可依，翔实且准确。

（2）施工放样。

根据图纸，由本工程专业测量放样小组负责放样。以桥梁、通道、中央分隔带开口、立交等结构物为横向控制点，以道路中心线为纵向控制线，采用水平仪、全站仪、卷尺、工字尺及其他必要工具准确测距定位（如遇结构物、路下管道、通讯电缆等时，应做适当处理或移位）。

（3）基础开挖。

放样定位后，按图纸要求进行开挖，基坑大小、深度要符合图纸要求。废土不得随意丢扔，要采用监理工程师同意的办法外运处理。

根据设计图纸用全站仪定位放样，定出基坑位置。按设计图纸放出基坑大样，开挖后应达到图纸所示的大小和深度，如有扰动的开挖面，加大开挖量，达到设计规定要求。双柱基础不能同时施工。基坑验收合格后，开始浇筑相应标号和厚度的混凝土垫层，然后支外露部分及基坑顶以下 15 cm 模板，安放、绑扎构造钢筋，绑扎定位地脚螺栓。模板、钢筋经监理工程师验收合格后，开始浇注 C25 混凝土，浇注时分层捣实，并要振捣均匀，基座顶部抹平，混凝土达到 85%强度后拆模。派专人养护混凝土基础。回填土分层夯实，并与四周地面齐平。

（4）混凝土基础浇筑。

施工时所使用混凝土严格遵照图纸要求标号，使用商品混凝土。模板采用钢模板，浇注振捣时要用振动棒振捣密实；拆模后不得有蜂窝麻面现象，面层要一次性抹平、压光，施工中不得损坏沿线设施，注意环境保护，废土不得乱弃，基础浇注时不得污染路面。

（5）立柱、板面安装。

基础混凝土强度达 80%以上，可以安装立柱及标志板。在标志牌标志立柱施工时，对于路侧单、双柱标志，其板面底边与路缘石外缘高差不小于 20 mm，板面内边缘距路缘石外缘不小于 25 cm；悬臂式、门架式标志，其板面底边距路面高度不小于 5.5 m。立柱及横梁根据图纸设计要求，制作防雨帽。在钢材热镀锌前，钻孔、冲孔和焊接完成后，所有的连接件和附加件应适合标志安装要求，并符合现行国家标准《道路交通标志和标线》（GB 5768）的要求。交通标志立柱和横梁基本采用 Q235 的碳素结构钢钢管，立柱直径大于 152 mm 时，要求采用无缝钢管制作；直径小于或等于 152 mm 的立柱可采用焊接钢管，如直缝电焊钢管。钢管壁厚一般大于或等于 4 mm。

制作标志支撑必须进行防腐处理，采用热浸镀锌其防腐层质量应满现行国家标准《公路交通工程钢构件防腐技术条件》（GB/T 18226）的要求。钢构件必须经防腐处理才能使用，可采用热镀锌的工艺，立柱、横梁、法兰盘的镀锌量不低于 600 g/m^2，抱箍、紧固件等小型构件镀锌量不低于 350 g/m^2。

立柱安装所需主要设备及安装工艺：8 t 吊车一辆，高空作业车一辆，运输车一辆。对于双柱和单柱，我们计划立柱镀锌完毕后，运输车直接把立柱运到工地，用 8 t 吊车安装在相应桩号的基础上；对于单悬，将板面固定在立柱和横梁上后，再一起安装。

（6）质量自检。

外业工作完成后，项目经理部将组织全面质量自检，使全部工作完全符合要求，同时整理有关施工资料，上报监理抽检验收。

5. 标志标牌施工质量要求

标志立柱、横梁均采用普通碳素结构钢，凡钢管外径在 152 mm 以下（含 152 mm）的立柱和横梁，采用普通碳素钢机构（Q235）焊接钢管，并应符合现行国家标准《碳素结构钢》（GB/T 700）要求；凡钢管外径在 152 mm 以上的立柱和横梁应采用普通碳素结构钢（Q235）热轧无缝钢管，并符合现行国家标准《结构用无缝钢管》（GB/T 8162）的规定，特殊规定除外。标志立柱柱帽和横梁采用普通碳素结构钢板，板厚一般采用 5 mm。

标志支撑结构中所有钢结构均应进行热浸镀锌防腐处理，立柱及横梁进行涂塑工艺，热浸镀锌、涂塑工艺按现行行业标准《公路交通安全设施施工技术规范》（JTG F71）和国家标准《公路交通工程钢构件防腐技术条件》（GB/T 18226）之规定。立柱及横梁涂塑颜色为乳白色，色号为 PCF9016。

标志基础的地基承载力应满足设计文件的规定，并不得小于 150 kPa。基础的施工应符合《公路桥涵施工技术规范》（JTJ 041）的规定，浇筑混凝土时，应注意准确设置地脚螺栓和底座法兰盘。水泥混凝土强度不小于 25 MPa，并符合现行《公路钢筋混凝土及预应力混凝土桥涵设计规范》（JTG D62）的有关规定。

6. 环境保护与环卫管理

（1）环境保护。

严格控制施工噪音，防止噪声污染。材料、施工机械的堆放、停置应有序，废水、废料应集中存放，不得乱扔乱倒。做好绕行便道的养护工作，防止灰尘危害。

（2）雨季施工保护措施。

降低水灰比，使用低流动性混凝土，用土工布覆盖。施工中，工人应穿好防雨工具。如遇大风、大雨等天气应停止作业。混凝土运输中应用塑料制品覆盖。对浇注过的混凝土，应做好养护工作。

4.2.9 个体安全防护的规定

1. 一般规定

从业人员在作业过程中，必须按照安全生产管理制度和劳动防护用品使用规则，正确佩戴和使用安全防护用品；未按规定佩戴和使用安全防护用品的，不得上岗作业。

安全防护用品必须符合相关国家标准和作业标准，不得超期使用。

劳动防护用品包括：安全帽、安全带、救生衣、防护服、防护鞋、防护手套、防护面具等。

2. 安全防护

高空作业临边防护。临边作业、提运架梁机械等有可能造成坠落的处所，均应设置防护栏。

悬空和攀登作业人员防护。作业人员必须按规定戴好安全帽，悬空和攀登作业必须系好安全带（安全绳），安全带（安全绳）应挂在牢固可靠处并高挂低用。

操作平台安全防护。防护栏杆按照相关标准执行。操作平台采用直径 48 ~ 51 mm×壁厚 3.5 mm 的钢管以扣件连接，或采用角钢、槽钢等坚固材料制作，台面满铺 5 cm 厚的木板并帮扎牢固，不得出现翘头板。

重叠、交叉作业防护。上下立体重叠、交叉作业和通道上方以及可能坠物的处所，应设置足以能够防止伤害的隔离棚挡，棚挡要坚固可靠、覆盖有效。

固定作业区防护。采用铁丝网或网栅防护，间隔支柱采用 $\phi50$ 钢管，立柱高不低于 1.5 m，立柱间隔 5 ~ 8 m 设置，埋设牢固，并设置明显的安全警示标志。

电力设施防护。配电房（室）、变压器等固定电力设备均设安全防护屏障或网栅围栏，高度不低于 2.5 m，并设置明显的安全警告标志。

基坑及泥浆池防护。基坑防护设置双横杆钢管防护栏，栏杆柱打入地面深度不少于 50 cm，防护栏埋设距基坑边缘不能小于 50 cm，立柱间距不大于 3 m。当基坑周边采用板桩时，钢管可打在板桩外侧。防护栏挂设安全警示标志。基坑作业人员上下设置牢固通畅的通道，宽度不小于 80 cm。

进入施工现场的人员必须戴好安全帽，施工现场出入口处设置“进入施工现场，请戴好安全帽”的警示标志。

3. 个人防护用品

（1）安全帽。

安全帽应有永久性标志：制造厂名称、商标、型号、制造日期、生产合格证和检验证明、生产许可证编号、“LA”安全标志。安全帽构造如图 4.23 所示。

安全帽应在有效期内使用。每年一次定期检查，发现异常现象不得佩戴。

戴安全帽前应将帽后调整带按自己头形调整到适合位置，然后将帽内弹性带系牢。缓冲衬垫的松紧由带子调节，人的头顶和帽体内顶部的空间垂直距离应控制在 25 ~

50 mm，一般不应小于 32 mm。不得将安全帽歪戴，或把帽檐反戴。安全帽的下领带必须扣在颌下，并系牢，松紧应适度，如图 4.24 所示。

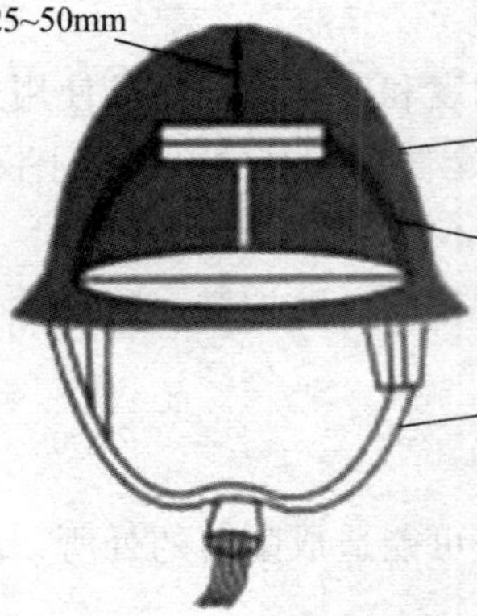

图 4.23　安全帽构造图

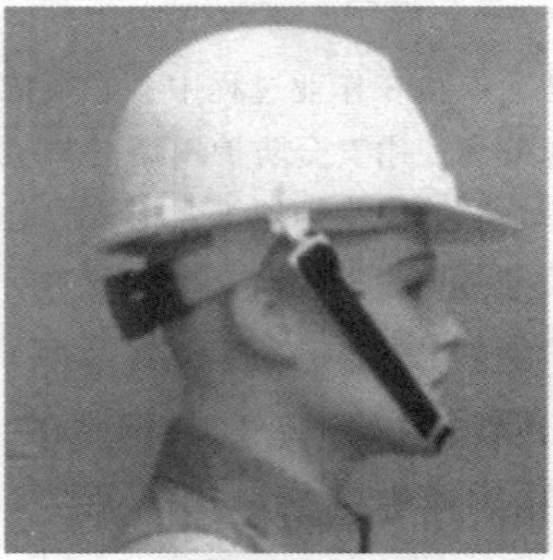

图 4.24　安全帽佩戴示意图

（2）安全带。

安全带类型有全身式安全带（图 4.25）、双肩式安全带（图 4.26）等。安全带的有效期一般为 3 ~ 5 年，发现异常应提前报废。使用频繁的绳子，应经常进行外观检查，发现异常时，立即更换或报废。2 m 以上的悬空作业，必须使用安全带。使用中，应可靠的挂在牢固的地方，高挂低用（图 4.27），且应防止摆动，避免明火和刺割。在无法直接挂设安全带的地方，应设置能供安全带钩挂的安全母索、安全栏杆等。

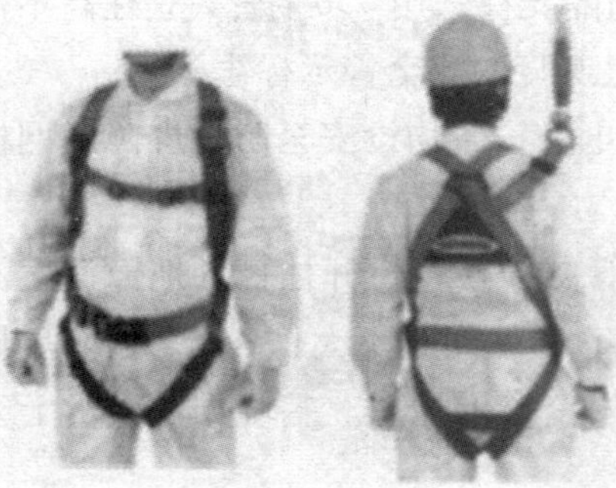

图 4.25　全身式安全带

图 4.26　双肩式安全带

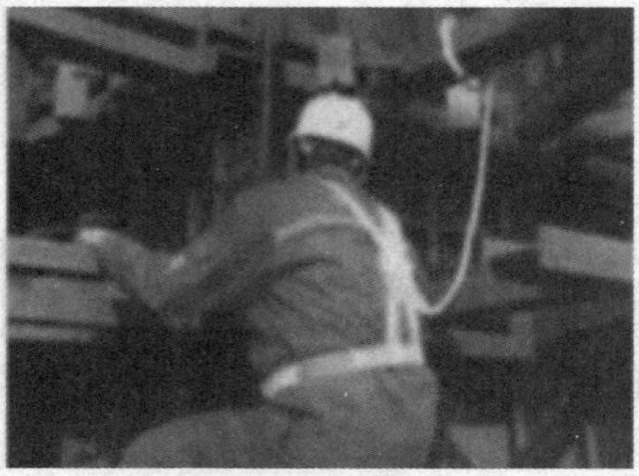

图 4.27　安全带高挂低用

（3）救生衣。

水上作业必须穿戴救生衣，救生衣有工作式救生衣（图 4.28）、救生式救生衣（图 4.29）、气胀式救生衣（图 4.30）等。穿着泡沫类工作式救生衣前，应先检查浮力袋、领门带、腰带等。是否完好，救生衣不得有损坏，否则不应穿戴。把救生衣从头套下穿在身上，浮力袋大的一面置于身体前面，把腰带分别从左右侧绕身一周，在胸前用力收紧，采用一缩帆结（救生时采用平结）系牢。

图 4.28　工作式救生衣

图 4.29　救生式救生衣

图 4.30　气胀式救生衣

（4）防护服。

现场作业人员应按工种要求配置棉质工作服（图 4.31），特殊作业人员应配置特殊作业防护服。焊工工作服宜为帆布等材质的阻燃服（图 4.32）。

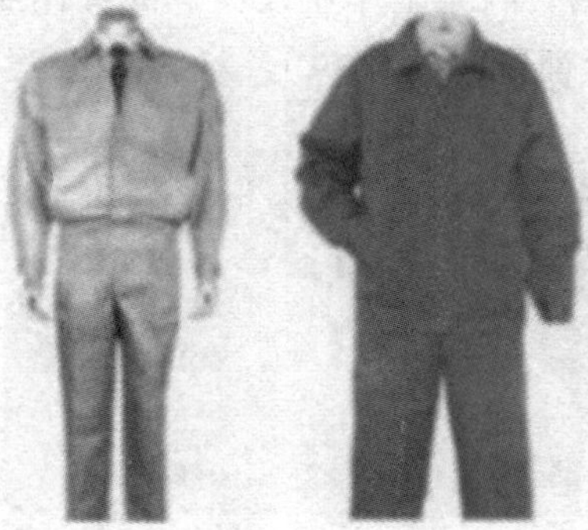

图 4.31　棉质工作服

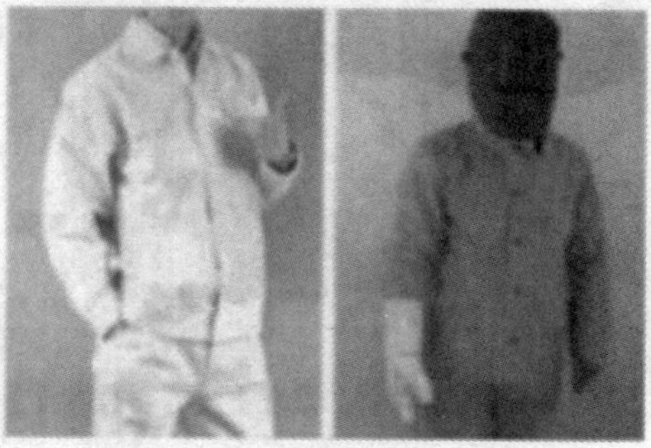

图 4.32　电焊工作服

（5）防护鞋。

作业人员应根据现场情况正确穿着防护鞋（图 4.33），电工、电焊工必须穿着电绝缘鞋。绝缘鞋必须在规定的电压范围内使用，每半进行一次预防性试验。

（6）防护手套。

从事电工、电焊作业以及接触强酸、强碱材料的作业人员应使用防护手套（图 4.34 和图 4.35）。防水、耐酸碱手套使用前仔细检查，不得破损。绝缘手套应定期检验电绝缘性能，不符合规定的，不能使用。

图 4.33　防护鞋

图 4.34　普通工作手套

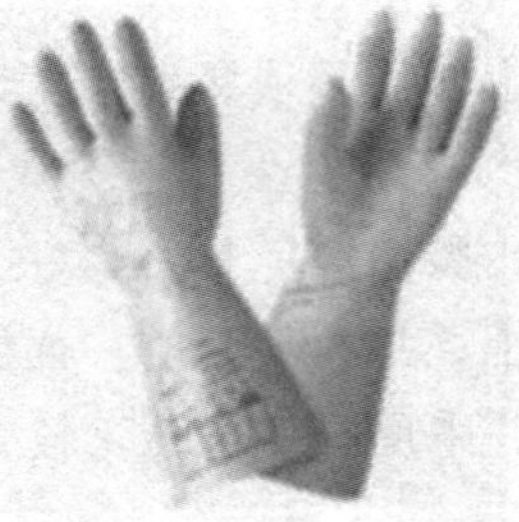

图 4.35　绝缘手套

（7）防护用具。

从事金属世割、混凝土及岩石打凿作业人员必须使用护目镜（图 4.36）。

图 4.36　护目镜

电焊作业人员必须配备焊接防护面罩（图 4.37），气焊作业人员应配备焊接防护眼镜（图 4.38）。防灰尘、烟雾、轻微毒性或刺激性较弱的有毒气体的防护镜必须密封、遮边无通风孔，与面部接触严密，镜架应耐酸、耐碱。混凝土作业人员、沥青作业人员、隧道钻孔清渣作业人员必须配戴防尘口罩或防尘面罩（图 4.39）。

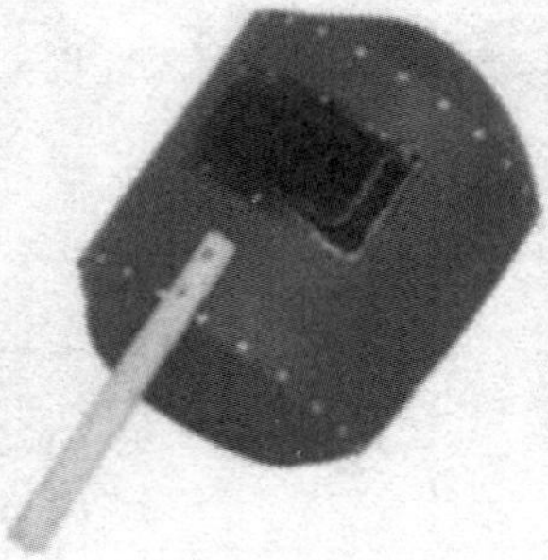

图 4.37　焊接防护面罩

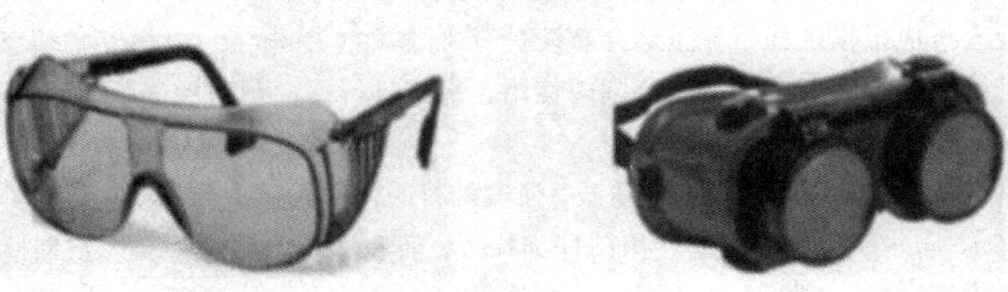

图 4.38　焊接防护眼镜

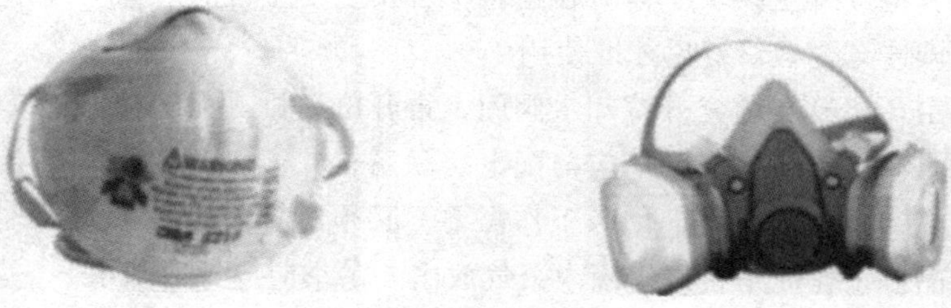

图 4.39　防尘口罩及防尘面罩

4.2.10　特种设备的安全管理

项目经理作为特种设备安全第一责任人，按照《中华人民共和国安全生产法》《特种设备安全监察条例》和《项目部安全管理办法》等有关法律和规定，落实特种设备安全责任，落实保障安全和防范事故的措施。项目部制定并严格执行安全检查、维修保养、定期报检、安全教育培训和特种设备管理制度等安全生产规章制度；制定切实可行的事故应急救援预案，并按规定将组织进行演练。对施工中存在的病态特种设备，未检验、检测得特种设备坚决不允许施工中使用，如未经检测、检验合格的特种设备在施工中使用，我驻地办根据相应的管理办法进行罚款处理。

1. 天吊安全操作规程

天吊应有专人操作，操作手应经过专业培训，熟悉本天吊的结构特点和操作方法，并经考试合格后发给合格证书，才允许操作。每日每次开车前，必须检查所有机械和电器设备是否良好，操作系统是否灵活，并按规定对设备进行保养和润滑。操作人员须持证上岗。

工作中要听从指挥人员的信号，信号不明或可能引起事故时应暂停操作，待弄清情况后方可继续作业。作业中突然停电，应立即拉开闸刀，将运送物放下。作业完毕、应将料盘落地、关锁电箱。禁止人随物品一起升降。交接班时，两个班的司机应共同检查全机的机械设备和电器设备情况，并填写司机日表。检查时应切断电源，且挂“有人检修”的牌子，以免误开车造成重大事故。

2. 空压机安全操作规程

遵守压力容器安全操作的一般规定。开车前检查一切防护装置和安全附件应处于完好状态，检查各处的润滑油面是否合乎标准。不合乎要求不得开车。安全阀须按使用工作压力定压，每班拉动、检查一次，每周做一次自动启动试验和每六个月与标准压力表校正一次，并加铅封。当检查修理时，应注意避免木屑、铁屑、拭布等掉入气缸、储气罐及导管内。用柴油清洗过的机件必须无负荷运转 10 min，无异常现象后，才能投入正常工作。机器在运转中或设备有压力的情况下，不得进行任何修理工作。压力表每年应校验、铅封、保存完好。使用中如果发现指针不能回零位，表盘刻度不清或破碎等，应立即更换。工作时在运转中若发生不正常的声响、气味、振动或发生故障，应立即停车，检修好后才准使用。

水冷式空压机开车前先开冷却水阀门，再开电动机。无冷却水，或停水时，应停止运行。如是高压电机，启动前应与配电房联系，并遵守有关电气安全操作规程。非机房操作人员，不得入机房，因为工作需要，必须经有关部门同意。机房内不准放置易燃易爆物品。工作完毕将贮气罐内余气放出。冬季应放掉冷却水。

4.2.11 主要机具及专业设备的管理

1. 设备购置、验收、租赁

（1）设备的购置。

设备使用单位根据本单位情况，自行购置，注意做好选型、采购、验收工作。

（2）设备的验收。

设备交付使用前，产权单位设备物资管理部门需对设备的工艺标准及实用性进行全面的检验和评估，对不符合或没有相关国家及行业标准认证的、设计不合理、实用性差的设备向厂家提出整改意见，并跟踪和监督生产厂家整改落实情况。同时还应查看设备的说明书、出厂合格证、备品备件等是否齐全。在达到检验和评估要求后，方能允许其进行交付使用。

（3）设备的租赁。

公司大型设备、在不能满足施工需求的条件时对外租赁。

双方签订租赁合同。设备租赁合同必须明确租赁设备的名称和型号、设备状况、租赁时间、租用用途、使用地点、租赁费用和结算方式、支付方式、设备交接方式、工作班次和台班时间、双方权利与义务、发生纠纷时的处理方式。

明确设备进场和出场的组织实施和相关手续、费用、责任的分配，办理设备的交接手续。为保障外租设备的规范使用和维护保养执行情况，设备调配及租赁期间必须配备本公司自有机管人员进行操作。

2. 设备使用管理

设备使用基本工作流程如图 4.40 所示。

设备在能满足施工需求的条件下，设备使用单位必须优先使用本单位的设备，若需外租或购置，必须在设备使用计划的《项目设备车辆使用需求计划表》中注明外租或购置计划，上报设备物资部，经公司主管领导批准后，方可实施。设备使用单位在使用本单位设备时，不得私自转借或转租给其他单位或个人使用，按时向公司财务上缴设备使用费。设备使用单位在设备使用期间，必须严格按照设备的维护保养规范按时维护设备，按照设备的安全操作规范正确使用设备。使用单位按规定建立本单位设备管理台账，统计设备维护、使用、耗材记录，按时上报设备台账及各类报表。公司设备物资部及时对设备使用过程中存在的隐患监督处理，协助使用单位解决设备日常使用过程中存在的困难，保障设备安全、及时、高效地服务于施工生产。

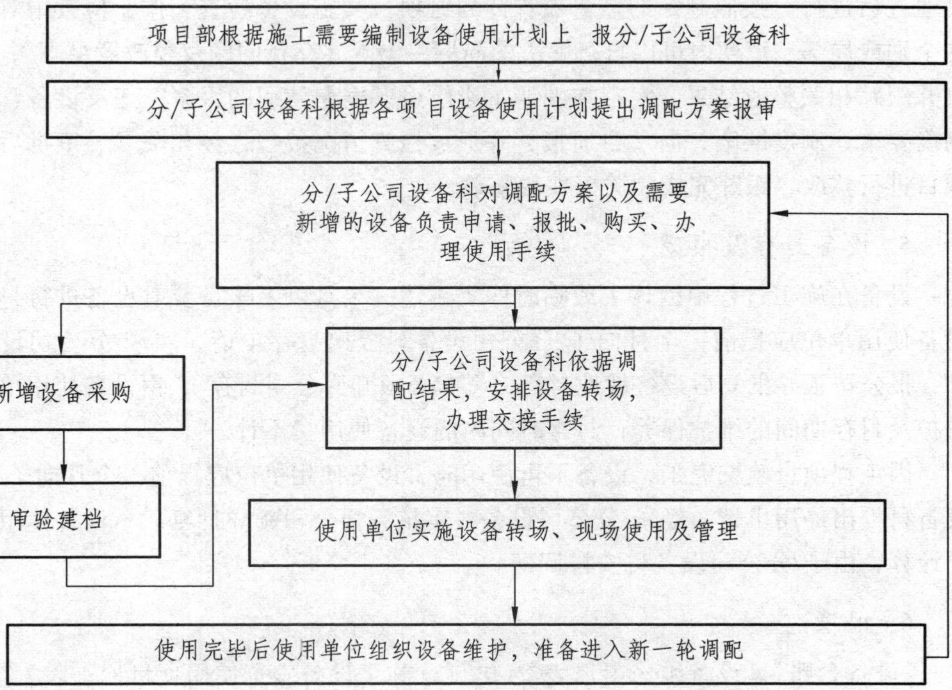

图 4.40　设备使用基本工作流程图

3. 设备保养与维修

设备使用单位要严格按照设备维护保养使用说明书中规定对设备进行及时的维护和保养，发现故障及时排除，严禁设备带故障施工，有修复情况要及时上报子/分公司设备科归档管理。设备维护及使用过程中发生的所有耗材、工时及燃料等都必须按照普通材料发放使用手续办理。

设备的大修由设备物资部统一组织进行，根据设备使用记录及当前运转状况，子/分公司设备科提出设备大修的申请计划，上报公司主管领导审批后，根据情况组织设备返厂、就地、委托使用单位等方式进行大修工作，费用由公司承担。未经上报批复由设备使用单位自行组织的设备大修均按常规检修处理。大修后的审验由设备物资部负责或委托使用单位进行验收。

4. 监督与检查

监督检查组织机构由公司分管领导负责，由子/分公司设备科组织相关部门联合实施。项目自查组织机构由项目经理负责，项目总工组织技术、设备、安全、施工等主管人员实施。

（1）检查内容。

规章制度执行情况、设备质量保养方面和环境、学习状况。

（2）程序步骤。

由子/分公司设备科制定年度或临时专项监督检查计划，报分管领导和主管领导审批通过后进行。按照制定的监督检查计划对项目实施设备检查工作，检查中对项目存在个别或局部、短期内可以自行解决的问题，出具《存在问题及整改意见书》，限时整改并跟踪相关整改结果，对存在的严重影响设备安全使用的因素、违反设备管理使用制度要求、制度缺陷，向项目通报，并形成检查情况报告，经相关领导审批后，限期项目进行整改，跟踪完成相关事项的整改。

5. 设备封存及报废

设备在施工过程中因休工或临时停工（达三个月以上）需要对设备进行封存时，设备使用单位应提前一个月向子/分公司设备科提出封存申请，经子/分公司设备科审核，报公司领导批复后设备就地封存（汽车必须开回公司封存），由设备使用单位安排看护及封存期间的维护保养，封存时间内的设备使用费不计。

因工程项目验交完工，设备不再使用时，设备使用单位应提前一个月向子/分公司设备科提出停用申请，经子/分公司设备科审核，报公司领导批复后，设备使用费即停止计算，由子/分公司设备科安排调配。

6. 记录

《设备台账》《设备维修申请表》《电气化施工设备安全使用项目检查表》《设备封存申请单》《设备启封申请表》《设备调拨交接单》《在用设备周期检定/校准计划表》。

4.2.12 临边防护的安全措施

1. 现场准备

（1）材料准备。

主要用的材料有ϕ48×3.5钢管及扣件，安全网、大眼网、木方木板、铅丝、油漆、彩钢板等。所有材料必须合格，符合要求。

（2）技术准备。

成立以总工程师为核心，安全员、技术员、质量员组成的技术小组，对临边、特殊部位的洞口防护措施进行技术措施分析。确保防护设施的安全可靠性。

（3）安全教育。

对所有进场的工人和新进场的工人定期进行安全教育并考核，合格后方能正式进场作业。

2. 总体要求

施工现场所有临边（两个作业面高差大于等于2 m均为临边高处作业）、洞口必须有可靠牢固安全的防护措施，并且必须有安全标志、标牌及警示牌等，安全标志、标牌及警示牌等应设在明显、不妨碍施工、不影响交通通道的位置。所有标志、标牌的材料必须合格，在施工前必须加以检查，确认其完好后方能投入使用，并定期进行检查确认其完好和安全性。临边、洞口、高处作业中，所用的物料均应堆放平稳，不妨碍通行和卸装，工具应随手放入工具袋。卸下、拆下的物件及余料和废料均应及时清理运走，不得任意乱置或向下丢弃。传递物件禁止抛掷。所有临边、高处、洞口防护必须有挡脚板，并固定牢固。

因施工需要，临时拆除或变动安全防护设施时，必须经项目部负责人、安全、技术、生产协商到达全体同意时方可执行，并事先采取相应的可靠措施。作业后应立即恢复。拆除时，必须在其下方、作业面内设警戒区，并派专人监护。建立安全管理责任制度：成立以项目经理为组长，安全、质量、生产、技术为成员的安全防护领导小组，对现场临边、洞口作业进行监督和管理。

3. 临边作业防护措施

（1）防护措施。

基坑四周搭设 1.2 m 高的护栏，护栏距坑边 1 m。立杆间距 2 m，竖向设三道水平杆，最下面一道水平杆距地面 250 mm，护栏设 300 mm 高的挡脚板。护栏外侧满挂绿色密目安全网。钢管刷 300 mm 长的红白间隔的油漆。立杆应打入地面 500 mm。

（2）临边防护栏杆搭设要求。

临边防护栏杆高 1.2 m。防护栏杆由立杆和上、下两道横杆及挡脚板组成。立杆间距 2 m，上横杆离地面 1 m，下横杆离地面 0.5 m。在栏杆下边设置严密固定的高度不小于 250 mm 的挡脚板。挡脚板上的孔眼不得大于 25 mm。挡脚板的下边距离底面底空隙不得大于 10 mm。

（3）现场维护措施。

施工现场与邻近道路、居民区边界用钢管和彩钢板搭设维护墙，并悬挂警示标志，施工区域内全封闭。禁止无关人员进入施工现场。施工区域内的所有井口，坑洞设维护标志或盖好盖板，以施工区域内人员掉入井内、坑内。

4. 洞口防护

所有结构留置洞口或施工洞口时，均必须对其进行防护，以防人与物有坠落及危及人身安全的事故发生。蕴华街西延道路建设项目（一标段）新建污水管沟槽开挖深度在超过 3 m 以上不等的情况下，为规范深基坑条件下和高边坡条件下的安全施工，切实保障施工人员及设备安全，防止事故发生，需建立深基坑开挖及高边坡条件下施工安全技术措施及施工专项方案。在深基坑部位和高边坡条件下进行施工作业，除执行本措施外，还应执行有关的规范和规程。边长为 500 ~ 1 500 mm 的洞口，必须设置由钢筋焊接的网格，网格孔边长不得大于 250 mm，并在其上满铺竹笆或脚手板。也可采用贯穿于混凝土板内的钢筋构成防护网，钢筋网格间距不得大于 200 mm。

施工生产区域应实行封闭管理，除在各车道路口进入该工程施工范围内入口处设有明显的施工警示标志外，还应在该工程各处通往外界的道路路口设置警示标志，但开挖后施工回填之前形成 4 m 以上高差陡坎的位置应设立警戒线或施工围蔽。进入施工现场必须按照作业要求正确穿戴个人防护用品，严禁赤脚或穿拖鞋进入施工现场。在施工现场行走应注意安全，不得在高边坡下方休息或停留，在临边坡、危险区域、周围应设置围栏和安全警示牌，夜间设红灯示警。施工现场各种防护设施、警示标志未经施工负责人批准，不得移动和拆除。作业所用材料都要堆放平稳，工具应随手放入工具袋内，上下传递物件不得抛掷。

5. 防护设施质量保证措施

防护用材料材质、承载能力、受力性能必须满足安全防护要求。主要材料如钢管、安全网、大眼网、钢丝绳、钢筋、铅丝等必须有出厂合格证和质量证明书，并经过现场试验合格后方能投入使用。所有防护设施必须按照相关规范和标准施工。防护设施搭设完毕后必须经过验收合格，方能投入使用或在工作面内施工。防护栏杆的搭设尺寸、垂直度、外观等质量必须符合规范和标准及北京地方标准的要求。

所有防护设施必须每隔两星期进行一次全面的安全检查，确保其稳定性和安全性，如有松动、因施工破坏、天气破坏、破损等必须立即停止相关施工，马上修整完毕后才能正常施工。如遇恶劣天气（大风暴、沙尘暴、雨雪、冰雹等），恶劣天气前必须根据气象台预报提前加强防护，恶劣天气后必须对所有防护设施进行全面检查并维修。

6. 安全保证措施

施工人员必须戴好安全帽，安全帽的系戴必须符合安全技术规范的要求。具有心脏病、高血压、冠心病等凡不适应进行高处作业的人员，严禁进行高处作业。定期对施工现场人员进行安全教育并考试，考核合格的才能继续施工，不合格的根据情况进行再次教育或禁止进场施工。每年度对施工人员进行体检，及时发现病情，特别是从事特殊作业的人员。施工现场的安全员、旁站员及班组长等管理人员必须到位，做到工作面有人就有安全员、旁站员、管理人员。施工现场的安全员必须经过有资质的单位培训考核合格，并持证上岗。

整个施工现场严禁使用明火、严禁抽烟。如必须使用明火时，必须向项目部及有关部门申请，申请批准后并持有用火证方能使用明火。夏季必须做好防汛防涝准备。冬季必须做好防冻防滑准备。常年必须做好防大风、暴雨等恶劣天气的准备工作。

4.2.13 支撑体系防护的要求

1. 一般规定

从事模板支撑体系作业的人员，应经安全技术培训。从事高处作业的人员，应定期体检，不符合要求的不得从事高处作业。安装和拆除模板时，操作人员应戴安全帽、系安全带、穿防护鞋。

模板及配件进场应有出厂合格证或当年的检验报告，安装前应对立柱、扣件、楞梁、吊环等材质进行检查，不符合要求的不得使用。模板工程应编制施工组织设计和安全技术措施方案，附有支架受力计算书、主要节点构造详图等。模板施工应设专人负责检查。模板和配件不得随意堆放，模板应放平放稳，严防滑落。高处安装和拆除模板时，周围应设安全网，搭脚手架，并加设防护栏杆。交通要道地区，应设警示牌，派专人看管。模板安装时，上下应有人接应，随装随运，严禁滑落。

支模过程中如遇中途停歇，应将已就位模板或支架链接稳定，不得浮搁或悬空。拆模中途停歇时，应将已松扣或已拆松的模板、支架等拆下运走，防止构件坠落或作业人员扶坠落伤人。模板施工中应设专人负责安全检查，发现问题应报告有关人员处理。当遇到大雨、大雾、沙尘、大雪或 6 级以上风力等恶劣天气时，应停止露天高处作业和高空吊运作业。雨、雪停止后，及时清除模板和地面上积水及冰雪。有关避雷、防触电和架空输电线路的安全距离，应符合临时用电文件中的有关规定。作业人员严禁攀登模板、斜撑杆、拉条或绳索等，不得在高处的墙顶、独立梁或在其模板上行走。

2. 满堂架支撑体系防护

（1）支架基础。

支架基础施工前，应根据现场实际情况采取针对性的措施处理地基。支架地基表层 1.2 m 范围内的土体必须达到 200 kPa 以上的强度，支架基础宜采用 C20 厚度不少于 10 cm 的混凝土，并高于周边地表 20 ~ 30 cm，基础四周须设置排水沟，保证排水通畅。支架基础应尽量使用桥梁等建筑物本身的基础，如桥梁的桩柱、承台等均可利用，但注意不要损害建筑物本身的构件，并防止对构件外观造成缺陷。如图 4.41 所示。

图 4.41　满堂支架外侧防护

（2）支架架体。

① 底座和顶托。

可调底座底板的钢板厚度不得小于 6 mm，可调托撑钢板厚度不得小于 5 mm。可调底座及可调托撑丝杆与调节螺母啮合长度不得少于 6 扣，插入立杆内的长度不得小于 150 mm。托撑伸出长度以不大于 200 mm 为宜。底座和托撑应秘贴地面或楞梁，不得悬空或托空。如图 4.42 所示。

图 4.42　托撑

② 立杆、水平杆和扫地杆。

根据所承受的荷载效应组合，选择立杆间距和步距，扣件式支架立杆间距一般不大于 1.5 m，碗扣式支架立杆间距一般不大于 1.2 m。扣件式支架立杆接头必须采用对接扣件连接，相邻两根立杆的对接接头不得设置在同步内，且对接接头沿竖向错开的距离不宜小于 500 mm，各接头中心距主节点不宜大于步距的 1/3。横杆位置与立杆接头中心的垂直距离应小于 150 mm。碗扣式支架扫地杆距地面高度应小于或等于 350 mm；扣件式支架纵向扫地杆应采用直角扣件，固定在距底座上面不大于 200 mm 处的立杆上，横向扫地杆应采用直角扣件固定在紧靠纵向扫地杆下方的立杆上，严禁在施工中拆除扫地杆。纵向水平杆接长宜采用对接扣件连接，也可以采用搭接，如果采用搭接，搭接长度不小于 1 m，应设置 3 个旋转扣件固定。所有扣件的拧紧扭力矩不应小于 45 N · m，且不应大于 60 N · m。

③ 剪刀撑、斜撑。

满堂支架设置的水平剪刀撑和竖向剪刀撑应符合设计要求，外围剪刀撑应从底至连续设置，采用旋转扣件与之相交的横向水平杆和立杆连接，旋转扣件中心线距主节点的距离不应大于 150 mm。剪刀撑宜采用搭接连接，搭接长度≥1 000 mm，搭接处应用不少于 2 个旋转扣件等距连接。每道剪刀撑宽度应不小于 4 跨，且不小于 6 m，斜杆与地面倾角宜在 45° ~ 60°。

（3）支架模板。

支架模板可选用竹胶板或定型钢模，模板拼缝应整齐、直顺、美观，不得出现错台或漏浆现象。横坡、纵坡通过分步梁底部的托撑进行调整，U 型托撑不得托空。支架模板应按 1.1 倍的荷载效应组合进行配重预压。

（4）支架拆除。

拆除作业前，应预订安全措施，按顺序分段拆除码放，不得留有松动或悬挂的模板，严禁硬砸或用机械大面积拉倒。拆除模板不得双层作业。3 m 以上模板在拆除时，应用绳索拉住或用起吊设备拉紧，缓慢送下。

3. 贝雷架支撑体系防护

（1）地基要求。

地基承载能力应符合设计标准。支架基础的稳定性和承载能力应进行验算和检查，必须满足稳定性、承载能力和安全要求。支架搭设完毕后，应按设计组合荷载的 1.2 倍进行配重预压。如图 4.43 所示。

图 4.43　配重预压

（2）钢立柱。

钢立柱应支撑在混凝土预制垫块上，立柱纵、横向间距和高度根据架体设计方案确定。底座与基础垫块预埋件焊接应牢固，同时进行横向和斜向连接固定，形成整体承重体系。如图 4.44 所示。

图 4.44　钢立柱底座

（3）贝雷梁。

吊装前应对贝雷梁拼装质量进行复检，吊装时严格按设计方案位置进行就位。跨径较大的贝雷梁拼装时，应增设加强悬杆，以增强贝雷梁的稳定性。贝雷梁就位后必须增设横向联系；两侧临空面采用设置限位的措施，防止侧向滑移；下方必须挂起兜网和密目式安全网预防高空坠物。如图 4.45 ~ 图 4.47 所示。

图 4.45　贝雷梁

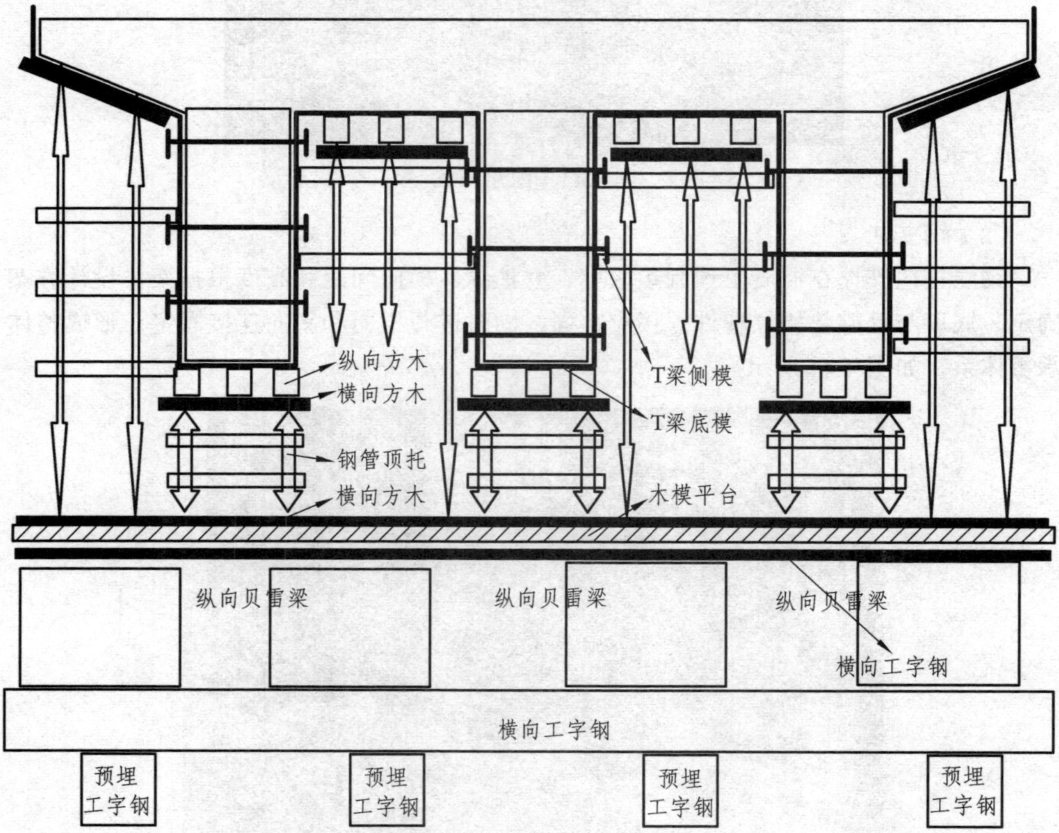

图 4.46　贝雷梁的断面图

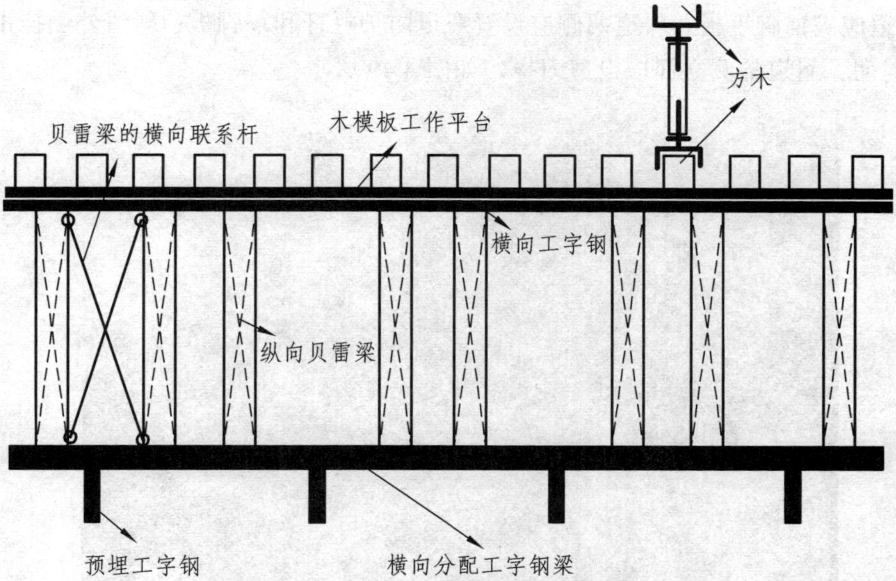

图 4.47　贝雷梁的正面图

4. 登高设施

（1）斜道。

① 搭设模板支架应设置人行斜道，人行斜道形式宜按下列要求确定：当高度小于 5 m 的支架，宜采用“一”字形斜道；当高度大于 5 m 的支架，宜采用“之”字形斜道，如图 4.48 所示。

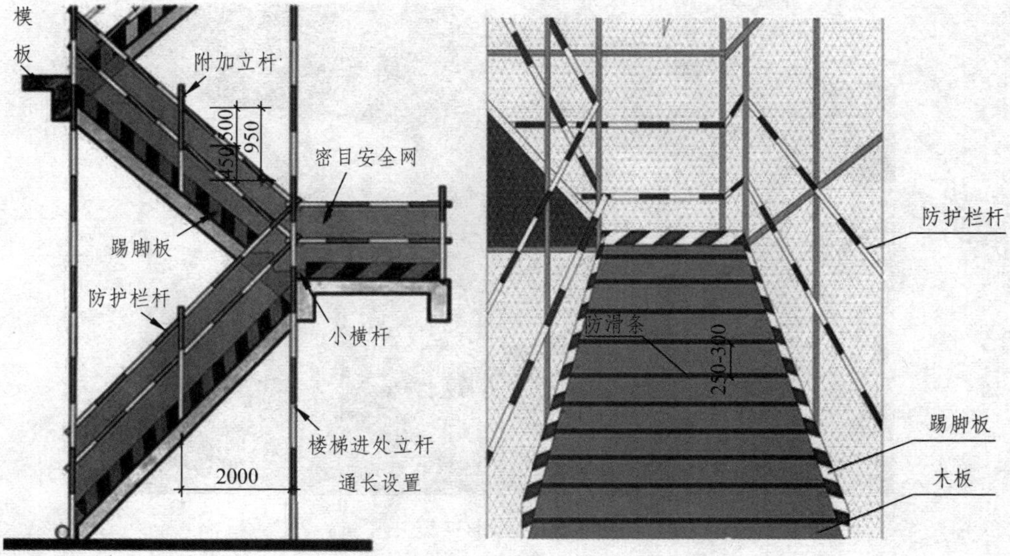

图 4.48　斜道构造图

② 斜道构造应符合下列要求所示：上人斜道楼梯步距应保持一致，横杆和立杆外露长度不得超过 100 mm；斜道宽度一般为 1 m，休息平台宽度为 1 m，坡度保持在 30°～

45°，斜道应满铺脚手板，斜道两侧应设置双道防护栏杆和踢脚板；斜道外侧挂密目式安全网封闭，斜道的侧立面应设剪刀撑，如图 4.49 所示。

图 4.49　斜道

（2）标准梯笼。

梯笼基础应平整硬化，周边做好排水设施。梯道宽度不得小于 0.9 m，坡度不得大于 1∶1，阶段不得高于 2.5 m，高度每超过 4 m 应设置一道与立柱连接的水平加强件。如图 4.50 所示。梯笼投入使用前，应进行“双挂牌”的验收，按规定设置好双层防坠棚，梯笼仅供人员上下使用，不得用作材料运输通道。

图 4.50　标准梯笼

（3）登高车。

无支架立柱施工可采用登高车方式上下。如图 4.51 所示。使用登高车要确保地基平整压实，保障车体稳定，登高作业时登高作业人员不得超过两人。

图 4.51　登高车

4.2.14　脚手架防护的安全要求及措施

1. 钢管脚手架的搭设

钢管脚手架的搭设必须按照经过审批的设计、施工方案和现场交底的要求进行，严禁偷工减料，严格搭设工艺。

（1）立杆搭设。

立杆纵距 1.5 m，横距 1.5 m。架体全段采用单立杆。立杆必须用对接扣件连接，相邻立杆的接头位置应错开 2 ~ 3 m，与相邻大横杆的距离不宜大于步距的 1/3，不得用直角扣件接在大横杆上或用回转扣件搭接，立杆必须竖直，立杆的全高偏斜不大于架高的 1/500。

（2）大横杆搭设。

大横杆步距 1.8 m，脚手架纵、横方向必须各设置一道扫地杆，扫地杆离地面 0.2 m，各杆件相交伸出的端头均应不小于 10 cm。大横杆与立杆必须用直角扣件扣紧，不得隔步设置或遗漏；相邻上下大横杆的接长位置应错开布置在不同的立杆纵距中，与相近立杆的距离不大于纵距的 1/3。相邻步架的大横杆应错开布置在立杆的内侧或外侧。同一排大横杆的水平偏差不大于该片脚手架总长度的 1/3，且不大于 5 cm。

（3）小横杆搭设。

小横杆外侧外露 0.15 m，内侧外露 0.2 m。小横杆间距随立杆间距 1.5 m，小横杆铺板时，间距 0.5 m，不铺板时不得大于 1.5 m。小横杆贴近立杆位置，搭结于大横杆之上并用直角扣件扣紧。除拆除排架外，在任何情况下，不得拆除贴近立杆的小横杆。

（4）作业层。

脚手架施工作业层不大于一层，脚手板采用 5 cm 厚的竹跳板，长度为 1.8 m，宽度为 25 ~ 30 cm，单块重量不大于 10 kg。施工作业层脚手板必须铺满、铺严、铺稳，不得有探头板、飞跳板，脚手板接头平接，接头处必须设双横向水平杆。脚手板上用 ϕ 12 或 ϕ 14 钢筋横压脚手板，用 8 # 铅丝与小横杆绑牢，压脚手板钢筋间距 1.5 m，且每块脚手板上不得小于 2 道。作业层外侧临空面绑不低于 18 cm 高的竹跳板作为踢脚板，同时悬挂高 1.8 m 的安全网，1.2 m 处加扶手护栏。护栏设在外排竖杆上。护栏与竖杆相交处应用直角扣件卡牢。安全网应从下至上全部封平，并与脚手板同层处的大横杆绑紧，防止漏人。

（5）连墙件。

边坡支护立杆焊接作为连墙件，间排距 6 m×7.2 m（水平距×高差）。连接排架的锚（如有）应自下往上施工，脚手架搭设上升时，连墙杆施工应及时跟进，搭设过程中排架顶部与最近一排连墙杆的高差不得大于 3 m，连墙件采用 ϕ12 钢筋拉环与坡面锚筋进行连接。

（6）剪刀撑。

纵向立杆剪刀撑每隔 9 m 一道，同时应根据现场实际情况加设剪刀撑，剪刀撑应联系 4 根立杆，斜杆与地面交角为 45°～60°。剪刀撑除两端用扣件与立杆扣紧外，中间应增加 2～4 个扣结点。横向剪刀撑每隔 6 m 设置一道。

（7）脚手架基础。

边坡上的立杆采用锚杆固定，锚筋采用 ϕ22 螺纹钢筋，锚筋入岩深度为 0.3～0.6 之间，中分化、强分化岩石坡面情况下锚筋插入深度为 0.3 m，弱风化岩石坡面锚筋插入深度 0.4 m，全分化岩石或者土质坡面插入岩石的深度为 0.5 m，边坡下平台上的立杆采用槽钢进行支垫，槽钢两侧采用槽钢 ϕ22 螺纹钢筋进行锚固，每隔 3 m 设置一对，入岩石深度如上面要求进行，钢筋两侧采用立杆底部 20 cm 设扫地杆，以增加稳定性。

2. 脚手架安全措施

（1）质量、安全文明保证措施。

材料选择必须严格按照方案要求执行；钢管管身应平直，外径、壁厚满足要求，壁厚不够、有严重锈蚀、弯曲、压扁或有裂纹的禁止使用。扣件采用玛钢扣件，外表无缺陷，连接转动灵活。

脚手架搭设施工人员必须通过现行《特种作业人员安全技术培训考核管理办法》考核合格的专业架子工，上岗人员应定期体检，合格者方可持证上岗。脚手架搭设前应清除障碍物、平整场地，测量放线，保证地基承载力。排架施工必须严格按照方案要求和有关技术文件、措施进行施工。排架施工完后，先由施工队伍进行验收，确认合格后再由项目部组织各部室进行联合验收，最后再由监理进行验收确认。排架搭设完毕需验收合格后才能投入使用。在脚手架使用期间，施工人员严禁拆除主节点处纵横水平杆或纵横扫地杆，严禁拆除连墙件。确实影响施工的，应征得施工负责人同意，落实脚手操作人员拆除、更换拉结位置，以确保脚手架的稳定性。

（2）安全防火防雨措施。

安全网必须用符合安全部门规定的防火安全网。在脚手架上进行电、气焊作业时，必须事先申请，严格执行动用明火审批制度，且有防火措施和专人监护。焊割作业点与氧气瓶、乙炔瓶等危险物品距离不得少于 10 m，使用时，氧气瓶与乙炔发生器的距离不得少于 5 m。严禁无证动用焊割工具，严格执行“十不烧”及压力容器使用规定，特种作业人员必须持证上岗操作。当有六级及六级以上大风和浓雾、雷雨等恶劣天气及夜间照明昏暗条件下，应停止脚手架搭拆施工作业。强风、雷雨过后，要对架体、脚手板和安全网进行检查和整修，合格后方可使用。施工现场带电线路如无可靠的安全措施，一律不准通过脚手架。非电工不准擅自拉接电线和电器装置。

（3）安全监控。

脚手架搭设前，施工负责人应对操作人员进行安全技术交底工作，并有书面签证记录。脚手架的构配件质量与搭设质量，应按安全技术规范规定进行检查验收，合格后方准许使用。作业层上的施工荷载应符合设计要求，不得超载，严禁悬挂起重设备。脚手架的安全检查与维护，应按安全技术规范进行。安全网应按规定搭设和拆除。在脚手架使用期间，严禁拆除主节点处纵、横水平杆、连墙件、交叉支撑、水平架、加固栏杆和栏杆。搭拆脚手架时，地面应设围栏和警戒标志，并派专人看守，严禁非操作人员入内。

施工操作人员在脚手架上施工作业前，应先检查有无影响安全作业的问题存在，在排除和解决安全隐患后方准开始作业。施工作业中若发现有不安全的情况和现象，应立即停止作业并进行检查，解决后方可恢复施工。使用完毕的脚手架架料和构件、零件要及时回收、分类整理，分类存放。堆放地点要场地平坦，排水良好，下设支垫，钢管、角钢、钢桁架和其他钢构件最好放在室内，如果放在露天，应用毡、席加盖、扣件、螺栓及其他小零件，应用木箱。

4.2.15 跨线施工安全防护

1. 施工程序

跨越铁路、公路施工主要施工程序如下：

跨越施工方案设计、评审→构筑物管理部门的现场审查核对、对此方案评审→跨越施工许可证办理→设置交通安全布控措施→按设计方案完成安全防护通道施工→防护体系验收评审→桥梁施工→施工完后，逐步拆除支架，恢复原貌。

2. 跨既有线基坑开挖防护

基坑开挖施工时应考虑开挖对既有线行车产生不利影响，在临近既有线侧采用混凝土桩（d=60 cm）防护，然后开挖基坑，其余三边采取边开挖边喷锚支护，确保路基边坡稳定。施工前先进行探沟开挖，探明铁路电（光）缆的准确位置，避开电（光）缆位置进行施工。开挖土方运至施工范围 20 m 以外临时堆放，便于以后回填，其余土方直接运至弃土场。基坑边缘布设汇水排水沟，用潜水泵把水排到施工范围外的排水沟中。

3. 跨既有线接触网安全防护

（1）接触网防护。

梁部施工采用膺架法施工时，支墩采用六四式军用墩作为支墩，上部采用组合军用墩作为承重梁，承重梁上部布置工字钢分配梁，在承重梁下部靠近接触网部位挂设绝缘板进行防护。支架搭设完成后进行预压，预压后进行梁部施工。接触网电压 2.7 万伏，钢梁底距接触网距离小，必须将接触网绝缘隔离，为确保施工安全，接触网防护采用膺架梁底部安装抗高压绝缘板，绝缘板击穿电压不小于 8 万伏，安装方案如图 4.52 所示：

在跨线搭设膺架梁时，制订详细的架设方案报铁路局有关部门批准，并且办理封锁施工要点计划审批，按照既有线施工的要求进行点内施工。膺架外侧安装全包细目安全网防护，严防各种物件的坠落。

对所有施工环节进行检查，确定无误后，报铁路局进行作业。在施工范围内设安全格栅网进行施工区域隔离施工，严禁非施工人员进入。在距离施工点两端各 800 m 的铁路线上设防护员，施工点设地面安全员，对讲机信息联系，统一调度指挥。

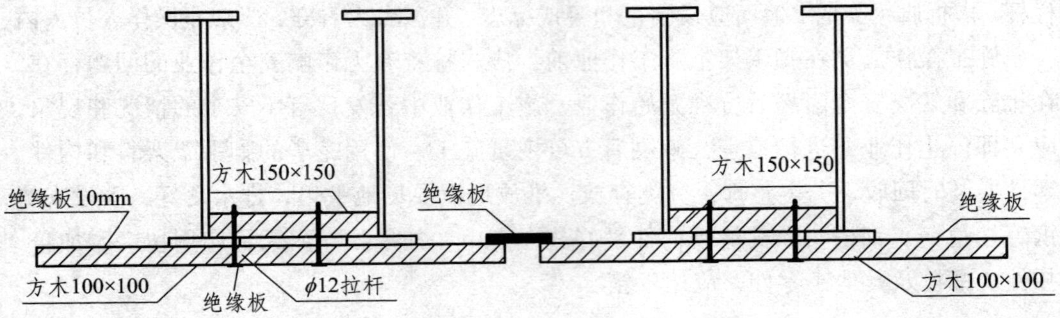

图 4.52　绝缘板安装示意图

（2）接触网改造。

由于接触网影响桥梁施工，需对既有线接触网进行改造的地段，改造方案委托沈阳铁路局供电段制订。

（3）慢行申请。

跨既有线施工期间，为确保既有线行车安全，需申请该处通行列车慢行，慢行按 60 km/h，慢行期间施工现场及两端 1 400 m 处使用对讲机进行联络。移动减速信号防护布置见图 4.53 所示。

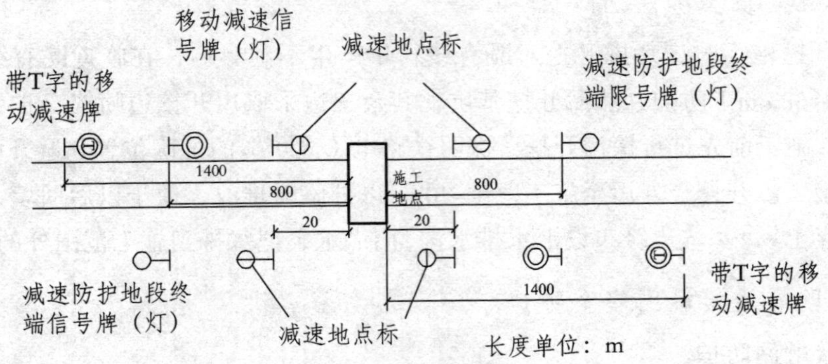

图 4.53　移动减速信号防护

4.3 土方路基施工中的安全管理

4.3.1 一般土方路基施工安全控制

1. 人工挖掘土方的安全控制

开挖土方的操作人员之间，必须保持足够的安全距离，横向间距不小于 2 m，纵向间距不小于 3 m。因此，在开挖前，应根据工作面的大小，按上述要求，合理安排施工人数，以确保安全。土方开挖必须自上而下顺序放坡进行，严禁采用挖空底脚的操作方法（即挖“神仙土”）。

对挖掘工具必须进行检查，如锄头、铁锹、一字镐等，其把手与铁具接头必须牢固可靠，以防铁具部分脱把伤人。人工挖掘土方劳动强度很大，工人容易疲劳，要注意劳逸结合，做好劳动保护工作。在靠近建筑物、设备基础、电杆及各种脚手架附近挖土时，必须采取相应的安全防护措施。在地下管线附近，特别是靠近煤气管挖土时，应注意严格控制开挖标高，并采取相应的安全措施。

2. 高陡边坡处施工安全控制

作业人员必须绑系安全带，在作业前，应对安全带整套装置进行严格检查。边坡开挖中如遇地下水涌出，应立即停止开挖，应先排水，后开挖，并严密注意边坡的稳定性，采取相应安全措施。开挖工作应与装运作业面相互错开，严禁上下双重作业。注意对开挖中的孤散石块的处理。弃土下方和有滚石危及范围内的道路，应设警告标志，作业时，坡下严禁通行。坡面上的操作人员对松动的土、石块必须及时清除，严禁在危石下方作业、休息和存放机具。

4.3.2 不良地质地段路基施工安全管理

1. 滑坡地段

在有支挡工程的地质不良地段，根据设计并结合实地情况，在认真确定分段开挖的同时，及时分段修建支挡工程。在开挖过程中应严密注意土体的稳定情况，并应有相应的安全措施，以保证在变化情况下的施工安全，并注意弃土的堆放，不要影响不良地质地段的原有稳定状态。施工中如发现山体有滑动、崩塌迹象危及施工安全时，应暂停施工，撤出人员和机具，并报上级处理。

在滑坡地段的开挖施工中，应根据滑坡的不同情况，采取有针对性的安全措施，要有开挖的可靠方案。滑坡地段的开挖应从滑坡体两侧向中部自上而下进行，严禁全面拉槽开挖，其弃土不得堆在主滑区内。开挖挡墙基槽亦应从滑坡体两侧向中部分段跳槽进行，并采取加强支撑的措施，及时砌筑和回填墙背。在开挖中应视情况，采取有效的排水措施。在施工中应设专人观察，严防塌方。

在落石与岩堆地段开挖施工，首先应弄清落石和岩堆的地质情况。如：不含杂质的碎石岩堆，一般是山区的堆积层，或是在平坦地区但已密实，碎石被细小颗粒包围，碎石间互不接触，而小颗粒是无黏结力的砂粒或是黏性土的岩堆，碎石相互尚能接触，中夹黏性土，碎石具有棱角或是碎石失去棱角，较圆滑的岩堆。在开挖施工中，应先清理危石和设置拦截设施，然后再进行开挖，其开挖的坡度应按设计进行，坡面上的松动石块应边挖边清除。

2. 岩溶地段

岩溶地区地质条件复杂，有洞有水，因此，在施工中必须认真研究设计文件，并进行现场核对，弄清情况，在施工中应采取相应的安全措施，这里需特强调的是要防塌陷，要认真处理岩溶水的涌出，它是导致突然性塌陷的主要原因。

3. 泥沼地段

泥沼地段施工，首先要认真研究设计文件，现场进行核对。工程上一般按泥沼沉积物的稳定程度划分为三类：

① Ⅰ类—充满紧密稳定的泥炭，其特征是温度在 0 °C 以上，2 m 深的试坑，垂直边坡能保持 5 d，相对稳定。

② Ⅱ类—充满不稳定的泥炭，其特征是温度在 0 °C 以上，2 m 深的试坑，垂直边坡不能保持 5 d，相对不稳定。

③ Ⅲ类—充满水和流动的泥炭或淤泥，表面有时有飘浮的泥炭皮，其特征是沉积物处于流动状态，极不稳定。

另外，还应了解泥炭层的厚度。在施工中应按设计进行施工，同时要有必要的防范安全措施，以避免人、机下陷。对挖出的废土应堆在合适的地方，以防汛期造成人为的泥石流而出现安全事故。特别是在Ⅲ类泥沼上施工，更应注意。

4.3.3 路基施工中小型设备的安全要求

在施工中采用人工挑、抬、运土、应根据安全责任制，认真检查箩筐、土箕、抬杠、扁担、绳索的牢固程度。在施工中，会车时应轻车让重车。通过窄路、十字路口、交通繁忙地段及转弯时，应注意来往行人及车辆。重车运行，前后两车间距必须大于 5 m；下坡时，间距不小于 10 m，并严禁车上乘人。车道应有专人维修，保证行车条件和畅通，在悬崖陡壁处应设防护栏杆。

轨道翻斗土运土时，轨道应铺设平顺，地基应有足够强度，防止死弯，且坡度不应大于 3%。双线的净间距不得小于 1 m。平交道两侧轨道应设长度不小于 20 m 的直线，卸车地段应有 10 ~ 15 m 的反坡，并在尽头设车挡。

4.3.4 路基施工中场地的安全控制

大型施工机械进场前，应查清所通过的道路、桥梁的净宽和承载力是否足够，达不到要求时，应先予以拓宽和加固，保证其机械安全通过。并应与主管部门联系，取得同意。施工单位应为进场机械提供临时机棚或停机场地。机械在停机场内起动时，必须保持通风，防止机械废气造成的伤害；棚内严禁烟火，机械人员必须掌握所备灭火器材的使用方法。在电杆附近挖土时，对于不能取消的拉线地垄及杆身，应留出土台。

机械在边坡、边沟作业时，应与边缘保持足够的安全距离，使轮胎（履带）压在坚实的地面上。配合机械作业的清底、平地、修坡等辅助工作应与机械作业交替进行。机上、机下人员必须密切配合，协同作业。当必须在机械作业范围内同时进行辅助工作时，应停止机械运转后，辅助人员方可进入。施工中遇有土体不稳、发生坍塌、水位暴涨、山洪暴发或在爆破警界区内爆破信号时，应立即停工，人、机撤至安全地点。当工作场地发生交通堵塞，地面出现陷车（机），机械运行道路发生打滑，消防设施毁坏、失效，或工作面不足以保证安全作业时，亦应暂停施工，待采取措施恢复正常后方可继续施工。

4.3.5 挖掘机作业施工的安全控制

发动机起动后，铲斗内、臂杆、履带和机棚上严禁站人。工作位置必须平坦稳固，工作前履带应制动，轮胎式挖掘机应顶好支腿，车身方向应与挖掘工作面延伸方向一致，操作时进铲不应过深，提斗不得过猛。在高陡的工作面上挖掘夹有石块的土方时，应将较大石块和杂物除掉。如果土体挖成悬空状态面不能自然塌落时，则需用人工处理，严禁用铲斗将悬空土砸下。人工处理时，亦应有可靠的安全措施。对吊杆顶端的滑轮和钢丝绳进行保养、检修拆换时，应将铲斗和吊杆放落地面，然后再进行维修。维修保养中，要注意检查各部件的可靠性，如有损坏或不安全可靠时，应处理或更换。严禁铲斗从运土车的驾驶室顶上越过。向运土车辆卸土时，应降低铲斗高度，防止偏载或砸坏车厢。铲斗运转范围内严禁站人。

4.3.6 推土机作业的安全控制

推土机上下坡时，其坡度不得大于 30°；在横坡上作业，其横坡度不得大于 10°。下坡时，宜采用后退下行，严禁空挡滑行，必要时可放下刀片作辅助制动，以确保安全。在陡坡、高坝上作业时，必须有专人指挥、严禁铲刀超出边坡的边缘。送土结尾应先换成倒车挡后再提铲刀倒车。在垂直边坡的沟槽作业，其沟槽深度，对大型推土机不得超过 2 m，对小型推土机不得超过 1.5 m。推土机刀片不得推土壁上高于机身的孤石或大土块。

推土机在摘卸推土刀片时，必须考虑下次挂装的方便。摘刀片时，辅助人员应同司机密切配合，抽穿钢丝时应带帆布手套，严禁将眼睛挨近绳孔窥视。多机在同一作业面作业时，前后两机相距不应小于 8 m，左右相距应大于 1.5 m。两台或两台以上推土机并排推土作业时，两推土机刀片之间应保持 20 ~ 30 cm 间距。推土前进，必须以相同速度直线行驶，后退时，应分先后，防止互相发生碰撞。用推土机伐除大树或清除残墙断壁时，应提高着力点，防止其上部反向倒下。

4.3.7 铲运机作业的安全控制

1. 拖式铲运机

作业前应先将运行道路刮平，其宽度应大于机身宽约 2 m。行驶中严禁把铲斗和斗门提升到最高点，以免在转弯时将钢丝绳崩断；下坡时应放下铲运机斗作辅助制动，严禁空挡滑行。铲车与机身不正时不得铲土；在开始铲土和提斗时，动作要缓慢；驾驶员离开机车时，应将变速杆放在空挡，关闭发动机，将铲斗放落在地面。多台铲运机作业时，前后净距不得小于 10 m，左右净距不得小于 2 m；两机会车时，应减速慢行。清除铲斗内积土时，必须先把铲斗牢固支起，并检查确认可靠，在推土板恢复常位后，人员才能进入铲斗内清除积土。长距离拖运，必须用挂钩将铲斗挂牢，解除钢丝绳负荷。

2. 自行式铲运机

自行式铲运机的行车道必须平整坚实，单行道的宽度不应小于 4.5 m（或车宽的 1.5 倍），超车和会车时，两机净距不得小于 1 m。多台机械在工地纵队行驶时，前后间距不得小于 20 m。

在作业过程中发现后主离合器制动不灵，机械有异声，警报器发声时，应立即停车检修。

4.3.8 平地机作业的安全控制

在公路上行驶时，应遵守道路交通规则，刮刀和松土器应提起，刮刀不得伸出机侧，速度不得超过 20 km/h。夜间不宜作业。刮刀的回转与铲土角的调整及向机外倾斜都必须在停机时进行。作业中刮刀升降量差不得过大。遇到坚硬土质需要齿耙翻松时，应缓慢下齿，不宜使用齿耙翻松坚硬旧路面。在坡道停放时，应使车头向下坡方向，并将刀片或松土器压入土中。

4.3.9 装载机作业的安全控制

起步前应将铲斗提升到离地面 0.5 m 左右。作业时应使用低速挡，用高速挡行驶时，不得进行升降和翻转铲斗。严禁铲斗载人。行驶道路应平坦，不得在倾斜度超过规定的场地上作业，运送距离不宜过长。铲斗满载运送时，铲斗应保持在低位。在松散不平的场地作业，可将铲臂放在浮动位置，使铲斗平稳地推进。如推进阻力过大时，可稍稍提升铲臂，装料时铲斗应从正面低速插入，防止铲斗单臂受力。向运输车辆上卸土时应缓慢，铲斗应处在合适的高度，前翻和回位不得碰撞车厢。经常注意机件运转声响，发现异响，应立即停车排除故障。当发动机不能运转需要牵引时，应使各转向油缸能自由动作，以免在牵引中出现事故。

4.3.10 汽车作业的安全控制

1. 载重汽车

必须按规定吨位装载，不得超载、超高，不得人货混装，驾驶室内不得超额坐人。车辆装土场地必须平整坚实，当用机械装土时，汽车就位后应拉紧手闸，装载要均匀，不得偏载。在陡坡、离坡、坑边或填方边坡处卸土时，停卸地点必须平整坚实，地面宜有反坡，与边缘必须保持安全距离；在危险地段卸土，应有专人指挥。公路上行驶必须遵守道路交通规则；运载易燃、易爆等危险物品时，应遵守有关规定，除必要的随车人员外，不得搭乘其他人员。不得在雷雨夜晚运送爆炸物品。在装有长物件时，如装运钢筋、钢管，必须扎牢，以免下溜伤人，在转弯时，必须减速，以免长物因转动半径过大而出事故。物尾应扎红布作为示警标志。装运土石，应装量适当，特别是在山区高速公路和穿过城镇时，不得下掉土石，污染环境，或造成交通受阻等问题。

2. 自卸汽车

除应遵守上述载重汽车的各项规定外，还应遵守以下规定，以保安全。发动机起动后，应检查起翻装置，确保可靠、良好；严禁在驾驶室外进行操作，翻斗内严禁载人。当装载高度超过车厢栏板时，不得猛力加速，也不得紧急制动，起动亦应平稳。卸料起斗时，应检查视线上空有无电线，防止刮断。

3. 轮式拖拉机作业的安全控制

拖拉机和拖斗之间严禁站人。作业时不得在陡坡上转弯、倒车或停车。通行道路的纵坡不得大于20°，横坡不得超过6°。作业时严禁向驾驶员传递物品；驾驶室内不得超员坐人。在斜坡横向卸土时，严禁倒退。坡度较大，车身左右偏斜过甚时，不得卸土。

4.3.11 压路机作业中的安全控制

压路机作业中必须在压路机前后，左右无人和无障碍物时才能起动。变换压路机前进后退方向应待滚轮停止后进行。严禁利用换向离合器作制动用。压路机靠近路堤边缘作业时，应根据路堤高度留有必要的安全距离。碾压傍山道路时，必须由里侧向外侧碾压。上坡时变速应在制动后进行，下坡时严禁脱挡滑行。两台以上压路机同时作业时，其前后间距不得小于 3 m；在坡道上纵队行驶时，其间距不得小于 20 m。

严禁在压路机没有熄火、下无支垫三角木的情况下进行机下检修。压路机应停放在平坦、坚实并对交通及施工作业无妨碍的地方。停放在坡道上时，前后轮应置垫三角木。压路机前后轮的刮板，应保持平整良好。碾轮刷油或洒水人员应与司机密切配合，必须跟在碾轮行走的后方，并要注意压路机转向。

4.4 石方施工中的安全管理

随着山区高速公路建设的迅速发展，石方工程越来越多，采石数量十分庞大，石方爆破作业也就越来越多。因此石方工程爆破施工中的安全问题也就越来越突出，必须高度重视，切实抓好施工中的安全工作。

石方爆破作业，以及爆破器材的管理、加工、运输、检验和销毁等工作均应按现行国家标准《爆破安全规程》（GB 6722）执行。下面就山区高速公路石方工程爆破施工中的主要安全控制进行介绍。

4.4.1 石方爆破安全要求

制作起爆药包（柱），应在专设的加工房或爆破现场的专用棚内进行。加工数量不应超过当班爆破作业量，棚内不准有电气、金属设备，无关人员不得入内。加工起爆管和信号管，应在带有安全防护罩，铺有软垫并带有凸边缘的台上操作。每个工作台上存放的雷管不得超过 100 发，并且应放在带盖的木盒里，操作者手中只允许拿一发雷管。加工好的起爆管和信号管应分开存放，信号管应制作标记。导火索和导爆管要轻轻插入雷管，不得猛插、旋转或摩擦。金属壳雷管采用安全紧口钳紧口，严禁用牙咬。纸壳雷管应用胶布包扎严密或附加金属箍圈后用安全口钳紧口。药卷应用和雷管同样直径的竹、木锥子扎一个深为 1.5 倍雷管长度的小孔，然后放接好引线的雷管，封闭扎口。雷管不得露在药柱外面。加工的起爆药包（柱），不应超过当爆破作业的需要量。爆破器材应按规定要求进行检验，对失效和不符合技术条件要求的不得使用。

4.4.2 爆破器材的储存安全要求

爆破器材库的选址和搭建以及配套设施应请公安部门进行监督和指导，运输爆破器材要使用专门的运输工具，在公安部门的押运下进行，并应避开人群集中地段，中途不得停留。要根据当地的气候和水文等情况，制定严密的爆破器材保护预案，防止因为施工过程中突遇气候等因素骤变等不测，导致爆破器材的流失。每间库房储存爆破器材的数量不应超过库房设计的允许储存药量。爆破器材应码放整齐、稳当，不得倾斜，码放宜有 0.6 m 以上宽度的安全通道，码放高度不宜超过 1.6 m。爆破器材包装箱下应垫有大于 0.1 m 高的垫木，爆破器材包装箱与墙距离宜大于 0.4 m。爆破器材必须严格管理，建立并严格执行爆破器材领用、退库制度，各种手续都要严格记录，严禁私藏、乱丢乱放。爆破器材应有专人领取，严禁由一人同时搬运炸药与雷管。电雷管严禁与带电物品一起携带运送。

库房应设警卫，加强巡逻，无关人员不应进入库区。库区应整洁，防潮和通风良好，杜绝鼠害。库区的消防设备、通信设备、警报装置和防雷定期检查。进入库区不应带烟火及其他引火物，不应穿钉鞋和易产生静电的衣服，不应使用能产生火花的工具开启炸药雷管箱。作业人员在保管、加工、运输爆破器材过程中，严禁穿着化纤服装。

4.4.3 炮眼布设安全要求

选择炮位时，炮眼口应避开正对的电线、路口和构造物。凿打炮眼时，凿眼所用的工具和机械要详加检查，确认完好。坡面上的浮岩危石应予以处理，严禁在残眼上打孔。

空压机必须在无荷载状态下启动。开启送气阀前，应将输气管道连接好，不得扭曲。在征得凿眼机操作人员同意后方可送气，出气口前方不得有人工作或站立。储气瓶内压力不得超过规定值，安全阀应灵敏有效。运转中应注意检查是否有异常情况，不得擅离岗位。

4.4.4 装药作业安全规定

装药前应对炮眼进行验收和清理。对刚打成的炮眼应待其冷却后装药，湿炮眼应擦干后才能装药。严禁烟火和明火照明，无关人员必须远离现场。应用木质炮棍装药，严禁使用金属器皿装药。深孔装药出现堵塞时，在未装入雷管和起爆药前，可采用铜和木质长杆处理。装好的炸药包（柱）和硝化甘油类炸药，严禁投扔或冲击。

扩药壶时，孔口的碎石、杂物必须清除干净。装药量应随扩壶次数、扩壶的大小和石质而定，不得盲目加大药量。扩烘时，起爆药柱送下孔底后，不得使用炮棍在炮眼内捣插。火索点燃后，人员应迅速远离。严禁采用先点燃导火索再将药柱抛入孔底的危险操作方法。需要多次扩壶时，每次爆破后 15 min（硝化甘油炸药应经过 30 min）等孔壁岩石冷却后，方可再次装药扩壶。

4.4.5 爆破作业安全要求

爆破作业必须有专人指挥，确定的危险边界应有明显标志，警戒区四周必须派设警戒人员。警戒区内的人员、牲畜必须撤离，施工机具应妥善安置。预告、起爆、解除警戒等信号应有明确的规定。

爆破时，防止个别飞散物对人员伤害的安全距离，应按照表 4.8 的规定确定。

表 4.8　个别飞散物对人员伤害的安全距离

爆破类型及方法		个别飞散物的最小安全距离/m
1. 破碎大块岩矿	裸露药包爆破法	400
	浅眼爆破法	300
2. 浅眼爆破法		200（复杂地质条件下未修成台阶工作面时不小于 300）
3. 浅眼药壶爆破		300
4. 蛇穴爆破		300
5. 深孔爆破		按设计，但不小于 200
6. 深孔药壶爆破		按设计，但不小于 300
7. 浅眼眼底扩壶		50
8. 深孔孔底扩壶		50
9. 峒室爆破		按设计，但不小于 300

（1）导火索起爆安全规定。

导火索起爆应采用一次点火法点火，其长度应保证点完导火索后人员能撤至安全地点，一不得短于 1.2 m。不得在同次爆破中使用不同燃速的导火索。露天爆破，一人连续点火的导火索不得超过 10 根，严禁使用明火点燃，严禁脚踩和挤压已点燃的导火索。多人同时点炮时，每人点炮数量应相同。必须先点燃信号管，信号管响后无论导火索点完与否，人员必须立即撤离。信号管的长度不得超过该次被点导火索中最短导火索长度的 1/3。爆破时，应点清爆炸数与装炮数量是否相符。确认炮响完并过 5 min 后，方准爆破人员进入爆破作业点。超过 5 m 的深孔不得使用导火索起爆。

（2）电力起爆必须遵守下列规定。

在同一爆破网路上必须使用同厂、同型号的电雷管，其电阻值差应控制在±0.2 Ω。爆破网路主线应绝缘良好，并设中间开关，与其他电源线路应分开敷设。

必须严格检查主线、区域线、端线、电源开关和插座等的断通与绝缘情况，在联入网络前各自的两端必须短路。用动力或照明电源起爆时，起爆开关必须放在上锁的专用起爆箱内，起爆开关箱和起爆器的钥匙在整个爆破作业时间里，必须由爆破工作的负责人严加保管，决不能交给他人。装好炸药包后，必须撤除作业现场的一切电源。裸露爆破必须保证先爆的药包不致破坏其他药包，否则应用齐发起爆。严禁用石块覆盖裸露药包和将炸药包插入石缝中进行爆破。

4.4.6 爆破后处理安全

各种类型的“盲炮”处理首先必须查明原因。并按现行国家标准《爆破安全规程》（GB 6722）的有关规定办理。盲炮即瞎炮，是指在点火后未爆炸的炮。瞎炮产生的原因一般是因雷管、导火索受潮发霉或失效，雷管与导火索接头松动或脱开，捣实炸药时或堵塞时不小心将导火索药心割断，或一次点炮较多而漏点炮等。

大型爆破的安全距离，除应考虑个别飞散物的因素外，尚应考虑因爆破引起地震及冲击波对人员、设施及建筑物的影响，按规定经计算后确定安全距离。

4.5 路基防护施工中的安全要求

在防护工程施工中，有着大量的人工作业，从一条路来说，工点也比较分散。必须加强安全管理工作。

4.5.1 防护工程砌筑的安全控制

边坡防护作业，必须搭设牢固的脚手架。对地基和脚手架所用材料、扣件或连接件，应进行认真检查。合格后才可使用。人工抬运石块和搬运砂浆等材料所用的器具必须牢固可靠，如绳、筐、桶等。

砌石工程必须自下而上砌筑。将片石改小不得在脚手架上进行。护墙砌筑时，墙下严禁站人。抬运石块上架，跳板应坚固，并设防滑条，筐内所装石块必须稳妥，不得中途丢掉。抹面、勾缝作业必须先上后下。严禁在砌筑好的坡面上行走，上下时必须设置爬梯。架上作业时，架下不准有人操作或停留，不得上面砌筑，下面勾缝。

4.5.2 砂浆拌和机作业的安全控制

拌和机应安置稳妥，开机前必须进行检查。同时应检查并确认拌和机传动及各部装置牢固可靠，操作灵活后方可开机。拌和机运转中，不得用手或木棒等伸进筒内清理筒口的灰浆。

作业中如发生故障，应立即切断电源，并将筒内砂浆倒出。拌和机的电源、临时挂线，必须符合规定要求，挂线要稳定。

4.5.3 砂浆喷射机作业的安全控制

1. 砂浆输送泵

对设备进行认真检查。输送管道各接头应连接牢固，并设置牢固的支撑，尽量减少管道长度和弯管数量。管道上不得加压或悬挂重物。

作业前，应进行空运转测试。在确认旋转方向正确、电路开关、传动保护装置及料斗滤网齐全可靠后，方可进行作业。运转正常后，方可向泵内注入砂浆；砂浆泵须连续运转，短时间不用砂浆时，应打开回浆阀使砂浆在浆内循环运行；如停机时间较长时，应每隔 3 ~ 5 min 泵送一次，使灰浆在管道和泵体内流动，以防凝结和阻塞。工作中应随时注意压力表指针是否正常，检查球阀、阀座和挤压管有无异常，如发现漏浆应停机修复后再继续作业。因故障停机时，应打开泄浆阀使压力下降，然后再排除故障。砂浆泵压力未降到零时，不得拆卸空气室、压力安全阀和管道。

2. 砂浆喷射机

对喷射机设备进行检查。喷射机应保持内部清洁，输送泵和喷射机人员应密切联系，协调配合作业。在喷射嘴前 5 m 范围内不得站人；工作停歇时，喷嘴不得朝向有人的方向。输料软管如发生堵塞，可用木棍轻轻敲打外壁，如无效时，可在关闭砂浆后拆卸胶管，用压缩空气吹通。转换作业同时，输料软管不得随地拖拉和弯折。

4.5.4 挡墙挖基施工中的安全控制

挡墙挖基施工中安全控制的注意事项：

① 对挖基施工中的各种使用器具应进行检查，符合要求后方可使用。

② 挖基时，应视土质、湿度和挖掘深度设放安全边坡。基坑壁坡度可参照表 4.9 办理。

表 4.9 基坑坑壁坡度

坑壁土质	坑壁坡度		
	基坑顶缘无载质量	基坑顶缘有静载	基坑顶缘有动载
砂石土	1∶1	1∶1.25	1∶1.5
碎卵石类土	1∶0.75	1∶1	1∶1.25
轻亚黏土	1∶0.67	1∶0.75	1∶1
亚黏土	1∶0.33	1∶0.5	1∶0.75
极软土	1∶0.25	1∶0.33	1∶0.67
软质岩	1∶0	1-0.1	1∶0.25
硬质岩	1∶0	1∶0	1∶0

注：本表适用于基坑深度在 5 m 以内，无地下水，土质结构均匀的情况。

③ 不设放安全边坡时，必须设置相应的围壁支撑。围壁支撑所用的材料必须符合要求。围壁支撑设置必须牢固稳定。

④ 必须保证足够的工作面。

⑤ 基坑顶部周围的碎石块和其他杂物物件应予清除，以免其掉落伤人。

⑥ 提土和下筐时应招呼联系，以免伤人。

⑦ 如遇变化的地质条件，应上报并经研究后再行施工。

⑧ 人工挖基作业时，从基坑内抛上的土方，应边挖边运。采用土台分层抛掷传运出土时，台阶宽度不得小于 0.7 m，高度不得大于 1.5 m。基坑上边缘暂时堆放的土方至少应距坑边 0.5 m 以外，堆放高度不得超过 1.5 m。

5 山区高速公路路面施工安全与管理

5.1 道路基层施工中的安全规定与控制

5.1.1 一般安全规定

装卸、洒铺及翻动粉状材料时，操作人员应站在上风侧，轻拌轻翻减少粉尘。散装粉料宜使用粉料运输车运输，否则，车厢上应采用篷布遮盖。装卸尽量避免在大风天气下进行、城市、有人居住的地方，大风天气下，严禁装卸粉状材料。消解石灰时，不得在浸水的同时边投料、边翻拌，人员应远避，以防烫伤。沿路肩堆放石灰消解时。应慢洒水或泼水，操作人员应站在上风。

5.1.2 碎石机作业安全控制

场内道路应经常平整，保持畅通。对碎石机、电源、线路、开关等均应进行检查，必须保证符合安全要求和使用要求。线路挂设稳定，不宜贴地面，因料场尖硬石块多，易对电线等造成损坏。若石料卡住进料口，应用铁构翻动，严禁用手搬动。不得从上方向碎石机口内窥视。进料要均匀，不得过大，严防金属块等混入。出料口上方应设有挡板，以防石料弹出伤人。搬运块料和堆放要注意安全，大块人工铁锤破碎时，要注意周围情况。

5.1.3 稳定土拌和机作业的安全控制

根据不同的拌合材料，选用合适的拌和齿，并对机械及各相关的配件等进行检查。拌和机作业时，应先将转子提起离开地面空转，然后再慢慢下降至拌和深度。拌和机在行走和作业过程中，必须采用低速，保持匀速。液压油的温度不得超过规定。在拌和过程中，不能急转弯或原地转向，严禁使用倒挡进行拌和作业。遇到底层有障碍物时，应及时提起转子，进行检查处理。停车时应拉上制动器，将转子置于地面。

5.1.4 场拌稳定土机械作业安全控制

对机械及配套设施进行安全检查。拌和机舱壁振动器在作业中铁心和衔铁不得碰撞。如发生碰撞应立即调整振动体的振幅和工作间歇。仓内不出料时，严禁使用振动器。搅拌壁及叶桨的紧固状况应经常检查，如有松动应立即拧紧，如有损坏，必须更换。皮带运输机应尽量降低供料高度，以减轻物料冲击。在停机前必须将料卸尽。拌和结束后，给料斗、贮料仓中不得有存料，应清理干净。

5.1.5 碎石撒布机作业的安全控制

机械与配套设施应进行检查。撒布碎石，车速要稳定，不应在撒布过程中换挡。石料的最大粒径不得超过说明书中的规定。作业时，无关人员不得进入现场，以防碎石伤人。在工地作短距离转移，必须停止拨料辊及皮带运输机的转动，并注意道路状况以防碰坏机件或出现其他事故。自卸汽车与撒布机联合作业，应紧密配合，以防碰撞。

5.2 沥青路面施工中的安全规定与控制

5.2.1 一般安全规定

沥青操作人员均应进行体检。凡患有结膜炎、皮肤病及对沥青过敏反应者，不宜从事沥青作业。从事沥青作业人员，皮肤外露部分均须涂抹防护药膏。工地上应配有医务人员。沥青操作人员的工作服及防护用品，应集中存放，严禁穿戴回家或进入集体宿舍，防污染中毒。沥青的加热及混合料拌制，宜设在人员较少、场地空旷的地段。产量较大的拌和设备，应装设防尘设施。块状沥青搬运一般宜在夜间和阴天进行，尤其避免炎热季节。搬运时，宜采用小型机械装卸，不宜用于直接搬运。用手装运时，必须要有相应的防护，如坎肩、帆布手套、工作服等。

5.2.2 沥青的运送及操作安全

液态沥青宜采用液态沥青车运送，对沥青下出口阀门应认真检查其可靠性和密封性。

采用吊耳吊装桶装沥青时，吊具应严格检查，达到合格要求。吊装作业应有专人指挥，沥青桶的吊索应绑扎牢固。吊起的沥青桶不得从运输车辆的驾驶室上空越过，并应高于车厢板，以防碰撞。吊臂旋转半径范围内不得站人。沥青桶未稳妥落地前，严禁卸、取吊绳。

人工装卸桶装沥青时，运输车辆应停放在平坡地段，并拉上手闸。桶装沥青的跳板应有足够的强度，坡度不应过陡。沥青桶不得漏油，否则，应先堵漏，后搬运。放倒的沥青桶经跳板上（下）滚动装车时，要在露出跳板两侧的铁桶上各套一根绳索，收放绳索时要缓慢，并应两端同步上下。人工运送液态沥青，装油量不得超过容器的 2/3。

5.2.3 沥青的预热安全

沥青的预热可采取蒸汽、导热油、远红外等加工工艺，沥青的加热要特别注意安全。

蒸汽加温沥青时，其蒸汽管道应连接牢固，严加保护，在人员易触及的部位，必须用保温材料包裹。锅炉必须经过当地主管部门验收合格，并严格执行锅炉安全技术规程。

导热油加热沥青时，加热炉使用前必须进行耐压试验，水压力应不低于额定工作压力的二倍。对加热炉及设备应做全面检查，各种仪表应齐全完好。泵、阀门、循环系统和安全附件应符合技术和安全要求，超压、超温报警系统应灵敏可靠。必须经常检查循环系统有无渗漏、振动和异声，定期检查膨胀箱的液面是否超过规定，自控系统的灵敏性和可靠性是否符合要求，并定期清除炉管及除尘器内的积灰。导热油的管道应有防护设施。

明火熬制沥青中要注意的安全控制事项分为锅灶设置、沥青预热、熬制几个过程。锅灶设置时，支搭的沥青锅灶，应距建筑物 30 m，距电线垂直下方在 10 m 以上。周围不得有易燃易爆物品，并应备有锅盖、灭火器等防火用具。油锅上方搭设的防雨棚，严禁使用易燃材料。

沥青预热时，打开沥青桶上的大、小盖。当只有一个桶盖时，应在其相对方向另开一孔，以便通气出油。桶内如有积水则必须先予排除。烤油中如发现沥青桶口堵塞时，操作人员应站在侧面用铁棍疏通。烤油时必须用微火，不得用大火猛烤。卧桶烤油时的油槽应搭设牢固，流向储油锅（池）的通道要畅通。

沥青熬制时，熬油锅应清洁，不得有水和杂物。沥青应缓缓投入，以免因一次投入量过多而造成涨锅。投入总量不得超过油锅容积的 2/3。块状沥青应改小并装在铁丝瓢内下锅，不得直接向锅内抛掷，以免溅油伤人。严禁烈火加热空锅时加入沥青。预热后的沥青宜用溜油槽流下油锅，并应视油锅中涨锅情况控制油量。如用油桶直接倒入油锅时，应小心搬运，桶口应尽量放低，以防被热沥青溅伤。在熬制沥青时，如发现油锅漏油，必须立即熄灭炉火，妥善处理。舀油时，应用长柄勺，并要经常检查其联结是否牢固。严禁猛火加温而导致沥青溢锅，如发现有漫油迹象时，应立即熄灭炉火。熬油现场临时堆放的沥青及燃料不应过多，堆放位置距沥青锅炉应在 5 m 以外。

5.2.4 沥青洒布车作业中的安全控制

工作前应将洒布机车轮固定，检查高压胶管与喷油管连接是否牢固，油嘴和节门是否畅通，机件有无损坏，检查确认完好后，再将喷油管预热，安装喷头，经过在油箱内试喷后，才可正式喷洒。检查机械、洒布装置及防护、防火设备是否齐全有效。

装载热沥青的油桶应坚固、不得漏油，其装油量要低于桶口 10 cm。向洒布机油箱注油时，油桶要靠稳，在油箱口缓慢向下倒油，不得猛倒。喷洒沥青时，手握喷油管部分应加缠旧麻袋或石棉绳等隔热材料。操作时，喷头严禁向上。喷头附近不得站人。注意风向，不得逆风操作。

满载沥青的洒布车应中速行驶。遇有弯道、下坡时，应提前减速，尽量避免紧急制动。行驶时，严禁使用加热系统。驾驶员与机上操作人员应密切配合，操作人员应齐全配戴防护用品，注意自身安全。作业时，在喷洒沥青方向 10 m 以内不得有人停留。移动洒布机，油箱中的沥青不得过满。喷洒沥青时，如发现喷头堵塞或其他故障，应立即关闭阀门，等修理完好后，再行作业。

5.2.5 沥青混合料拌和设备作业中的安全控制

作业前，热料提升斗、搅拌器及各种称斗内不得有存料。拌和机启动、停机必须按规定程序进行。点火失效时，应关闭喷燃器油门，待充分通风后再行点火。需要调整点火时，必须先切断高压电源。连续式拌和设备的燃烧器熄火时应立即停止喷射沥青。当烘干拌和筒着火时，应立即关闭燃烧器鼓风机及排风机，停止供给沥青，再用含水量高的细集料投入烘干拌和筒，并在外部卸料口用干粉或泡沫灭火器进行灭火。液化器点火时，必须认真检查减压阀及压力表，使其完好可靠，方可使用。燃烧器点燃后，必须关闭总阀门。关机后，应清除皮带上、各供料斗及除尘装置内外的残余积物，并清洗沥青管道。

5.2.6 沥青混合料拌和站作业中的安全控制

沥青混合料拌和站的各种机电（包括使用微电脑控制进料的）设备，在运转前均需由机工、电工、电脑操作人员进行仔细检查，确认正常完好后才能合闸运转。运转过程中，如发现有异常情况，应报机长，并及时排除故障。停机前应首先停止进料，等拌鼓、供于筒等各部位卸料完后，才可提前停机。再次启动时，不得带荷启动。运转中严禁人员靠近各种运转机构。搅拌机运行中，不得使用工具伸入滚筒内掏挖或清理。需要清理时，必须停机。如需人员进入搅拌鼓内工作时，鼓外要有人监护。料斗升起时，严禁有人在斗下工作或通过。检查料斗时，应将保险链挂好。

5.2.7 沥青混合料摊铺作业时的安全控制

上机后打开操作控制箱，检查润滑油、液压油，并应符合启动标准。查看行速链条、输料刮板链条及各项润滑部分的状况。驾驶台及作业现场要视野开阔，清除一切有碍工作的障碍物。作业时无关人员不得在驾驶台上逗留，驾驶员不得擅离岗位。

作业中应设立施工标志。运料车向摊铺机卸料时，应协调动作，同步行进，防止互撞。换挡必须在摊铺机完全停止时进行。严禁强行挂挡。严禁在坡道上换挡或空档滑行。熨平板预热时，应控制热量，防止因局部过热而变形。加热过程中，必须设专人看管。驾驶力求平稳，不得急剧转向。弯道作业时，熨平装置的端头与路缘石的间距不得小于 10 cm，以免发生碰撞。用柴油清洗摊铺机时，不得接近明火。

5.3 水泥混凝土路面施工中的安全控制

5.3.1 混凝土拌和与运送中的安全控制

拌和机必须安置在坚实的地方，用支物或支脚筒架稳，不准以轮胎代替支撑。现场检修时，应固定好料斗，切断电源，如需人员进入搅拌机内工作时，机外要有专人监护，电闸箱上要挂“有人作业，禁止合闸”的醒目标志牌。监护人必须在确认机内无人后，最后一个离开。拌和机上的电器设施要由电工负责安装，要有防雨防潮措施，电器设施绝缘良好，电动机必须接地，开关闸刀要设箱加锁。传动离合器、制动器必须灵活可靠，传动部分必须加防护罩。

拌和机操作前，应检查制动器、离合器是否有效，电线有无破损，滚筒内不得有异物。进料斗升起时，严禁任何人在料斗下通过或停留。工作完毕后应将料斗固定好。车辆不得超载、超速，车停稳后方准顶升车厢卸料，车厢尚未放下回位时，操作人员不得上车清除残料。手推车或小型翻斗车装运混凝土时，车辆之间应保持一定的安全距离。在运送过程中，要遵守交通规则。

5.3.2 混凝土路面摊铺施工中的安全控制

1. 人工摊铺作业中的安全控制

装卸钢模板时，必须逐片轻抬轻放，不得随意抛掷。堆砌时，应规则有序并稳妥放置。操作时，特别多人同时操作摊铺时，因工作面小，锄、锹等均为长物工具，必须相互关照，注意安全。固定模板时，插钉或长圆头钉等不得乱放乱搁，以免伤人，完工后，应收拾干净。如采用木模板，拆模后的模板应堆放整齐，并及时取钉，砌放稳妥。

2. 机械摊铺作业中的安全控制

（1）轨模式水泥混凝土摊铺机作业时，应遵守的规定。

先检查传动、电器操作系统以及各项安全和防尘设施是否完好正常。作业人员必须服从统一指挥，布料机和振平机之间应保持 5 ~ 8 m 的安全距离，以防碰撞。振动梁在悬空状态下不能长时间振动，应特别注意其轴承是否过热，严禁在已凝固的混凝土上振动。作业中严禁驾驶员擅自离开驾驶台，无关人员不得在驾驶台上停留或上下摊铺机。在坡道及弯道上作业时，要注意防止摊铺机脱轨。

（2）滑模式水泥混凝土摊铺机作业，应遵守的规定。

注意将摊铺机停在平坦、坚实的地方，并用支垫牢固地垫起机体，履带垫离地面后才可进行安装、调整工作。调整机器高度时，工作踏板及扶梯等处不得站人，作业期间严禁碰撞引导线。摊铺机应避免紧急转向，防止与预置钢筋、路缘石等碰撞。摊铺机不得牵引其他机械，其他机械牵引摊铺机时应用刚性拖杆。摊铺机停放在通车道路上时，周围必须设置明显的安全标志。夜间应以红灯示警，其能见度不得小于 150 m。施工机电设备应有专人负责保养、维修和看管，确保安全生产。施工现场的电线、电缆应尽量放置在无车辆、人、畜通行部位。

（3）真空吸水作业中的安全控制。

认真检查真空吸水所有配套机具，均应处于良好状态。电气设施、电源、开关等应有人负责。检查泵垫、脱水前，应打开真空泵机组水箱盖，向真空室注入清水，使水面与箱内管口相平或略高，调节搭扣松紧，盖严箱盖，用 3 ~ 4 mm 厚橡胶板堵住进水口，检查泵的空载真空度（应大于 86.7 ~ 93.9 kPa）。检查联结软管、吸垫表面、黏缝及管接头。如发现有损坏、漏气、阻塞时，要及时修补或更换。吸垫存放、搬移时，应避免与带尖角的硬物接触。每班施工完毕，应将吸垫清洗干净，并冲净真空泵箱内沉积物，排净存水。

5.3.3 抹平机作业的安全控制

使用混凝土抹平机作业时，应确保抹平机的叶片光洁平整，并处于同一水平面，其连接螺栓应紧固不松动，并在无负荷状态下起动。电缆要有专人收放，确保不打结，不砸压，如发现有异常现象应立即停机检查。

5.3.4 切缝与养护的安全控制

混凝土养生初期，严禁人、畜、车辆通行，在达到强度的 40%后，行人方可通行。在路面养生期间，平交道口搭建临时便桥，面板达到设计弯拉强度后，方可开放交通。

使用切缝机切缝时，刀片夹板的螺母应紧固，各连接部位和安全防护罩应完好正常。切缝前应先打开冷却水，冷却水中断时，应立即停止切缝。切缝时，刀片要缓缓切入，注意割切深度指示器，当遇有较大切割阻力时，应立即升起刀片检查。切缝时，操作人员必须站在刀片侧面。停止切缝时，应先将刀片提离板面后才可停止运转。

5.4 水泥路面凿除作业的安全控制

旧路面凿除宜小段分块进行，以免妨碍交通。风动工具凿除旧路面时，应注意各部分管道接头必须紧固，不漏气。胶皮管不得缠绕打结，并不得用折弯风管的办法作断气之用，也不得将风管置于胯下。风管通过过道，须挖沟将风管下埋，以防车辆碾压。风管连接风包后要试送气，检查风管内有无杂物堵塞。送气时，要缓慢旋开阀门，不得猛开。风镐操作人员应与空压机驾驶员密切配合，及时送气或闭气。钎子插入风动工具后，不得空打，防止产生意外。

利用机械破碎旧路面时，应有专人统一指挥。铲刀切入地面不宜过深，推刀速度应缓慢。操作范围内不得有人，防止路面破碎物弹跳伤人。

人工凿除旧路面作业时，用镐开挖旧路面时，应并排前进，左右间距应不少于 2 m，不得面对面使镐。用大锤敲打旧路面时，周围不得有人站立或通行。锤击钢钎，使锤人应站在扶钎人的侧面，使锤者不得戴手套。用撬棍撬旧沥青路面时，不准两脚站在撬棍上压撬或双脚离地悬空压撬。

6　山区高速公路桥涵工程施工安全与管理

6.1　基本规定

桥涵工程包括桥梁和涵洞，按主要承重构件的受力情况可分为梁式桥（分为简支梁桥、连续梁桥、悬臂梁桥），拱桥，刚架桥，吊桥以及组合体系桥梁，基本施工过程主要包括基础工程、墩台工程、上部工程、混凝土预制场以及预制构件运输。在安全生产方面要加以重点控制。山区桥梁如图 6.1 所示。

图 6.1　山区桥梁图片

桥涵工程施工中的安全基本规定要求如下：

① 桥涵工程施工前，应详细核对技术设计、图纸、文件。高桥、大跨、深水、结构复杂的大型桥梁施工，应对施工安全技术措施做专项调查研究，采取切实可靠的先进技术、设备和防护措施。中、小桥涵工程施工应制定针对性的安全技术措施计划。

② 每单项工程，在开工前应根据规程规定安全操作细则，并向施工人员进行安全技术交底。

③ 桥涵工程施工的辅助结构、临时工程及大型设施等，均应按有关规定做好安全防护措施。各项安全设施完成后，应经检验合格，方能使用。

④ 特殊结构的桥涵，采用新技术、新工艺、新材料、新设备时，必须制定相应的有针对性的安全技术措施，通过试验和检验，证明可行后方可实施。

⑤ 桥涵施工前，应对施工现场、机具设备及安全防护设施等，进行全面检查，确认符合安全要求后方可施工。

⑥ 手持式电动工具，应按现行国家标准《手持式电动工具的管理、使用、检查和维修安全技术规程》（GB/T 3787）规定，根据手持式电动工具的类别和作业场所的安全要求，加设漏电保护器。

⑦ 桥涵施工，采用多层作业或桥下通车、行人等立体施工时，应布设安全网。

⑧ 对于通航江河上的桥涵工程，施工前应与当地港航监督部门联系，制定有关通航、作业安全事宜。制定有关通航、作业安全事宜，办理水上施工许可证等必要的手续，否则，不得开始施工。

⑨ 桥涵施工受气候环境因素影响很大。因此，应注意天气预报风力级别，往往预报风力小于大桥上的实际风力，特别是平旷风口处，故高处露天作业及缆索吊装、大型构件等在起重吊装时，应根据作业高度和现场风力大小对作业的影响程度，制定适于施工的风力标准。遇有六级（含六级）以上大风时，上述施工应停止作业。

6.2 基础工程施工中的安全控制

理解和掌握基础工程施工中的安全控制，正确执行，需对相关的施工机具有所了解。架桥设备是用于桥梁钢筋混凝土结构梁的吊装，主要有缆索式、导梁式和专用架桥设备。

6.2.1 桥梁施工机械

1. 缆索式架桥设备

在设置缆索式起重机时，对于塔架的强度，主索、起重索和牵引索的拉力以及有关起重机的稳定性等问题，均需经过必要的力学计算，再经过现场试验，以达到经济合理和确保施工安全。缆索式架桥设备就是在两个塔架之间张紧一根特种承重的主索，起重小车就在此钢索上来回移动提升重物。它的优点是跨度和起升质量较大（跨度为100～1 800 m，起升质量为3～50 t），适用于山区丘陵地带以及有交通线或障碍物的广大施工现场作起重运输工作。特别适用于桥隧工程和水利枢纽工程。

2. 导梁式架桥设备

目前，利用贝雷钢桁架和万能杆件拼装成的导梁式架桥设备在桥梁的上部施工中较为常见。其中，万能杆件是用角钢制成的可拼成节间距为2 m×2 m的桁架杆件。用万能杆件拼成的架桥设备（也称组拼式架桥机）如图6.2所示的架桥机主要由导梁、前支腿、前后行走台车、前后起吊天车及电气系统组成。

导梁和前支腿由万能杆件组拼而成，导梁安装在前、后行走台车上，行走台车可在已架设好的预应力混凝土梁上的轨道上行走。行走系统由行走台车和牵引动力组成。起吊系统的天车横梁可用万能杆件拼装，也可使用型钢组合而成，具体用那种形式应根据施工现场情况、两个导梁的间距，以及起吊设备的状况等因素综合考虑。用万能杆件拼装的架设 20 m 长 T 形梁的架桥设备如图 6.3 所示。

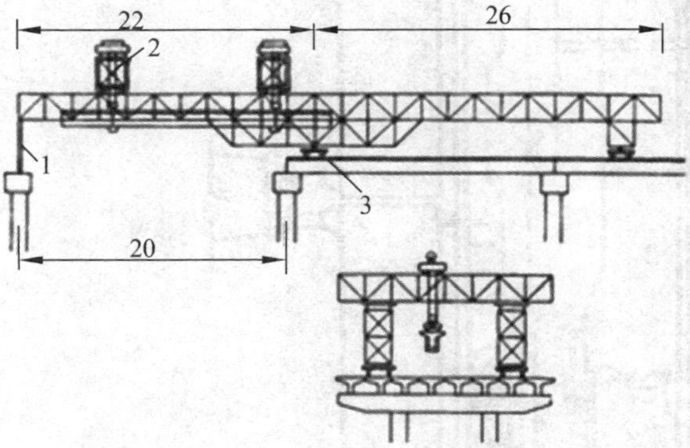

图 6.2　架桥设备

1—前支腿；2—前起吊天车；3—前行走台车

图 6.3　桥梁架桥机

3. 专用架桥机

目前世界各国的架桥机品种很多,这里主要介绍国产双导梁红旗 130-78 型架桥机。如图 6.4 所示。

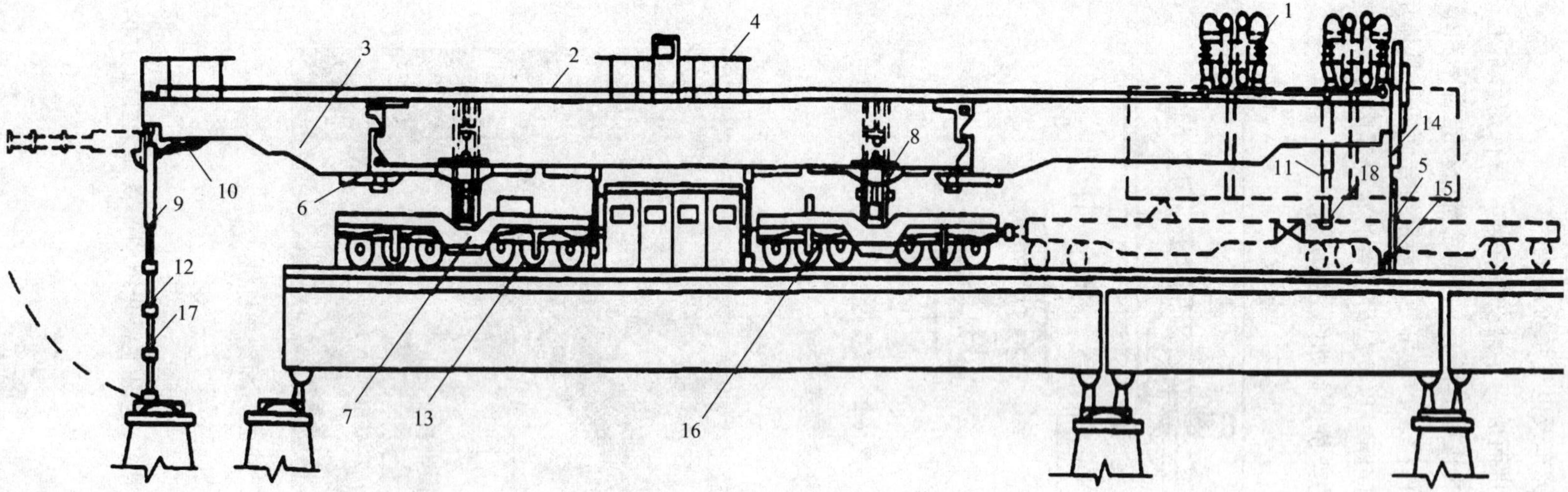

图 6.4　红旗 130-78 型架桥机

1—起吊天车；2—机身；3—机臂；4—人行道及栏杆；5—后门架；6—摆臂机构；7—台车；8—活动横梁；
9—前支腿及油缸；10—翘头油缸；11—后支腿辅助油缸；12—前门架；13—行走机构；
14—后支腿油缸；15—后支腿下节；16—台车支腿油缸；17—前支腿下节；18—横梁

红旗 130 型架桥机机臂在曲线上架梁时，可随线路水平转动。梁片可以直接从运梁台车上起吊，可以一次将梁片架设就位，并可以在前后方向架梁，反方向架梁时，架桥机不需要转向，简化了架梁工艺，工作效率高。轨道平车运输梁如图 6.5 所示。专用架桥机如图 6.6 所示。

图 6.5　轨道平车运输图

图 6.6　专用架桥机

4. 龙门吊架梁

龙门吊吊运一片梁行进到架设孔位，起吊架设。两片梁架设完成后，进行横向连接。如图 6.7 所示。

图 6.7　龙门吊架梁图

架桥机和龙门吊的相同之处在于都属于起重机械，都是用来搬运桥梁的。两者都可以采用花架结构，这样成本都比较低，运输和安装都比较方便。两者的主梁结构也是一样的，可以是单梁和双梁结构。

（1）门架的构造。

龙门升降架体的主要构件有立柱、天梁、上料吊篮、导轨及底座，架体的固定方法采用架体上拴缆风绳，其另一端固定在配重篮上进行锚固。每一层每一边设两根连墙杆件，与结构框架柱连接牢固，从而保护架体的稳定性，如图 6.8 所示：

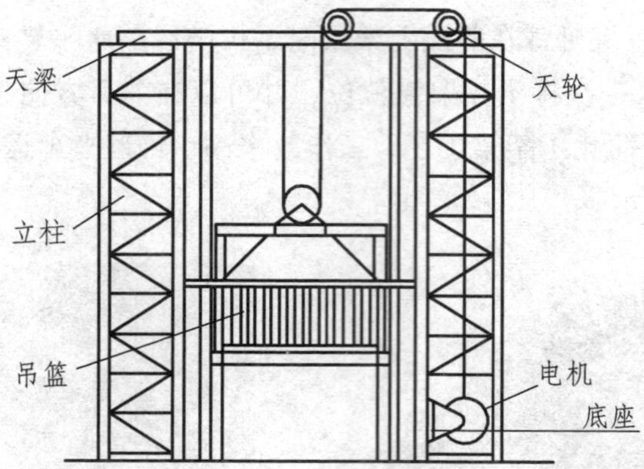

图 6.8　龙门架升降机

（2）架梁施工作业注意事项。

吊装混凝土梁时，龙门吊吊起应速度缓慢、匀速，两梁头提升速度一致，以防止两梁头高低过大而倾梁。混凝土梁落稳前应将支座放正，支座底用干硬砂浆砸实找平。两台龙门吊同速运行，架设人员必须听从现场负责人员统一指挥，步调一致。架完一孔梁后，应立即对横隔板进行焊接，焊缝必须饱满，不得漏焊。

6.2.2　明挖基础施工安全控制

基坑开挖的方法、顺序以及支撑结构的安设，均应按照施工组织设计中的规定进行，开挖较大较深和地质水文复杂的基坑必须制定详细的施工方案和安全措施方案。

开挖基坑时，要指派专人检查对邻近建（构）筑物或临时设施的安全，并留有检查记录。如有影响或不安全时，应采取安全防护措施后，才能开挖。基坑深度超过 1.5 m 时，为便利上下必须挖设专用坡道或铺设跳板，其宽度应超过 60 cm，深狭沟槽应设靠梯或软梯，禁止脚踏固壁支撑上下。开挖基坑时，要根据土质、水文等情况，按规定的边坡坡度分层下挖，严禁局部深挖，掏洞开挖。基坑深度超过 1.5 m，不加支撑时，应按标准进行放坡。如施工地区狭小或受其他条件限制，应采取固壁支撑措施，支撑方法应根据土质和施工具体情况事先做好施工设计。明挖基础施工如图 6.9 所示。

图 6.9　明挖基础施工

基坑开挖需注意采用钻机打设井点，应遵守钻孔施工安全操作规程。采用集水井降水法，使用无砂混凝土管用作护壁，管与管间的连接，应绑扎牢固，不得脱节。集水井内放置的潜水泵，要事先逐台进行检查，试验抽排水时，应指派专人看管潜水泵及电源。拆除集水井或在井坑内开挖时，作业人员之间应保持安全距离。开挖的边坡应保持稳定，随基坑的挖深，要及时拆除已裸露的无砂混凝土管，以防其倾倒伤人。遇有流沙，应采取围堰或打板桩支撑等防护措施。采用皮带输送机运土出基坑时，机械要安装牢固，设专人看管操作。

6.2.3 筑岛、围堰施工安全控制

桥梁上部基础、水工建筑物基础常常位于地表水位以下，有时水流速还比较大，施工时总希望在干地条件下进行。水中基础施工最常用的方法是围堰法。围堰的作用主要是防水和围水，有时还起着支撑基坑坑壁的作用。

1. 围堰的类型与施工要求

围堰的类型很多，按使用的材料最常用的形式有如下几种。土（石）围堰、木（竹）笼围堰、钢板桩围堰、钢木套箱围堰、混凝土围堰、钢筋混凝土板桩围堰等。如图 6.10 ~ 6.12 所示。

图 6.10　筑岛土（石）围堰

图 6.11　钢护筒围堰、钢板桩围堰

图 6.12　双壁钢围堰、钢筋混凝土板桩围堰

围堰的结构形式和材料要求根据水深、流速、地质情况、基础类型以及通航要求等条件进行选择，围堰顶高宜高出施工期间最高水位 70 cm，最低不应小于 50 cm，用于防御地下水的围堰宜高出水位或地面 20 ~ 40 cm。围堰外形应适应水流排泄，大小不应压缩流水断面过多，以免壅水过高危害围堰安全，以及影响通航、导流等。围堰的形式应适应基础施工的要求。堰身断面尺寸应保证有足够的强度和稳定性，使基坑开挖后，围堰不致发生破裂、滑动或倾覆。应尽量采用措施防止或减少渗漏，以减轻排水工作。对围堰外围边坡的冲刷和筑围堰后引起河床的冲刷均应有防护措施。围堰施工一般应安排在枯水期进行。

2. 筑岛、围堰施工安全要点

人工筑岛，应搭设双向运输便道或便桥。在围堰内作业，遇有洪水或水流，应立即撤出作业人员。采用挡土板或板桩围堰。应视土质、涌水、挖深情况，逐段支撑。并应随时检查挡板、板桩、大框等挡土设施的稳定牢固状况。当基坑较深时，四周应悬挂人员上下扶梯。施工中，遇有流沙、涌沙或支撑变形等异常情况，应立即停止挖掘，并立即撤出作业人员。在切实采取安全加固措施后，方可继续开挖。采用吸泥船吹沙筑岛，要对船体吃水深度、停泊位置、管路射程及连接方法等进行严格检查和试验。

挖基工程所设置的各种围堰和基坑支撑，其结构必须坚固牢靠。基础施工中，挖土、吊运、浇筑混凝土等作业，严禁碰撞支撑，并不得在支撑上放重物。施工中发现围堰、支撑有松动、变形时，应及时加固，危及作业人员安全时，应立即撤出。施工中交接班时，应将处理情况和注意事项交接清楚，并做好原始记录及签字工作。基坑支撑拆除时，应在现场技术负责人的指导下进行。拆除支撑可配合回填土进程，由低处向上拆除，严禁站在正在拆除的支撑上操作。有引起坑壁坍塌危险时，必须采取安全措施。

6.2.4　钢板桩及钢筋混凝土板桩围堰施工安全控制

钢板桩本身强度大，防水性能好，适用于深水或深基坑，较坚硬的土石河床。使用钢板桩围堰时，要根据施工条件和安全要求及水深、地质等情况适当选择桩长，准确确定围堰尺寸、钢板桩数量、打入位置、入土深度和桩顶标高，使之既不影响水上施工，又不会伤及水下桩基等构造物。钢板桩打入前，应在设计位置设置坚固的导向桩和足够强度的支撑框架并将钢板桩的打入位置标示在导向框架上，以确保板桩的稳定和准确合拢。

插打钢板桩（包括钢筋混凝土板桩）围堰前应对打桩机、卷扬机及其配套机具设备、绳索等，进行全面检查，经试验、鉴定合格后方可施工。钢板桩起吊应听从信号指挥，作业前应在钢板桩上，拴好溜绳，防止起吊后急剧摆动。吊起的钢板桩未就位前，插桩桩位处不得站人。在桩顶作业，应挂吊篮、爬梯，作业人员必须系好安全带。如图 6.13 所示。

图 6.13　钢套箱围吊装施工

钢板桩插进锁口后，因锁口阻力不能插放到位而需用桩锤压插时，应用卷扬机钢丝绳控制桩锤下落行程，防止桩锤随钢板桩突然下滑。插打钢板桩，如因吊机高度不足，可改变吊点位置，但吊点不得低于桩顶以下 1/3 桩长位置。在转换吊点时，必须先挂后换，使新吊点吃力后，并确定牢固，才能拆除原吊点。钢板桩在锤击下沉时，初始阶段应轻打。桩帽（垫）变形时应及时更换。拔桩时，应从下游向上游依次进行。遇有拔不动的钢板桩，应立即停拔检查，可采取射水、振动等松动措施。严禁硬拔。采用吊机船拔除钢板桩，应指派专人经常检查吊机船的吃水深度，拔桩机或吊机受力情况，拔桩机和吊机应安装“限负荷”装置，以防超负荷作业。钢筋混凝土板桩采用锤击下沉时，桩头和桩尖部位，应采取加固措施。锤击时，应用桩帽、桩垫，并经常检查，发现异常情况应立即停击。

6.2.5　套箱围堰基础施工安全控制

钢套箱围堰广泛地应用于大型深水桥梁的基础施工中。套箱围堰可根据工程需要，制成整体式、装配式、单壁式、双壁式。套箱的结构及形式应按设计制造，并经检查验收后方可交付使用。拖船牵引浮运钢套箱时，应征得港航监管部门同意，并在了解航道水深、流速等情况后，制定拖船牵引方案，加以实施。多只拖船牵引浮运大型物件时，应配备通信器材，并建立统一的指挥机构。

套箱采用船组辅助定位时，应先将定位船、导向船（或其他导向设施）就位。定位船锚的设置应根据流速、河床地质情况具体而定。并要采取措施防止下铺时锚链（绳）缠绕或刮带伤人，船只上的锚固绳栓均要加固补强。河床地质较坚硬时，船用锚不易抓着入土，而且易被水冲动而影响套箱的定位，此时应采用大吨位混凝土锚。锚宜先用一段（20 ~ 50 m）钢链连接，其后再使用钢丝绳接长。

在通航河流上施工，施工前应与港航监管部门联系，办理有关手续，协商有关通航安全事宜，并按要求设立标志和防撞装置。钢套箱拆除，应按施工组织设计规定的程序进行。拆除时，应有足够的脚手板、扶梯和救生设备等安全防护设施。施工人员必须系安全带、穿救生衣。拆下的铁件、螺栓等，应吊放在指定地点，不得从高处向下抛掷。

6.2.6　沉井基础施工安全控制

沉井是由刃脚、井筒、内隔墙等组成的呈圆形或矩形的筒状钢筋混凝土结构。刃脚在井筒最下端，形如刀刃，在沉井下沉时起切入土中的作用。井筒是沉井的外壁，在下沉过程中起挡土作用，同时还需有足够的自重克服筒壁与土之间的摩阻力和刃脚底部的土阻力，使沉井能在自重作用下逐步下沉。内隔墙的作用是把沉井分成许多小间，减小井壁的净跨距以减小弯矩，施工时亦便于挖土和控制沉降。

1. 沉井施工

沉井施工时，先在地面上铺设砂垫层，设置承垫木，制作钢板或角钢刃脚后浇筑第一节沉井，待其达到一定重量和强度后，抽去承垫木，在井筒内边挖土边下沉，然后加高沉井，分解浇筑，多次下沉，下沉到设计标高后，用混凝土封底，浇钢筋混凝土底板则构成地下结构。如在井筒内填筑素混凝土或砂砾石则构成深基础。如图 6.14 所示。

图 6.14　沉井基础施工

2. 沉井基础施工安全控制要点

井下沉四周影响区域内，不宜有高压线杆、地下管道、固定式机具设备和永久性建筑。必须设置时，应采取安全措施。沉井施工前，应检查机具设备是否完好，并搭好脚手架、作业平台，并保证其牢靠，平台四周设置栏杆，高处作业和险要的空隙处，均应设安全网。在水中设围堰筑岛而导致水流被压缩或改变河道等，应检查对附近的堤坝、农田和其他建筑物的安全，以及岛体本身的稳定是否受到影响，严防因冲刷而坍塌。沉井的内外脚手架，如不能随同沉井下沉时，应和沉井的模板、钢筋分开。井字架、扶梯等设施均不得固定在井壁上，防止沉井突然下沉时被拉倒。沉井顶面应设安全防护围栏。井内、井上搭设的抽水机台座、水力机械管道等施工设施均应架设牢固。井顶上的机具应设防护挡板，小型工具宜装箱存放。在沉井刃脚和井内横隔墙附近不得有人停留、休息，以防止坠物伤人。

空压机的储气罐应设有安全阀，输气管应编号，供气控制应由专人负责，在有潜水员工作时，应有滤清器，进气口应设置在能取得洁净空气处。在围堰筑岛上就地浇筑的沉井，在沉井的外侧周围应留有护道。护道宽度应按设计规定修筑。筑岛岛面和开挖基坑的坑底标高，应比沉井施工期最高水位高出至少 0.5 m。在筑岛上，沉井下沉中，如刃脚尚未达到原河床以前，而需接高沉井时，应在沉井内回填砂土，并分层灌注混凝土 ，防止沉井接高加重，产生不均衡下沉，造成沉井倾斜。拆除沉井垫板应在沉井混凝土达到设计强度后进行。抽拔垫板时，应有专人统一指挥，分区、分层、同步、对称进行。抽拔垫板及下沉时，严禁人员从刃脚、底梁和隔墙下通过。抽掉垫板后，应及时回填、夯实，并注意检查是否有倾斜及险情。

沉井面积较大，不排水下沉时，井内隔墙上应设有供潜水员通过的预留孔。浮运沉井的防水围壁露出水面高度，在任何时候均不得小于 1 m。采用机吊人挖时，土斗装满后，需待井下人员躲开，并发出信号后，方可起吊。采用水力机械时，井内作业面与水泵站应建立通信联系。水力机械的水枪和吸泥机，应进行试运转，各连接处应严密不漏水。沉井在淤泥质黏土或亚黏土中下沉时，井内的工作平台应用活动平台，禁止固定在井壁、隔墙或底梁上。

灌注水下混凝土，应搭设作业平台、溜槽、导管及提升设备，经全面检查（提升设备应做升、降试运行），确认安全后，方可施工。在深水处，采用浮式沉井施工时，有关沉井下水、浮运及悬浮状态下接高、下沉等，必须加以严密控制。

浮式沉井，定位落河床前，应考虑潮水涨落的影响，对所有锚碇设备进行检查和调整，使沉井安全准确落位。浮式沉井落河床后，应尽快下沉，并使沉井达到保持稳定的深度。通航的河道应与港监部门联系，办理有关水上施工的手续，设置导航标志，在水流斜交处，应备有导航船引导过往船只，缓慢安全驶过施工区。

6.2.7 钻孔灌注桩基础施工安全控制

钻孔灌注桩的施工，因其所选护壁形式的不同，有泥浆护壁方式法和全套管施工法两种。

1. 泥浆护壁施工法

冲击钻孔，冲抓钻孔和回转钻削成孔等均可采用泥浆护壁施工法。该施工法的过程是：平整场地→泥浆制备→埋设护筒→铺设工作平台→安装钻机并定位→钻进成孔→清孔并检查成孔质量→下放钢筋笼→灌注水下混凝土→拔出护筒→检查质量。如图 6.15 所示。

图 6.15　钻孔灌注桩施工

2. 全套管施工法

全套管施工法一般的施工过程是：平整场地→铺设工作平台→安装钻机→压套管→钻进成孔→安放钢筋笼→放导管→浇注混凝土→拉拔套管→检查成桩质量。

全套管施工法的主要施工步骤除不需泥浆及清孔外，其他的与泥浆护壁法都类似。压入套管的垂直度，取决于挖掘开始阶段的 5 ~ 6 m 深时的垂直度。因此应该随时使用水准仪及铅垂校核其垂直度。

3. 钻孔灌注桩基础施工安全控制要点

钻机就位后，对钻机及其配套设备，应进行全面检查，如卷扬机、钢丝绳、滑车、钻头、泥浆泵、水泵及电气设备等是否完好正常。采用液压电动反循环机钻孔前，应随时检查液压油、润滑油情况，注满油料后，旋塞要拧紧、关严。钻机皮带转动部分，不得外露。所使用的电气线路必须是橡胶防水电缆。

各类钻机在作业中，应由本机或机管负责人指定的操作人员操作，其他人不得任意登机。操作人员在当班中，不得擅自离岗。采用冲击钻孔时，经常检查选用的钻锥、卷扬机和钢丝绳的损伤情况，当断丝已超过 5%时，必须立即更换。

钻孔使用的泥浆，应设置泥浆循环净化系统，防止对环境的污染。钻机停钻，必须将钻头提出孔外，置于钻架上，严禁将钻头停留孔内过久。采用冲抓或冲击钻孔，应防止碰撞护筒、孔壁和钩挂护筒底缘。提升时，应缓慢平稳。钻头提升高度应分阶段（按进尺深度）严格控制。钻孔中，发生故障需排除时，严禁作业人员下孔内处理故障。

6.2.8 沉入桩基础施工安全控制

沉入桩又称打入桩，如图 6.16 所示。沉入桩基础施工中，钢筋混凝土桩、预应力混凝土桩采用捶击沉桩或振动沉桩时，施工现场应保持平整清洁。打桩机的移动轨道，铺设要平顺、轨距要准确、钢轨要钉牢。轨道端部应设止轮器。各种沉桩及桩架等拼装完成后，应对机具设备及安全防护设施，如作业平台、护栏、扶梯、跳板等进行全面检查验收，确认合格，方可施工。降雪或冰冻时，应及时清扫。

图 6.16 振动沉桩、锤击沉桩

在高压线下两侧安装打桩机械，应根据电压，保证打桩机与高压线最近距离大于安全距离。打桩机顶部上方 2 m 内不准有任何架空障碍物。锤击沉桩或振动沉桩，均应选用适合的桩帽或桩垫。桩帽应与桩连接牢固，桩垫破碎时，应及时更换。在城镇和有人员居住地点附近，采用锤击或振动沉桩作业时，应采取减小噪声和振动影响的措施。

降落锤头，不准猛然骤落，在起吊沉桩或桩锤时，严禁作业人员直接在吊钩下或在桩架龙门口处停留或作业。检查维修桩锤，必须将桩锤放落在地面或平台上，用销子或卡子固定于桩架上。严禁在桩锤悬挂状态下进行维修。钢筋混凝土桩沉桩完成后，应立即用木板或草袋将桩头盖好。露出地面的桩头钢筋，应做好安全保护。

采用静力压桩，应检查所施加压力之和是否与设计符合，其合力作用线是否与桩中心线符合。使用两台卷扬机与千斤顶施压时，必须同步作业，严防反力梁和桩架倾斜。采用高压水泵和空压机等助沉措施，应按设计要求进行。助沉设备的压力表、安全阀、水泵、输水管道、射水管水量及水压等，经检查符合要求后，方可作业。

振动打桩机作业时，禁止任何人进入其机器底部操作。振动打桩机加压时，如前轮离地应减压，以免钢丝绳、加压轮或立轴断裂。振动打桩机沉箱上的电缆接头应勤检查，做好绝缘防护。通过交通路口的电缆线要深埋土中。旋转钻机提钻时，不准钻头旋转，落锤时，不准一次骤落到底，钻完的孔应随时盖好。旋转钻机间歇时，不得使钻头悬在钻孔中间，应拉放到原来位置，并摘除动力挡，切断电源。

6.2.9 挖孔、沉管灌注桩基础施工安全控制

挖孔、沉管灌注桩基础施工是通过人工挖孔，安装沉管，插入钢筋，灌注混凝土形成桩基础的过程。如图 6.17 所示。

图 6.17 人工挖孔桩

挖孔、沉管灌注桩基础施工时，挖孔灌注桩，应在无水或少水的密实土层或岩层中，按设计挖筑。挖孔较深或有渗水时，必须采取孔壁支护及排水、降水等措施，严防坍孔。挖孔人员下孔作业前，应先用鼓风机将孔内空气排出更换。二氧化碳气体含量超过 0.3%时，应采取通风措施。对于二氧化碳含量虽不超过规定，但作业人员有呼吸不适感觉时，亦应采取通风或换班作业等措施。人工挖孔超过 10 m 深时，应采用机械通风，并必须有足够保证安全的支护设施及常备的安全梯道。人工挖孔最深不得超过 15 m。

人工挖桩孔采用混凝土护壁时，每挖深 1 m（土质不好还应适当减少），应立即浇注护壁，护壁厚度不小于 10 cm。机钻成孔作业完成后，人工清孔验孔要先放安全防护笼，笼距孔底不得大于 1 m。挖出的土方应随出随运，暂时不能运走的，应堆放在孔口边 1 m 以外处，且堆土高度不得超过 1 m。

6.2.10 拔桩施工安全控制

拔桩作业是在桩基础形成后，利用拔桩设备将桩筒拔出再利用的过程。如图 6.18 所示。

拔桩作业，采用人字桅杆、卷扬机进行拔桩时，应先计算拔桩力，然后根据上拔力的大小，配备适当功率的卷扬机和滑车组。拔桩时，人字桅杆滑车组要尽量靠近被拔桩中心。试拔中如发现缆风绳受力过大或地锚松动时，应在采取措施后再作业。拔桩应装设“限量器”，严禁蛮拔。采用锚固桩或顶梁千斤顶施力拔桩，应先经过设计，被拔桩及锚固桩的各连接处，必须完好。千斤顶的置放点应避免偏心，并用方木承托。

采用龙门吊架、吊机或拔桩船等进行拔桩时，应按设计经检验合格后进行。吊机

应附有超载限制器，防止超负荷上拔。作业中应指派人员经常检查船体的平衡稳定情况。起重机配合拔桩时，起重机应随振拔机的起动而逐渐加荷。采用桩外射水或用千斤顶先顶松动及桩外浅挖后，再用吊机或其他方法配合拔桩作业时，必须符合有关安全规定的要求。

图 6.18　拔桩施工

6.2.11　管柱基础施工安全控制

管柱基础是指由钢筋混凝土、预应力混凝土或钢管柱群和钢筋混凝土承台组成的基础结构。也有由单根大型管柱构成基础的。管柱埋入土层一定深度，柱底尽可能落在坚实土层或锚固于岩层中，其顶部的钢筋混凝土承台，支托桥墩（台）及上部结构，作用在承台的全部荷载，通过管柱传递到深层的密实土或岩层上。如图 6.19 所示。

图 6.19　管柱基础施工

管柱基础施工时，管柱下沉采用的导向设备，应根据水深、流速及基础形状，采取导向框架或钢围笼，以防止管柱下沉时，产生倾斜和位移。导向框架或钢围笼按设计制作加工后，应经检查合格后方可使用。钢围笼拼装，可根据围笼高度、形状及体重等情况，一次拼装完成，或分层接拼下沉就位。围笼拼装，应搭设作业平台、内芯桁架导环、托架及必要的安全设施等。在分层接高时，应防止接高变形，每接高 8 m

左右，应加设缆风绳，以保安全。钢围笼浮运定位后，两导向船之间的通道及连接梁上面，应铺设人行道、步梯及栏杆。组应锚碇稳固，导向船上堆放重物，应对称摆放，并严防船舶及漂流物的撞击。

管柱的吊点位置、平放支点及存放层数、竖立存放的稳定性等，均应符合设计要求，并保证安全性。钢筋混凝土管柱或预应力混凝土管柱，在现场施工时，应预先搭好脚手架、作业平台、护栏等安全设施。模板外侧安设的振动器，其固定处螺栓应拧紧，安装牢靠。电器绝缘应良好，电力线路应挂在安全处。

管柱接长，其法兰盘接头必须拧紧密贴，法兰盘不得突出管壁之外。夹柱应牢固，作业人员的手指和头部不得伸入法兰盘之间。在管柱内电焊，应搭设脚手架，并备有通风设施。起吊管柱的吊具、导向结构安装、拆除、振动下沉等，所用的机具设备，均应按施工设计作业。施工时，应先检查合格后，方可作业。浮运管柱应按船的重心对称放置。浮运应在白天良好天气时运行。浮运速度不宜超过 3 km/h。管柱施工作业平台，除设护栏外，双层或高处作业处，以及两船拼装之间、跳板下面，均应悬挂安全网。管柱内钻凿岩层，钻孔平台的脚手板必须铺满，四周设置护栏和上下梯子，并备有救生和消防设施。管柱内水位，应保持高出管柱外水面，在管柱内清孔时，必须高出管柱外水面 1.5 ~ 2.0 m。

6.3 山区桥梁墩台施工的安全

6.3.1 桥梁墩台介绍

桥墩是指多跨（不少于两跨）桥梁的中间支承结构，是支撑桥跨结构和传递桥梁荷载的结构物。它主要由上部帽、上部身和基础三部分组成。桥墩按照施工工艺可分为就地砌筑或浇筑和预制安装桥墩。如图 6.20 所示。

图 6.20 桥梁的墩台结构

6.3.2　就地浇筑的墩台施工安全控制

就地浇筑墩台混凝土,施工前,必须搭设好脚手架和作业平台,墩身高度在 2 ~ 10 m 时，平台外侧应设栏杆及上下扶梯；10 m 以上时，还应加设安全网。

模板就位后，应立即用撑木等固定其位置，以防倾倒砸人。用吊机吊模板合缝，模板底端应用撬棍等工具拨移，不得徒手操作。每节模板支立完毕，应安装好连接紧固器，支好内撑后，方可继续作业。在树立高桥墩的墩身模板过程中，安装模板的作业人员必须系好安全带，并拴于牢固地点。穿模板拉杆，应内外呼应。整体模板吊装前，模板要连接牢固，内撑拉杆、箍筋应上紧。吊点要正确牢固，起吊时，应挂好溜绳，并听从信号指挥，不得超载。用吊斗浇筑混凝土，吊斗提降应设专人指挥。升降斗时，下部的作业人员必须躲开，墩台人员不得身倚栏杆推吊斗，严禁吊斗碰撞模板及脚手架。在围堰内浇筑墩台混凝土时，应安设梯子或设置跳板，供作业人员上下。凿除混凝土浮浆及桩头，作业人员必须按规定佩带防护用品。人工凿除应经常检查锤头是否牢固，使用风镐凿除桩头，应先经检查，安全可靠，方可作业。严禁风枪对准人。

6.3.3　砌筑墩台施工安全控制

砌筑墩台前，应搭设好脚手架、作业平台、护栏、扶梯等安全防护设施。人工、手推车推（抬）运石块或预制块件时，脚手架跳板应铺满，其宽度、坡度及强度应经过设计，满足安全要求。脚手架和作业平台上堆放的物品不得超过设计荷载。砌筑材料应随运随砌。

吊机、桅杆吊运砌筑材料时，应听从指挥信号。砌筑材料吊运到砌筑面时，作业人员应避让，待停稳后方可上前砌筑。在任何情况下，不得将手伸入到砌体缝隙之间。人工抬运大块石料，应捆绑牢靠，动作协调一致，缓慢平放，防止撞伤人。各种吊机作业，吊运重物的下边均不得站人。

6.3.4　滑模施工安全控制

高桥墩（台）、塔墩、索塔等高层结构，采用滑升模板施工时，应按照高处作业的安全规定，加设安全防护设施，穿戴好个人防护用品，并根据工程特点，编制单项施工方案及其安全技术措施，并向参加滑模施工人员进行安全技术交底。作业前，要对滑升模板进行验算和试验，并应有足够的安全系数。顶杆和提升设备，应符合墩台身的形状和要求。如图 6.21 所示。

当塔墩等高层建筑采用爬模施工方法时，应进行特殊设计，在工厂制作。爬升架体系、操作平台、脚手架等，要保证具有足够的刚度和安全度。架体提升时，要另设保险装置。模板爬升，作业人员不得站在爬升的模板或爬架上。

图 6.21　桥梁滑模施工

液压系统组装完毕后，必须进行全面检查。施工过程中，液压设备应由专人操作，并经常维护，发现问题及时处理。模板提升到 2 m 高以后，应安装好内外吊架、脚手架，铺好脚手板，挂设安全网。滑模内设置升降设施及安全梯。平台上规定人群荷载和堆放材料的限量标准。材料均匀摆放，不得多人聚集一处。墩上养生人员必须系好安全带。输水管路及其他设备应栓绑牢固。运送人员、材料的罐笼或外用电梯，应有安全卡、限位开关等安全装置。拆除现场应划定警戒区。警戒线到建筑物边缘的安全距离不得小于 10 m。

6.3.5　高墩大跨桥梁施工安全控制

1. 山区高墩大跨桥梁施工危险源识别与分析

桥梁高墩柱的施工因地形和地质、水文条件的复杂，作业人员的素质较低，因此属高风险和易发生安全事故的施工作业。山区高墩大跨桥梁危险源辨识内容如表 6.1 所示。

表 6.1　山区高墩大跨桥梁危险源辨识表

序号	作业名称	危险源	可能导致事故
1	塔机作业	带故障或超负荷运转	机械损坏、人员伤亡
2		吊装作业区域内有人	物体打击
3		吊斗升降中碰撞模板、脚手架	物体打击
4		吊机运转材料高空坠落	物体打击
5		重物未平稳人员靠近	机械伤害
6		吊物超重	起重伤害
7		大风天气	塔机倾斜
8	塔机拆除	拆除时高空配件下掉	物体打击
9	特殊工种	未经考核与培训上岗	人员伤亡，设备损毁

续表

序号	作业名称	危险源	可能导致事故
10	模板安装与拆除	刚度、强度、稳定性不足	设备损毁
11		架设未按顺序操作	材料浪费
12		架设不牢固而在其上作业	人员伤亡
13		无操作平台	坠落
14		模板单板存放	倾倒
15	墩身用电	线路铺设不规范、破损、裸露	触电
16		漏电跳闸不灵敏	人员烧伤
17		照明灯距操作人员近	触电
18		碘钨灯使用位置不当	烫伤，触电
19	架子拆除	乱扔管件	物体打击
20		个人防护不到位	高处坠物
21	操作平台	未设置围档	人员伤害
22		围栏高度不足 1.2 m	高处坠物
23		围栏外未挂防护网	高处坠物
24		堆放材料超重	坍塌
25		平台钢架与模板焊接不牢固	高处坠物
26		有探头板，飞跳板	高处坠物
27		脚手架下无水平接网	高处坠物
28		操作平台步行板未密铺绑牢脚手架	高处坠物
29	浇筑混凝土	漏斗，振捣器冲撞震动模板，钢筋，支撑杆等	人员伤害
30		料斗升降过快	人员伤害
31		料斗摆动过大	人员伤害
32	个人违章	作业人员不适登高作业	高处坠物
33		酒后作业	高处坠物
34		攀沿模板上下作业平台	高处坠物
35		高处作业不戴安全带	高处坠物
36		进入施工现场不戴安全帽	物体打击
37		作业时往下随意丢弃物体	物体打击
38		违反高空高处作业规程违章作业	高处坠物
39	其他	高空作业无安全网	高处坠物
40		现场防护及警示标志不全	人员伤害

续表

序号	作业名称	危险源	可能导致事故
41	其他	上方作业下方有人， 上下重叠作业无防护	人员伤害
42		上下重叠作业未做好防护	人员伤害
43		地面无关人员进入场地	物体打击

2. 山区高速公路高墩大跨桥梁安全生产管理体系

高墩安全生产管理机构及框图。成立高墩施工安全专项领导小组，成员有组长、副组长、成员、日常工作负责人，小组办公室设在质量安全部。高墩安全生产管理流程如图 6.22 所示。

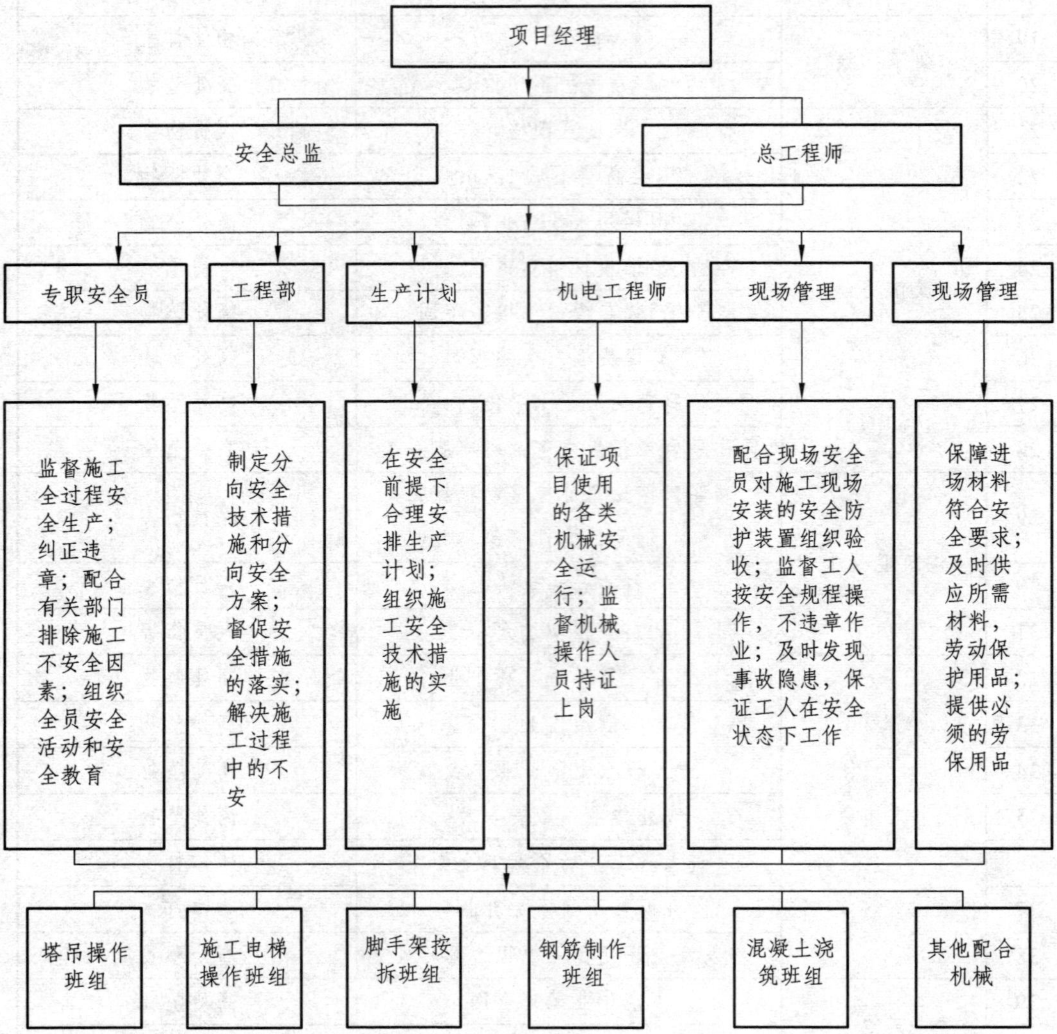

图 6.22　高墩安全生产管理流程图

3. 山区高速公路高墩安全生产管理制度

（1）安全教育培训制度。

每月组织一次管理人员学习国家的安全生产、劳动保护方针、政策、法规和上级的指示、制度、规定、细则、办法、措施等。新工人入场必须进行“三级教育”。学习安全技术知识、操作规程、设备性能、安全规章制度等，并经考核合格后，方可上岗。采用新技术、新工艺、新设备和调换工作岗位时，要对操作人员进行新技术操作和新岗位的安全技术教育，经培训考核合格后才能上岗操作。

（2）安全技术交底制度。

工程开工前，应随同施工组织设计，向参加施工的施工人员认真进行安全技术措施的交底，使大家都知道，在什么时候、什么作业应当采取哪些措施，并说明重要性。

实行逐级安全技术交底制，开工前由安监部负责向施工人员进行交底，两个以施工队或工种配合施工时，要按工程进度交叉作业的交底，班组长要向工人进行施工要求、作业环境的安全交底，在下达施工任务时，必须填写安全技术交底卡。

4. 山区高速公路高空施工安全生产检查

高空作业，按规定设置安全栏杆、安全网等安全防护和标志。禁止往下抛掷物料，严禁赤脚或穿硬底鞋、拖鞋进入施工现场。平台、脚手架、步行板搭设牢固、可靠。机械设备的安全管理，所有架桥设备、起重设备、电器设备、运输设备等加强保养，使其保持良好的工作状态及具有完整的安全装置，所有机具设备操作人员经过严格训练，持证上岗，并严格遵守操作规程，严禁违章作业。定期组织机电设备、车辆安全大检查，对检查中查出的安全问题，按照“四不放过”的原则进行调查处理，制定防范措施，防止机械事故的发生。

5. 高墩施工专职安全管理人员岗位职责

（1）专职安全监察工程师岗位职责。

坚持每日安全巡查制度并做好安全巡查记录，发现隐患及时督促现场安全负责人或技术员、领工员落实整改。严格按照业主、总监办及驻地办有关要求做好有关高墩安全工作，建立高墩危险源台账，杜绝安全事故的发生。

（2）现场安全员岗位职责。

做好项目部新进职工的登记注册工作，发放安全教育卡片，安全帽和其他劳保用品。每项工程必须按公司规定，组织安全教育、安全技术交底以及安全措施的培训等。认真做好安全台账，组织安全生产检查。对工程重点部位要制定书面安全措施。发现重大安全隐患，应立即采取有效补救措施，并及时汇报，将隐患消灭在萌芽阶段。做好项目安全防护、文明施工等工作，争创安全文明达标工地。严格履行职责，杜绝事故发生。

6. 高墩作业管理规定

凡在离地面 2 m 以上进行的作业，都属于高空作业。登高作业前，应仔细检查登高工具和安全用具，如安全帽、安全带、梯子、跳板、脚手架等，如有不符合要求的应立即改进或拒绝登高作业。高空作业现场，应划出危险禁区，设置明显标志，严禁无关人员进入。凡经常进行高空作业的工作，应配备工具袋，高空作业使用的小型工具均应装入工具袋内，不准在钢管上或脚手架上乱放工具。所有高空作业人员不准穿硬底鞋，一律使用安全带。安全带一般应高挂低用，即将安全带绳端的钩子挂在高的地方，而人在较低处进行作业。

高空作业人员不准从高空往地面抛掷物件，同一跳板站立作业人员不能超过 2 人。应尽量避免上下层同时进行作业，如无法避免时，上下层之间必须设专门的防护棚或其他隔离措施，上层不准堆放工具与物件。严禁在高空作业时嬉戏打闹，严禁在高空作业区睡觉。高空进行清洗工作时，应采取相应防范措施，防止工器具跌落，确保清洗液和污物不对下面建筑物、道路造成污染或损坏。

电焊工在 2 m 以上高空进行焊接时，须找适当位置挂好安全带，确保安全操作。进行高空焊接必须先将下方的易燃、易爆物转移至安全地带，还要采取相应措施，确保割下的金属或火花不致伤人或引起火灾事故。用剩的焊条头，应装在铁盒内或找适当的地方放好，待工作完毕后一同带下。

7. 高墩施工现场安全防护方法与措施

（1）模板及工作平台。

薄壁空心墩身采用内外两套模板，均为定型钢模板。由于墩身高，模板倒用次数多，钢外模面板使用 6 mm 厚钢板制作，模板设有工 16 槽钢竖肋及工 12 槽钢后架，竖肋和后加皆组焊而成，后架为施工提供较为宽阔的操作平台，同时多层后架通过螺栓连接后搭成空间桁架，保证了翻模模板的空间刚度。每节模板均设置工作平台，利用角钢焊接在模板竖背杠上，与模板形成整体。工作平台上铺 3 mm 厚钢板，外侧工作平台沿周边设立防护栏杆并挂安全网，可供操作人员作业、行走，并存放小型机具。

（2）防护方案。

① 防护栏杆。

桥墩施工设防护栏杆，各种垂直运输接料平台，除两侧设防护栏杆外，平台口还设置安全门或活动防护栏杆。横杆及栏杆柱均采用 $\phi 48\times3.5$ 的钢管，以扣件固定。防护栏杆由上下两道横杆组成，上杆离地高为 1.2 m，下杆离地高度为 0.5 m。横杆长度大于 2 m 时，必须加设栏杆柱。栏杆柱在基坑四周固定时，可采用钢管并打入地面 50 ~ 70 cm 钢管离边口距离不应小于 50 cm。防护栏杆必须自上而下用安全立网封闭，或在栏杆下边设置严密固定的高度不低于 18 cm 挡脚板或 40 cm 的挡脚笆，其眼孔不应大于 25 mm，板与笆下边距离底面的空隙不应大于 10 mm。接料平台的栏杆，必须自上而下加挂安全立网或满扎篱笆。

② 安全网。

安装前必须检查网的标牌（与自己所选用的网相符）、网的外观质。（无任何影响使用的庇病）、支撑物（架）（有足够的强度、创性和稳定性，且系网处无掉角及尖锐边缘），确认无误时方可安装。安装时，每个系结点上，边绳应与支撑物（架）靠紧，并用一根独立的系绳连接，系结点沿网边均匀分布，其距离不得大于 75 cm。安装平面应与水平面平行或外高里低，一般以 15 °为宜。网安装后，必须经专人检查合格后方可使用。使用时，应该避免发生下列现象：把网拖过粗糙的表面或锐边；在网内或网下方堆积物品；从上方跳进或把物品投入网内；电焊或其他火星落入网里；网周围有严重的酸碱烟雾。对使用中的网必须每星期至少进行一次定期检查，当受到较大冲击（人体或相当于人体的其他物体）后最好更换网或及时进行检查。

③ 起重伤害防范措施。

应选购具有生产许可证厂家生产的斗提机。起重机司机属于特种作业人员，必须经培训考核合格，持有操作证才能上岗操作。安装单位应持有省级特种设备安装资格证，安装完毕检验合格后方能投入使用。制定安全操作规程和管理制度，并严格执行。对设备定期检查、检修，保证设备在完好状态下运行。

④ 高处坠落防范措施。

可能发生高处坠落危险的工作场所，应设置便于操作、巡检和维修作业的扶梯、工作平台、防护栏杆、护栏等安全设施；梯子、平台和易滑操作通道的地面应有防滑措施；设置安全网、安全距离、安全信号和标志、安全屏护和佩戴个人防护用品（安全带、安全鞋，安全帽、防护眼镜等）等是避免高处坠落、物体打击事故的重要措施。

⑤ 机械伤害防范措施。

针对机械伤害的致害物（运动、静止部件）和伤害方式，采取的防护措施有：保证在工作状态下防止操作人员身体的任一部分进入危险区域。采用防护罩、防护屏、挡板等固定、半固定防护装置，危险性较大的机械还应具备双重连锁保护装置。

8. 高墩施工安全技术措施

（1）钢筋工程安全技术措施。

在钢筋的绑扎中，钢筋的交叉点应用铁丝绑扎结实，必要时可用点焊焊牢。在竹墩身四个角的位置及墩身的长边中间位置预埋 6 根 7.5×7.5 的角钢，角铁与中间的钢管连一个整体，作为绑扎钢筋的依托支架，在浇筑混凝土时，把角钢直接浇在墩身中，不再取出。

高处作业时，不得将钢筋集中堆放在模板和脚手架上，也不要把工具，钢箍，短钢筋等随意放在脚手板上，以免滑下伤人。起吊钢材、钢筋骨架下严禁站人，必须待骨架降到 1 m 以下才可以靠近，就位支撑好方可摘钩。起吊钢筋时，规格必须统一，不准长短参差不一，不准一点起吊。操作人员必须身体健康，并经培训考试合格，取得有关部门颁发的操作证或特殊工程操作证后，方可独立操作。学员必须在师傅的指导下进行操作。

（2）模板工程安全技术措施。

① 拆模。

拆模前，应确认墩柱下方无任何人员施工或通过，并设立警戒线；被拆的模板，必须用吊车或塔吊稍拉紧钢丝绳；钢丝绳稍拉紧后，拆模人员方可拆除模型上下连接的螺栓；拆完连接螺栓后，拆模人员必须站在未拆的模板上，确认安全后，方可用专用工具撬动被拆模板。

② 打磨上油。

拆下的模板必须平稳放至地面，打磨面朝上；打磨上油起吊后，必须检查模板外的操作平台焊接处有无破损或围护栏有无损坏，否则应及时进行处理。

③ 安装。

模板在运输及传递过程中，要放稳吊牢，防止模板变形或掉落伤人；模板的支设必须按工序进行，模板没有固定前，不得进入下一道工序；模板在安装过程中，必须由吊车或塔吊揽紧，模板就位后，用螺栓拧紧加固，待模板立稳后，方可摘取卡环，严防倾覆；模板安装过程中，严禁在模板的连接件和支撑上攀登上下。

（3）混凝土工程安全技术措施。

混凝土在拌和站集中拌和，采用混凝土搅拌运输车运送，空心墩墩身混凝土采用高压输送泵泵送。输送泵的管退依托塔吊搭设和固定。对混凝土倾注高度超过 2 m 的，采用串筒下料，防止混凝土骨料分离。在晚间浇注混凝土，安装适当的照明设施。

（4）起重吊装工程安全技术措施。

内爬升作业应在白天进行，风力在五级以上时，应停止作业。内爬升过程中，严禁进行起重机的起升、回转、变幅等各项动作。升降过程中，必须有专人指挥，专人照看电源，专人操作液压系统，专人拆装螺栓。非作业人员不得登上顶升套架的操作平台，操纵室内应只准一人操作，必须听从指挥信号。升降时，必须调整顶升架滚轮与塔身标准节的间隙，并应按规定使起重臂和平衡臂处于平衡状态，并将回转机构制动，起重臂应能随风转动。

（5）支架安拆安全技术措施。

钢管脚手架连接材料应使用扣件，接头应错开，螺母要紧固。立杆底端需使用立杆底座。铅丝和白麻不得连接钢脚手架。脚手板要铺满、绑牢，无探头板，并要牢固地固定在脚手架的支撑上，脚手架的任何部分不得与模板相连。脚手架要设栏杆。敷设安全设施应经常检查，确保操作人员和小型机械安全通行。拆除的脚手杆、板应用人工传递或吊送，严禁随意抛掷。

（6）电工安全技术措施。

电线沿模板平台用绝缘带架空，每一个平台设一个施工配电箱。所使用的配电箱是符合现行行业标准《建筑施工安全检查标准》（JGJ 59）规范要求，配电箱电气装置做到一机一闸一漏。开关箱的电源线长单个不大于 30 m。左右配电箱、开关都编号，箱内电气完好匹配。工作接地的电阻值不大于 4 Ω。保护零线选择不小于 10 mm^2 的绝缘钢线，统一标志为绿黄双色线，在任何情况下不使用绿色双色线作负荷线。所有电机、电器、照明灯器具、手持电动工具的金属外壳，不带电的外露导电部分，做好保护接零。所有电机，电器、照明等器具、手持电动工具的电源线装置二级电闸保护器。施工现场严禁使用花线作电源线，必须使用正规厂家生产的合格电缆。

（7）电、气焊安全技术措施。

① 电焊安全技术措施。

电焊机应固定安设在干燥、通风良好的平台地点，周围严禁存放易燃、易爆物品。电焊机应设置单独的开关箱，开关应放在防雨的闸箱内，拉合时应戴手套侧向操作。焊钳与把线必须绝缘良好，连接牢固，更换焊条应戴手套。在高空焊接时必须系好安全带。焊接周围应备有消防设备。焊接装好模板的钢筋、钢板时，施焊部位下面应垫石棉板或铁板。多台焊机在一起集中施焊时，焊接平台或焊件必须接地并应有隔光板。

② 气焊安全技术措施。

焊工须持特种作业证上岗，作业证过期未年审的不准施焊作业。施焊作业必须办理动火审批手续，施焊场地周围应清除易燃易爆物品，或进行覆盖、隔离，并在施焊部位配备灭火器材。氧气、乙炔气瓶必须固定且不得倒置。严禁在带压力的容器或管道上施焊，焊接带电的设备必须先切断电源。焊接贮存过易燃、易爆、有毒物品的容器或管道，必须清除干净，并将所有气孔打开。作业结束，应将气瓶阀关好，拧上安全罩。

（8）装卸搬运安全技术措施。

高墩施工所用小型机具、材料、模板、架管、钢材装运均采用塔吊垂直运输，吊装过程中必须遵守起重作业安全规定，物体须捆牢。禁止向下方抛物，在高空施工时，杜绝交叉作业。装运化学危险品（氧气、乙炔瓶等）和有害物品时，要按安全交底的要求进行作业，要轻拿轻放，互不碰撞，防止激烈震动。

（9）施工电梯安全技术措施。

升降机司机必须身体健康，能胜任高空作业.司机要受过专门培训，经考核合格取得特种作业人员操作证才能操作升降机。司机开车时要集中思想，严禁与他人闲谈。严禁非司机人员开车。合闸启动后司机不准离开吊笼，只有在取走电锁钥匙后，方能离开吊笼。

接班第一次开车，应满载将吊笼开至离地面 1 m 处，停车检查吊笼是否有自动下滑现象，如发生下滑现象，必须调整电磁制动器的间隙。严禁超载运行，载重或载人应符合说明书要求。随时注意信号，观察运转状况，发现异常立即停车，待故障招排除后方能开车。严禁装载超过吊笼宽度和高度物品和材料。视野很差、大雾、雷雨天气和危险条件时，严禁开车。

（10）井字架安全技术措施。

制定安全技术措施，上岗前，对所有参加高墩施工的技术员、施工员、劳务队组织学习安全操作知识，进行专门培训，并由专职安全员对其分层进行安全技术交底。

制定严密的操作规程，操作人员必须严守各自岗位，必须按规定佩带安全防用品。上岗操作时拴好安全绳，戴好安全帽。

施工平台周围设置安全护栏，平台下面设封闭式安全网，上下层设爬梯，便于施工人员上下作业，派专人定期和不定期进行检查，人行道板上，应采取防滑措施。跳板压上钢筋并用铁线捆绑成为一体。模板起吊上翻时，稳起稳落，平衡就位，防止大幅度摆动和碰撞。模板拆除应从上到下，按层次、顺序进行拆除，拆下的模板要堆放平稳，堆叠压重造成变形。

（11）塔式起重机安拆安全措施。

① 拆装前的技术检查。

在拆装作业开始前，应进行一次全面检查，以防止由于疏忽而使任何隐患存在，确保安全作业。

② 检查混凝土固定基础是否符合技术要求。

对塔吊的各机构、各部位、结构焊缝、重要部位螺栓、销轴、卷扬机构和钢丝绳、吊钩、吊具以及电气设备、线路等进行仔细检查，发现问题应立即解决。对顶升液限系统的液压缸和油管、顶升套架结构、导向轮、挂靴爬爪等进行检查，确认无误后方可使用。

③ 安全监督岗的设置及安全措施的贯彻落实已经符合要求。

（12）拆装作业中的安全技术。

塔吊的拆装作业必须在白天进行，如需加快进度，可在具备良好照明条件的夜间做一些拼装工作，不得在大风、浓雾和雨雪天气进行。安装架设用的钢丝绳及其固定必须符合标准和满足安装上的要求。在进行逐件组拼或部件安装之前，必须对部件各部分的完好情况、连接情况和钢丝绳穿绕情况、电气线路等进行全面检查。

在拆装起重臂和平衡臂时，要始终保持起重机的平衡，严禁只拆装一个臂就中断作业。安装作业的程序，辅助设备、索具、工具以及地锚构筑等，均应遵照该机使用说明书中的规定或参照标准的安装工艺办理。在拆除因损坏而不能用正常方法拆卸的起重机时，必须有经技术安全部门批准的确保安全的拆卸方案。

6.4 桥梁上部工程施工安全

桥梁的组成基本上是一样的，但由于桥梁分为不同类型，它们分别也有许多不同之处，以钢筋混凝土梁桥为例，根据不同的施工方法，分为整体式和装配式，整体式是上部结构在桥位上整体现场浇筑而成，装配式是利用运输和起重设备将预制的独立构件运到桥位现场，进行起吊、安装、拼接。如图 6.23、6.24 所示。

图 6.23 装配式构件（梁、板）的安装

图 6.24 梁板的运送与架设

6.4.1 预制构件安装作业安全控制

装配式构件（梁、板）的安装，应制定安装方案，并建立统一的指挥系统。吊装前，应检查安全技术措施及安全防护设施等准备工作是否齐备，检查机具设备、构件的质量、长度及吊点位置等是否符合设计要求，严禁无准备盲目施工。每一节距内折断的钢丝，不得超过 5%。施工时，工地主要领导及专兼职安全员应在现场亲自指挥和监督。吊钩的中心线，必须通过吊体的重心，严禁倾斜吊卸构件。吊装偏心构件时，应使用可调整偏心的吊具进行吊装。安装的构件必须平起稳落，就位准确，与支座密贴。起吊大型及有突出边棱的构件时，应在钢丝绳与构件接触的拐角处设垫衬。起吊时，离开作业地面 0.1 m 后，暂停起吊，经检查确认安全可靠后，方可继续起吊。

预制场采用千斤顶顶升构件装车及双导梁、衍梁安装构件时，千斤顶使用前，要做承载试验。起重吨位不得小于顶升构件的 1.2 倍。千斤顶一次顶升高度应为活塞行程的 1/3。千斤顶的升降应随时加设或抽出保险垫木，构件底面与保险垫木间的距离应控制在 5 cm 之内。

架桥机安装构件时，全幅宽架桥机吊装的边梁就位前，墩顶作业人员应暂时避开。架桥机组拼、悬臂牵引中的平衡稳定及机具配备等，均应按设计要求进行。架桥机就位后，为保持前后支点的稳定，应用方木支垫。前后支点处，还应用缆风绳封固于墩顶两侧。

6.4.2 就地浇筑上部结构施工安全控制

钢筋混凝土或预应力混凝土就地浇筑时，应先搭设好脚手架、作业平台、护栏及安全网等安全防护设施。作业前，对机具设备及其拼装状态、防护设施等进行检查，主要机具应经过试运转。施工中，应随时检查支架和模板，发现异常状况，应及时采取措施。支架、模板拆除，应按设计和施工的拆除程序进行。就地浇筑水上的各类上部结构，要按照水上作业的安全规定进行施工、作业。桥梁就地浇筑和桥梁悬臂浇筑如图 6.25、图 6.26 所示。

图 6.25　桥梁就地浇筑上部结构

图 6.26　桥梁悬臂浇筑法

6.4.3 悬臂浇筑法施工安全控制

悬臂浇筑法采用斜拉托架及挂篮施工时，在零号块施工时，斜拉托架作为施工平台，应检查预埋件，如“牛腿”和斜拉钢带是否符合设计要求。悬臂浇筑采用桁架挂篮施工时，施工前，应编制安全技术措施并进行安全技术交底。挂篮组拼后，要进行全面检查，并做静载试验，以确保安全可靠。在墩上进行零号块施工并以斜拉托架做施工平台时，在平台边缘处，应设安全防护设施，以保证作业时的安全。墩身两侧斜拉托架平台之间搭设的人行道板必须连接牢固，并经常进行检查。使用的机具设备，如千斤顶、滑车、手拉葫芦、钢丝绳等均应进行仔细检查，不符合安全规定要求的严禁使用。

挂篮行走时，要缓缓慢行，速度应控制在 0.1 m/min 以内。挂篮后部各设一组溜绳，以确保进行中的安全。滑道要铺设平整、顺直，不得偏移。挂篮桁架行走和浇筑混凝土时，其稳定系数均不应小于 1.5。使用水箱作平衡重施工时，其位置、加水量等，应符合设计要求。其给水设施和方法应稳妥可靠，并在施工中对上述情况要经常进行检查。

6.4.4 悬臂拼装法施工安全控制

悬臂拼装法施工，应根据梁体种类、长度、形状及现场条件，选定安装方法和吊装机具设备。两端拼接而凿毛，应在地面或船上完成，涂刷胶结材料时，作业人员应有安全防护措施。如图 6.27 所示。

图 6.27 悬臂拼装法施工

龙门架或起重吊机进行悬臂拼装时，吊机的定位、锚固应按设计进行，并应进行静载试验。拼装使用的机具设备均应经过认真检查，如有隐患及不符合安全规定，则不得使用。构件起吊前，应对构件进行全面检查，如吊环部位是否有损伤、结合面是否有突出外露物、构件上是否有浮置物、构件本身是否有问题等，并对查出的问题和不安全因素做出妥善处理。构件应垂直起吊，并保持平衡稳定。掌握吊速适度，在接近安装部位时，不得碰撞已安设完好的构件和其他作业设施。运送构件的车辆，应平稳驾驶，道路应平顺，构件应安放牢靠。

6.4.5 缆索吊装法施工

吊装前应制定安全措施，并详细向施工人员进行安全教育和安全交底。安装时要有统一指挥信号。登高操作人员应携带工具袋，并配带安全带，且安全带不得挂在主索、扣索、缆风绳等上面。如图 6.28 所示。

缆索吊装所使用缆绳、主索、扣索、卷扬机等器具均应进行严格检查，发现问题应及时处理。牵引卷扬机启动要缓慢，行进速度要平稳。构件在吊运时，起重卷扬机要协调配合，并控制好构件在空中的位置。缆索跨越山区高速公路、铁路时，应搭设架空防护支架。在靠近街道和村屯的地方应设立警告标志。在主航道上空吊装重大构件时，宜采用临时封航措施。

图 6.28　缆索吊装施工

6.4.6　顶推及滑移模架法施工安全

在桥一端的桥台后方，沿桥轴线方向分段顶制箱梁节段，各节段用预应力钢丝来联成整体，通过固定在墩台上的液压水平千斤顶和滑移装置，把梁顶推到对岸。在顶推过程中，梁自重产生的拉应力由纵向预应力钢丝承担。为减少顶推过程中的悬臂弯矩，在梁的前端设置钢导梁，其长度一般为顶推跨径的 60%。当顶推至设计位置后开始落梁，用正式支座替换滑移支承，然后按设计要求对全梁施加预应力。如图 6.29 所示。

图 6.29　顶推及滑移模架法施工

顶推法施工时，桥台后面应设有足够的预制场地，且应整平、无杂物，工具和材料等应随时堆放整齐，并保持运输道路畅通。顶推施工所用的机具设备、材料（如拉毛器、工具锚、连接件、油压千斤顶、高压油泵、油管、压力表及滑动装置等）使用前，应全面检查，必要时应做试验，不符合规定要求的不得使用。顶推施工中，主梁在最大悬臂状态下产生的挠度值，应由设计计算确定，以便施工时进行严格控制。顶推中墩顶的反力和顶推力也应由设计给出，并换算为千斤顶油压表的读数，以便进行控制。落梁完毕，拆除千斤顶及其他设备时，应先用绳索拴好，用吊机吊出。绳索必须认真检查，必须牢靠。吊运时，应注意缓稳操作，避免撞击梁体。梁体进行荷载试验时，应按设计布置。重物应轻放，并防止碰伤人员。

滑移模架是自行滑移的钢梁模架，可整孔全断面浇筑混凝土。具有整体性能好、安全、迅速，不需在桥下设支架，不受桥下通航限制等特点。在通车的山区高速公路或铁路线上采用顶进涵管施工时，应调查通过施工部位的交通量，涵管穿越部位土体的承受能力、受震动后土体稳定性等情况，并综合考虑土质、水文、季节及覆盖土厚度，采取安全技术措施。顶入工作坑的边坡，应视土质情况而定。靠铁路、公路一侧的边坡，其上端距铁路或公路路面边缘的距离不得小于 2.5 m。工作坑的后背墙（后背梁）应采取安全防护措施。

6.4.7　转体法及拖拉法施工

转体法修建大跨径拱桥时，应建立统一的指挥机构并备有通信联络工具。转体架桥法有平转和立转两种方法，一般采用平转法。此法必须在桥台附近有适合预制和转体的有利地形，施工时可搭设简易支架或拱架。在桥台处设置转盘，对转动设施要求高，必须精心设计和制作，以便在拆架后成悬臂状态时，转动方便灵活，达到转体施工的目的。因此悬臂体应转动灵活，但必须符合安全施工的要求，转体时悬臂端应设缆风绳。

环道上的滑道，其平整度应严格控制。如上下游拱肋需同时作配重转体时，应采用型号相同的卷扬机，同步、同速、平衡转动。重量大的转体转动前应先用千斤顶将转盘顶转后，再由卷扬机牵引。无平衡重平转法适于大跨度拱桥施工。施工时，锚碇设施必须经检查符合设计要求后，方可进行平转作业。

使用万能杆件或枕木垛作滑道支撑时，其基础必须稳固。枕木垛应垫密实，必要时应做压重试验，以确保使用过程中的安全。梁体及构件运行滑道应按设计铺设。采用滑板和辊轴时，滑板应铺平稳。梁体、构件拖拉或横移到达前方墩台时，应采取引导措施，便于辊轴进入悬臂端的滑道内。桥梁转体法及拖拉法施工如图 6.30 所示。

图 6.30　桥梁转体法及拖拉法施工

6.4.8　预应力张拉法施工安全

预应力钢束（钢丝束、钢绞线）张拉施工前，张拉作业区，应设警告标志，无关人员，严禁入内。检查张拉设备工具（如千斤顶、油泵、压力表、油管、顶楔器及液控顶压阀等）是否符合施工安全的要求。压力表应按规定周期进行检定。锚环和锚塞使用前，应认真仔细检查及试验，经检验合格后，方可使用。高压油泵与千斤顶之间的连接点各接口必须完好无损，螺母拧紧。油泵操作人员要戴防护眼镜。油泵开动时，进、回油速度与压力表指针升降保持一致，并平稳、均匀。安全阀保持灵敏可靠。张拉前，操作人员要确定联络信号。张拉两端应设便捷的通信设备。

在已拼装或现浇的箱梁上进行张拉作业，应事先搭好张拉作业平台，并保证张拉作业平台、拉伸机支架要搭设牢固，平台四周应加设护栏。高处作业时，应设上下扶梯及安全网。施工的吊篮，应安挂牢固，必要时可另备安全保险设施。后张法张拉前，应检查混凝土强度，必须达到设计要求强度后，方可进行张拉。张拉操作中，若出现异常现象（如油表振动剧烈，发生漏油，电机声音异常，发生断丝、滑丝等），应立即停机进行检查。张拉钢束完毕，退销时，应采取安全防护措施，防止销子弹出伤人。卸销子时，不得强击。浇筑混凝土时，振捣器不得撞击钢束。用卷扬机滑轮组张拉小型构件时，张拉完成后应切断电源和卡固钢丝绳。桥梁张拉施工如图 6.31 所示。钢筋张拉或冷拉时，螺栓端杆、套筒螺栓必须有足够的长度，夹具应有足够的夹紧能力，防止锚夹不牢而滑出。

图 6.31　桥梁张拉施工

6.4.9　拱桥的施工安全

拱桥施工主要包括拱架制作与安装、拱石加工或砌筑、卸架等工序。拱石加工或砌筑石拱工程时，除按规定穿戴安全防护用品外，并应注意锤头或飞石伤人，作业人员应保持一定的安全距离。圬工（石、砖及混凝土预制块）拱桥施工前，拱架支立安装方法、拆落拱架程序、机械设备等，均应经检查符合安全技术规定，方可施工。人工抬运上坡，应平行前进，落肩同步。抬运石料时，应用绳索捆扎结实。不宜装得过满。

拱石或顶制块砌筑时，底下严禁站人，操作人员的手指不得伸入砌筑面。拱石或预制块就位时，应用撬棍或绳索工具等扶稳，缓慢堆放。砌筑拱圈，应按施工要求搭设脚手架及作业平台，严禁用拱架代替脚手架。主拱、拱上建筑施工，必须严格按设计加载程序分段、对称、同时进行。卸架装置应有专人负责检查。卸架前，应检查砌筑砂浆强度是否达到设计要求。拆除工作必须按设计程序进行。当拱架脱离拱圈后，经检查确认安全后，方可继续进行拱架拆除工作。拆除拱架时，应听从统一指挥。严禁在拱架上、下同时进行双重作业。拱架拆除，严禁捶击或用机械强拽拱架，使之脱离或倾倒的做法。拱桥施工如图 6.32 所示。

图 6.32　拱桥施工

采用无支架施工修建拱桥时，应按设计和施工方法选定适宜的吊装机具设备。大中跨径拱桥施工，应验算拱圈的纵、横向稳定性，保证有一定的横向稳定系数。分段吊装的单肋合拢后应用缆风绳稳固。并须采取悬扣边肋和次边肋，用横夹木临时横向连接等措施。双曲拱、箱形拱桥施工时，在墩、台顶设置的扣架，底部固定应牢靠，架顶应设风缆，风缆设置必须对称，与构件轴线应符合设计要求，风缆地锚环应埋设坚固，并应设置备用环。拱肋分段拼装时，基肋应设置固定风缆，拱肋接头处应加横向连接，以保证其横向稳定。多孔装配式拱桥上部安装时，除要遵守一般安全规定外，还必须按加载程序，由桥台或制动墩起，逐孔吊装。相邻两孔安装进度，不应相差过大，以减少对相邻桥墩产生的单向推力。

6.4.10　跨线桥及通道桥涵施工安全

山区高速公路桥梁跨越铁路或其他线路时，施工前应与铁路或其他有关部门协商有关事宜，并签订必需的安全协议。其内容应包括利用列车间隔时间进行安装的计划、安全防护以及在发生紧急情况时的应急处理措施等。跨越铁路吊装大梁时，应利用列车通行的间隙时间进行吊梁安装，在无切实保证的条件下，严禁在列车通行时吊梁安装。有条件时，可经铁路有关部门的同意，在大梁就位时，列车慢速通过，以保证通车与施工的安全。

在铁路路基附近挖基、钻孔时，不得损坏铁路的各种信号设施，不得影响行车的瞭望视线。作业处应设护栏、支撑及其他安全防护措施。在施工中要特别注意防止列车振动导致基础塌陷或路基塌方。对结构复杂、施工期较长的大型立交桥施工，其安全防护设施必须完善，必须编制安全技术措施，并进行安全技术交底，制定的跨越铁路的架梁吊装方案必须安全、可靠。安全员应尽职尽责做好相关工作。对上面作业，下面通行车辆或行人的跨越铁路或山区高速公路立交桥施工时，除应设置防护设施外，还要设岗哨监视管理。

6.4.11　斜拉桥、悬索桥施工安全

斜拉桥和悬索桥（吊桥）的索塔施工属于高处或超高处作业，应根据结构、高度及施工工艺的不同情况，制定相应的专门的安全施工组织设计、安全作业指导书（操作细则）。电气设备和线路的绝缘必须良好，各种电动机械必须接地，接地电阻不得大于 4 Ω。电气设备和线路检修时，应先切断电源。施工现场要有防火措施并备有消防器材，要防止电焊火花溅落在易燃物料上。

索塔分节立模浇筑前，应搭好脚手架，扶梯、人行道及护栏。每层脚手架的缝隙处，应设置安全网。两层间距不得超过 8 m。浇筑塔身混凝土，应按规定挂好减速漏斗及保险绳，漏斗上口应堵严，以防石子下落伤人。塔底与桥墩为铰接时，施工中，必须将塔底、临时固定。塔身建筑到一定高度后，必须设置风缆。斜缆索全部安装并张拉完成后，方可撤除风缆并恢复铰接。斜拉桥的塔底与墩固结时，脚手架必须在墩上搭设。当索塔与悬臂梁段同时交错施工并分层浇筑索塔时，脚手架不得妨碍索塔的摆动。

施工期间，应与当地气象台站建立联系，密切注意天气变化，大风、雷雨时，应立即停止作业。高处作业，其风力应根据作业高处的实际风力确定。如未设风力测定仪，可按当地天气预报数值推测作业高处的风力。随着索塔升高（到 20 m 以上或高度不足 20 m 的索塔，郊区或平原区施工或附近无高大建筑物提供防雷保护时），防雷电设施必须相应跟上，避雷系统未完善前，不得开工。索塔与斜拉索如图 6.33 所示。

图 6.33　索塔与斜拉索

缆索套管内采用压注水泥浆防护时，水泥浆应从下往上压入。索塔超过 50 m 时，应分段向上压注，以防灌注压力过大，套管破裂伤人。悬索桥施工中，临时架设的工作索、牵引索安装完毕后，应对索具、吊具等进行全面、仔细地检查。索夹如采用高强螺栓旋紧时，螺栓的拧合扭矩，应先经试验。斜拉桥主梁施工，采用悬臂浇筑钢筋混凝土或预应力混凝土，或采用悬臂拼装梁体，或采用顶推法施工，或采用转体或其他方法施工时，应遵照相对应的安全控制要点。

6.4.12 钢桥施工安全

钢梁杆件组装，应在平整的作业台上进行，其基础应有足够的承载力。浮运吊装时，应按照水上运输和起重吊装作业安全控制要点进行。钢桥施工如图 6.34 所示。浮运钢梁时，桥位附近应设有拼梁和布置滑道的场地并适于吊装条件。浮运宜从下游逆水进入桥孔。

图 6.34 刚桥施工现场

悬臂拼装法安装大跨径钢桥时，可按照悬臂拼装法施工安全控制要点进行。钢梁上的各种电动机械和电缆线、照明线路等，必须保持绝缘良好，应有专人值班进行管理。拼装杆件时，应安好梯子、溜绳、脚手架。斜杆应安拴保险吊具。杆件起吊时，先提升 0.3 m 左右，确认安全后再继续起吊。装拆脚手架、上紧螺栓、铆合等作业，应上下交替进行，避免双层作业。杆件拼装对孔时，应用冲钉探孔，严禁将手伸入检查。架梁用的扳手、小工具、冲钉及螺栓等物应使用工具袋装好，严禁抛接。多余的料具要及时清理，并堆放在安全地点。在通航的江河上施工，应与当地的港航管理部门联系，取得《水上施工许可证》，并按照水上作业的有关安全控制要点进行作业。钢梁表面涂漆作业，应有防毒保护措施。

6.5 混凝土预制场与运输的安全

6.5.1 混凝土预制场安全施工

1. 预制场地的选择

场区的平面布置，应符合“施工现场的安全控制”的规定要求，场内的道路、运输和水电设备应符合“场内交通及水电设施的安全控制”的规定要求。混凝土预制场如图 6.35 所示。

图 6.35　混凝土预制场

2. 主要机械

（1）搅拌站。

搅拌站应按设计要求，安装在具有足够承载力、坚固、稳定的基座上。操作处应设作业平台及防护栏杆，并应稳固、可靠。站内道路必须满足运输使用上的要求。搅拌站的电气设备和线路，应认真检查合格，绝缘良好。机械设备外露的转动部分，应设可靠的防护装置及警示标志。搅拌站的机械设备安装完毕后，要对离合器、制动器、升降器进行检查，保证灵活、有效、可靠。对轨道滑轮进行检查，保证良好合格。对钢丝绳进行检查，确认无断裂或损坏等，应进行试转，全部机械达到正常后，方可作业。所用材料必须按设计规划有序堆放。

（2）发电机组。

工期较长的山区高速公路工程，发电机组应设置在安全可靠的机房内，其基础应平整坚实，必要时，应设置在混凝土基座上。机房内应配备有效的消防设施。发电机应设接地保护，接地电阻不得大于 4 Ω。发电机连接配电盘及通向所有配电设备的导线必须绝缘良好，接线牢固。施工单位的发电机电源应与外电线路电源连锁，严禁并列运行。

（3）皮带运输机。

移动式皮带运输机运转作业前，应将行走轮用三角木对称楔紧。固定式皮带运输机应安装在牢固的基础上。空载启动后，应检查各部位的运转和皮带的松弛度，如无异常，在达到额定转速后，方可均匀装料。严禁运转中进行修理和调整。作业人员不得从皮带运输机下面穿过或跨越输送带。输送大块物料时，输送带两侧应加设挡板或栅栏等防护装置。运料中，应及时清除输送带上的粘连物。停机后要切断电源。

3. 混凝土拌和及灌注

人工手推车上料时，手推车不得松手撒把。运输斜道上，应设有防滑设施。机械上料时，在铲斗（或拉铲）移动范围内不得站人。铲斗下方严禁有人停留或通过。向搅拌机内倾倒水泥，宜采用封闭式加料斗。为减少进出料口的粉尘飞扬，应加设防护板。操作人员应配戴防护用品。作业结束时，应将料斗放下，落入斗坑或平台上。灌制预制梁混凝土时，应搭设作业平台和斜道，并检查，保证稳固可靠。不得在模板上作业。塔吊、汽车吊或桅杆吊斗灌筑混凝土时，起吊、运送、卸料应由专人指挥，吊下及作业范围内不得站人。

4. 泵送混凝土

混凝土泵（泵车）应设置在作业棚内，安装应稳定、牢固。泵车安设未稳前，不得移动布料杆。作业前，应对输送泵、电气设备进行认真测检，保证其正常、灵敏、可靠。泵送前，应对管路、管节、管卡及密封圈的完好度进行认真检查，保证其完好、可靠、有效。不得使用有破损、裂缝、变形和密封不合格的管件。

混凝土泵在运转发生故障时，应立即停机检查，不得带病作业。拆卸管路接头前，应把管内剩余压力排除于净，防止因管内存有压力面引起事故。在五级以上大风时，泵车不得使用布料杆作业。作业结束采用空气清洗管道时，操作人员不得靠近管道端部。

6.5.2 桥梁预制件的运输安全

1. 轨道平车运输

轨道路基要有足够的宽度、平整度、强度。铺设轨道要平直、圆顺，轨距应在允许误差之内，轨道半径不得小于 25 m，最大纵坡不宜大于 2%，运输大型预制构件时，还应严格控制车速。轨道与其他道路交叉时，应按规定铺设交叉道口。

轨道平车运输大型预制构件时，对平车的转向托盘（或转盘）支撑制动器等进行检查，保证有效，以确保安全。大型预制构件运输应设专人指挥，并经常检查构件在平车上的稳定状况及轨道平车在运转中有无变形。当纵坡坡度较大时，必须要制订相应的有效可靠安全措施，方可运输。

2. 平板拖车运输

大型预制构件平板拖车运输，时速宜控制在 5 km/h 以内。简支梁的运输，除在横向加斜撑防止倾覆外，平板车上的搁置点必须设有转盘。平板拖车运输构件时，除一名驾驶员主驾外，还应指派一名助手，协助瞭望，及时反映安全情况和处理安全事宜。平板拖车上不得坐人。运输超高、超宽、超长构件时，必须向有关部门申报，经批准后，在指定路线上行驶。牵引车上应悬挂安全标志。超高的构件应有专人照看，并配备适当工具，保证在有障碍物情况下安全通过。

装卸车应选择平坦、坚实的路面为装卸地点。装卸车时，机车、平板车均应刹闸。重车下坡应缓慢行驶，并应避免紧急刹车。驶至转弯或险要地段时，应降低车速，同时注意两侧行人和障碍物。在雨、雪、雾天通过陡坡时，必须提前采取有效措施。桥梁运输设备如图 6.36 所示。

图 6.36　桥梁运输设备

3. 水上运输

水上运输作业应报当地港航管理部门，取得批准后，在指定的时间和水域进行。如需临时封闭航道时，还应请当地港航管理部门的人员予以现场督导。驳船装载的预制构件应用撑木、垫木将构件安放平稳。拖轮牵引驳船行进时，速度要缓慢，不得急转弯。

拖船牵引浮运钢套箱、钢沉井时，应在了解航道的水深、流速等情况后，制定拖船牵引方案。多只拖船牵引浮运大型物件时，应配备通信器材，并建立统一的指挥机构。钢套箱、钢沉井在浮运中，应根据浮运物件的高度确定顶面露出水面的高度，一般情况下应不小于 1 m。

拖运中应派出监护船只检查牵引绳索和浮运物件的稳定情况，发现问题应立即采取措施。当拖轮将浮运船拖至安装地点后，应交由安装负责人指挥，定位浮船就位锚固后，方可开走拖轮。冬季施工，驳船上的冰雪应清扫干净，并应在走道上铺垫草袋防滑。

7　山区高速公路隧道施工安全与管理

隧道是道路工程的组成部分。《中华人民共和国安全生产法》中明确指出：爆破属于危险作业，“应当安排专门人员进行现场安全管理，确保操作规程的遵守和安全措施的落实”。因此，在隧道施工中必须高度重视生产安全，必须要制定全面、有效、可靠的安全措施，并真正落实。

隧道的主体建筑物由洞身衬砌和洞门建筑两部分组成，在洞门容易坍塌地段，则应接长洞身（即早进洞或晚出洞）或加筑明洞洞口。山区高速公路隧道的附属建筑物，包括人行道（或避风洞和防水、排水设施，长、特长隧道还有通风道、通风机房、供电、照明、信号、消防、救援及其他量测、监控等附属设施。为了保证车辆安全地在隧道内运行，隧道必须有一定的规定限界的空间，即隧道净空。隧道施工如图 7.1 所示。

图 7.1　隧道施工图片

对山区高速公路隧道施工作业中的各类事故，均应严格按照“三不放过”原则进行处理。即：事故原因查不清不放过；责任者和施工人员未受到教育不放过；没有制定出今后预防措施不放过。

山区高速公路隧道施工安全的一般规定，施工场地应做出详细的部署和安置，出渣、进料及材料堆放场地应妥善布置，弃渣场地应设置在不堵塞河流、不污染环境，不毁坏农田的地段。对风、水、电、路等设施做出统一安排，并在进洞前基本完成。施工现场布置是文明施工，安全生产的前提。防止环境污染，节约用地则是我们的国策。

进洞前应先做好洞口工程，稳定好洞口的边坡和仰坡，做好天沟，边沟等排水设施，确保地表水不致危及隧道的施工安全。地表水的侵入和洞口的塌方落石是危及施工安全的重要方面，进洞前宜提前处理好。隧道施工期较长，工程复杂，人员众多，因而各班组间和上下班之间应建立完善的交接班制度，保证连续作业时的施工安全。并将施工、安全等情况记载于交接班的记录簿内。工地值班负责人应认真检查交接班情况。

隧道施工场地狭窄，情况复杂多变，所有进入隧道工地的人员，必须按规定配戴安全保护用品，遵章守纪，听从指挥。遇有不良地质地段施工时，应按照先治水、短开挖、弱爆破、先护顶、强支护，早衬砌的原则稳步前进。不良地质地段的隧道施工宜少放炮，放小炮，减轻振动带来的塌陷。开挖进尺宜短，并立即支护，及时衬砌，这是不良地质隧道施工较为安全的方法，如设计文件中指明有不良地质地段时，宜进行超前钻孔，摸清情况，提前确定较为安全的开挖方式，并制定相应的预防措施。

7.1 隧道土石方施工的安全

7.1.1 隧道洞口段土石施工安全

在隧道和地下工程洞口段施工前，必须根据洞口附近的地形、工程地质、水文地质、环境条件及施工条件等，预估可能发生的各种危险因素和隐患，以及对环境的影响等，并制定保障洞口段施工安全的技术措施。隧道洞口施工时，必须仔细研究设计文件及有关地质资料和相关数据，并结合实地核对，必要时应作相应的试验等基础上进行。

当采用新奥法修建洞口段时，除地质条件较好，经论证可直接开挖外，从施工和施工安全要求考虑，一般是在加设锚杆、钢筋网、护坡和喷射混凝土之后再开挖洞口段。当有坍塌可能时，可先安设长锚杆或管棚等预支护，在辅助施工设施防护下开挖，以确保隧道洞口施工的安全。

7.1.2 隧道的开挖及凿孔

人工开挖土质隧道时，操作人员必须互相配合，并保持必要的安全操作距离。开挖人员到达工作地点时，应首先检查工作面是否处于安全状态，并检查支护是否牢固，顶板和两帮是否稳定，如有松动的石、土块或裂缝应先予以清除或支护。

开钻前对使用的机具详细检查，既能充分发挥机具效率，又能保证施工安全。风钻钻眼时，应先检查机身、螺栓、卡套、弹簧和支架是否正常完好；管子接头是否牢固，有无漏风；钻杆有无不直、带伤以及钻孔堵塞现象；湿式凿岩机的供水是否正常；干式凿岩机的捕尘设施是否良好。不符合要求者应予修理或更换。带支架的风钻钻眼时，必须将支架安置稳妥。风钻卡钻时应用扳钳松动拔出，不可敲打，未关风前不得拆除钻杆。风钻支架安置稳妥可以防止断杆伤人；未关风前拆除和敲打钻杆均系违犯操作规程，极易发生事故。为防止电击事故，开钻前必须详细检查各部的绝缘装置，配戴必需的绝缘防护用品。电钻转速快，用手导引回转钢钎易被击伤。用电钻处理被夹住的钢钎极易增大电流，烧坏电钻发生电击事故。电钻钻眼应检查把手胶套的绝缘和防止电缆脱落的装置是否良好。电钻工必须手戴绝缘手套，脚穿绝缘胶鞋，并不得用手导引回转钢钎，不得用电钻处理被夹住的钎子。严禁在残眼中继续钻眼。残眼中可能留有残药，继续在残眼中钻孔会发生爆炸事故。钻孔台车进洞时要有专人指挥，认真检查道路状况和安全界限，其行走速度不得超过 25 m/min。台车在行走或待避时，应将钻架和机具都收拢到放置位置，就位后不得倾斜，并应刹住车轮，放下支柱，防止移动。

机械凿岩时，宜采用湿式凿岩机或带有捕尘器的凿岩机，可以降低粉尘对操作人员的危害，并按规定使用安全防护用品（如安全帽、口罩等）。站在渣堆上作业时，应注意渣堆的稳定，防止滑塌伤人。在工作面内不得拆卸、修理风、电钻。隧道施工场地狭窄，人员集中，能见度又差，在现场拆卸修理容易发生事故。

7.1.3 隧道爆破施工安全

装药与钻孔不宜平行作业。爆破工作涉及洞内各工作人员和机械设备的安全，必须有人统一指挥，并负全责。爆破器材加工房应设在洞口 50 m 以外的安全地点。严禁在加工房以外的地点改制和加工爆破器材。装药与钻孔平行作业时，炸药易受高温、振动及火花的影响，导致引爆，发生事故。洞内每天放炮次数应有明确的规定，装药离放炮时间不得过久。装药前应检查爆破工作面附近的支护是否牢固；炮眼内的泥浆，石粉应吹洗干净；刚打好的炮眼热度过高，不得立即装药。洞内爆破不得使用黑色火药。火花起爆时严禁明火点炮，其导火索的长度保证点完导火索后，人员能撤至安全地点，但不得短于 1.2 m。

进行爆破时，所有人员应撤离现场，独头巷道不少于 200 m；相邻的上下坑道内不少于 100 m；相邻的平行坑道，横通道及横洞间不少于 50 m；全断面开挖进行深孔爆破（孔深 3 ~ 5 m）时，不少于 500 m。

隧道内各工种交叉作业，施工机械较多，故放炮次数宜尽量减少，放炮时间有明确规定。为减少爆破药包受潮引起“盲炮”，放炮距装药时间不宜过久。当发现盲炮时，必须由原爆破人员按规定处理。一个爆破工一次点燃的根数不宜超过 5 根。起爆主导线宜悬空架设，距各种导电体的间距必须大于 1 m。爆破后必须经过 15 min 通风排烟后，检查人员方可进入工作面，检查有无“盲炮”及可疑现象？有无残余炸药或雷管？顶板两帮有无松动石块？支护有无损坏与变形？在妥善处理并确认无误后，其他工作人员才可进入工作面。无关人员与机具等均应撤至安全地点。隧道凿孔、爆破如图 7.2 所示。

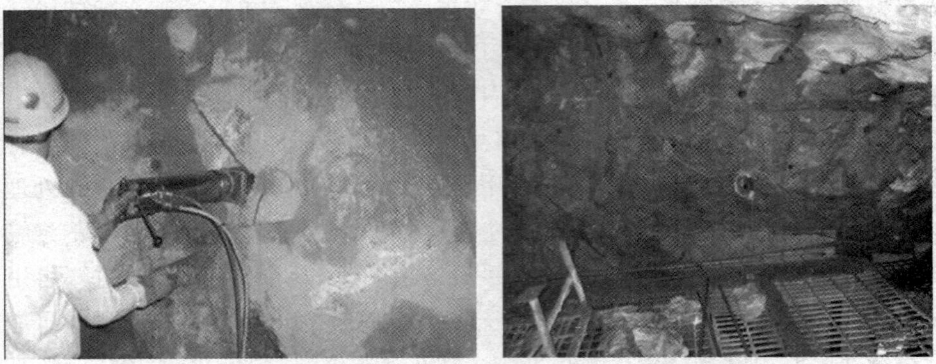

图 7.2　隧道凿孔与爆破

两个工作面接近贯通时，两端应加强联系与统一指挥。岩石隧道两工作面距离接近 15 m（软岩为 20 m），一端装药放炮时，另一端人员应撤离到安全地点。导坑已打通的隧道，两端施工单位应协调放炮时间。放炮前要加强联系和警戒，严防对方人员误入危险区。土质或岩石破碎隧道接近贯通时，应根据岩性适当加大预留贯通的安全距离，此时，只准一端掘进，另一端的人员和机具应撤离至安全地点。贯通后的导坑应设专人看管，严禁非施工人员通行。

7.2　隧道内出渣运输作业的安全

7.2.1　隧道运输安全的一般规定

各类进洞车辆必须进行检查，并处于完好状态，其制动必须有效可靠，严禁人料混装。进出隧道的人员应配戴防护用品，走人行道，不得与机械或车辆抢道，严禁爬车、追车或强行搭车。运装大体积或超长料具时，应有专人指挥，专车运输，并设置显示界限的红灯。进洞的各类机械与车辆，宜选用带净化装置的柴油机动力，燃烧汽油的车辆和机械不得进洞，但能保证通风良好，可达到规定的“通风防尘”要求的例外。

7.2.2　隧道装渣安全

人工装渣时，应将车辆停稳并制动。漏斗装碴时，应有联络信号，装满时应发出停漏信号，并及时盖好漏渣口。接渣时，漏斗口下不得有人通过。人工卸碴时，坑道断面应能满足装载机械的安全运转，装渣机上的电缆或高压胶管应有专人收放，装渣机操作时其回转范围内不得有人通过。

7.2.3 隧道内运输安全

有轨运输中，洞内平曲线半径不应小于车轴距的 7 倍，洞外不应小于 10 倍。双线运输时，其车辆错车净距应大于 0.4 m，车辆距坑壁或支撑边缘的净距不应小于 0.2 m。单线运输时，在一侧应设置宽度不小于 0.7 m 的人行道，并在适当地点设置错车道，其长度应能满足最长列车运行要求。洞内轨道坡度宜与隧道纵坡一致，卸渣地段应设不小于 1%的上坡道。在线路尽头应设置挡车装置和标志，以及足够宽度的卸车平台，平台必须坚固、稳定。运输线路应有专人维修、养护，线路两侧的废渣和余料应随时清理，确保运输安全畅通。

7.2.4 隧道爆破器材运输安全

在隧道工程外部运输爆破器材时，应遵守国家规定。在任何情况下，雷管和炸药必须放置在带盖的容器内分别运送。人力运送时，雷管与炸药不得由一人同时运送。汽车运输时，雷管与炸药必须分别装在二辆车内运送，其间距应相隔 50 m 以上。有轨机动车运输时，雷管与炸药不宜在同一列车上运送，如必须用同一列车运送时，装雷管与炸药的车辆必须用三个空车厢隔开。

人力运送爆破器材时，必须有专人护送，并应直接送到工地，不得在中途停留，一人一次运送的炸药量不得超过 20 kg 或原包装一箱。汽车运送爆破器材时，汽车排气口应加防火罩，运行中应显示红灯。器材必须由爆破工专人护送，其他人员严禁搭乘。爆破器材的装载高度不得超过车厢边缘，雷管或硝化甘油类炸药的装载不得超过二层。有轨机动车运送爆破器材时，其行驶速度不得超过如 2 m/s，护送人员与装卸人员只准在尾车内乘坐，其他人员严禁乘车。硝化甘油类炸药或雷管必须放在专用带盖的木质车厢内，车内应铺有胶皮或麻袋并只准堆放一层。运送电雷管时，应将其装入绝缘箱内，切断洞内所有电源，并检查钢丝绳是否带电。严禁爆破器材在井口旁、井底车场或巷道内停放。

7.3 隧道支护、衬砌施工安全

7.3.1 隧道支护作业中的安全

1. 隧道支护方法

隧道各部包括竖井、斜井、横洞及平行导洞开挖后，除围岩完整坚硬，以及设计文件中规定的不需支护者外，都必须根据围岩情况、施工方法采取有效的支护。必须坚持先支护（强支护），后开挖（短进尺、弱爆破），快封闭，勤量测的原则，以确保施工安全。

隧道工程坑道开挖后，应尽快安设锚杆，且一般宜先喷射混凝土、再钻孔安设锚杆。锚杆的孔位、孔径、孔深及布置形式应符合设计要求。锚杆杆体露出岩面长度，不应大于喷层的厚度。应确保隧道工程辅助稳定措施中的锚杆施工质量符合设计要求。

2. 隧道支护施工

施工期间，现场施工负责人应会同有关人员对支护定期进行检查。在不良地质地段每班应设专人随时检查，当发现支护变形或损坏时，应立即修整和加面，当变形或损坏情况严重时，应先将施工人员撤离现场，再进行加固。洞口地段和洞内水平坑道与辅助坑道（横洞、平行导坑）的连接处，应加强支护或及早进行永久衬砌。洞口地段的支撑宜向洞外多架 5 ~ 8 m 明厢，并在其顶部压土以稳定支撑，待洞口建筑全部完工后方可拆除，以确保施工安全。洞内支护、宜随挖随支护，支护至开挖的距离一般不得超过 4 m。如遇石质破碎、风化严重和土质隧道时，应尽量缩小支护工作面。

采用木支撑时，应选用松、柏、杉等坚硬且富有弹性的木材，其梁、柱的梢径不得小于 20 cm，跨度大于 4 m 时不得小于 25 cm，其他连接杆件梢径不得小于 15 cm，木板厚度不得小于 5 cm。木支撑宜采用简单、直立、易于拆、立的框架结构，并应保证坑道的运输净空。钢支架安装，宜选用小型机具进行吊装，并应遵守“起重吊装”的规定要求。喷锚支护时，危石应清除，脚手架应搭设牢靠，并经常检查。喷射手应配戴防护用品，机械各部分应检查合格，完好正常，压力应保持在 0.2 MPa 左右。严禁将注浆管对人放置。当发现已喷锚区段的围岩有较大变形或杆失效时，应立即在该区段增设加强锚杆，其长度应不小于原锚杆长度的 1.5 倍。如喷锚后发现围岩突变或围岩变形量超过设计允许值时，宜用钢支架支护，以确保安全。

3. 钢拱架施工中的安全技术措施

在钢拱架施工中应制定有效的安全技术措施。钢拱架的架设应由专人按规定信号进行指挥，并随时观察围岩动态或初喷混凝土层的变化情况，防止落石或坍塌引起伤人事故。在架设钢架前，应采用垫板等将钢拱架的基础垫平。架设时，应采用纵向连接杆件将相邻的例拱架连接牢固，防止钢拱架倾覆或扭转、变形而带来不安全事故。对钢拱架应经常进行检查，如发现扭曲、压屈等现象和征兆时，必须采取加固措施。必要时，应使其他人员迅速撤离至安全地带，防止因坍塌造成伤亡事故。

采用新奥法施工时，由于山区高速公路隧道多为大断面开挖，尤其是在进行钢拱架的顶部连接作业时，高处作业较多，作业人员应配载安全带。所采用的升降设备（作业人员站立的台车等），应设置扶手或安全栏杆。当紧固钢拱架顶部连接螺栓、楔紧钢拱架等，作业人员应立于平稳牢固的脚手架上，配戴安全带，防止发生工人坠落事故。

4. 隧道支护作业中的安全要点

在锚杆作业中，发生的事故，多是因围岩或喷射混凝土剥落、坍塌所造成，而其产生则是由于清理浮石不彻底、凿岩机械的振动、喷射混凝土与受喷面粘结不良所致。

因为锚杆种类和锚固方法多种多样，可能选择不当或因地下水的影响使锚固砂浆流失或达不到强度，致使锚固力不足，从而导致锚杆滑脱。为了锚杆施工的安全，应加强观察，及早发现危险征兆，并及时采取相应的安全技术措施。施工中，应指定专人，规定定期进行锚杆抗拔试验，防止因锚杆滑脱而造成不安全事故。必须执行日常和定期安全技术检查制度，填写相关安全报表，分析安全动态，以便有效地进行安全管理。

（1）喷射开始前。

在喷射混凝土作业中，在喷射开始前，应详细检查围岩受喷面的情况，应彻底清理危石、浮石，应根据喷射方式（干喷、湿喷或混合喷），混凝土配合比等，采用合适的降尘措施，控制施工现场空气中粉尘含量，以保证施工人员的身体健康。对从事喷射的工作人员，应定期进行健康检查。

（2）喷射作业中。

进行喷射作业时，必须配戴防护用具（防尘口罩、防护固具、眼锚、胶皮手套、劳保雨鞋等）。当拌和机设在洞内时，应对拌和机和皮带运输机的回转部分予以覆盖，防止产生卷夹人身事故的发生。必要时，应在拌和机所在位置附近设置集尘机，以净化空气。

（3）人工喷射。

当采用人工喷射时，应配备牢靠的喷射支架，以防止在发生管路堵塞时由于喷嘴剧烈振动而引起的危害。

（4）转移喷射点。

当转移喷射点时，必须先关闭喷射机，在喷嘴前方不得站人。在处理管路堵塞时，喷头应有专人看管，以防消除堵塞后因喷嘴剧烈振动而引起摆动喷射伤人事故发生。

7.3.2 隧道衬砌作业中的安全

1. 隧道衬砌

随着隧道各部开挖工作的推进，应及时进行衬砌或压浆，特别是洞门建筑的衬砌必须尽早施工，地质不良地段的洞口必须首先完成。因隧道的坍塌与落石最易引发事故。衬砌使用的脚手架、工作平台、跳板、梯子等应安装牢固，不得有露头的钉子和突出的尖角。靠近通道的一侧应有足够的净空，以保证车辆、行人的安全通过。由于洞内场地狭窄，故在洞内作业地段倾卸衬砌材料时，人员和车辆不得穿行，以免出现事故。衬砌用的石料及砌块，应采用车辆运送，装卸车或安装砌块时宜使用小型机械提升。当砌筑高度在 1.5 m 以下时，允许使用跳板抬运，但跳板应架到与隧道平行的位置。所用跳板、抬杆、绳具等必须检查，达到使用可靠，才可使用。

用石料砌筑边墙时，应间隙进行。当砌筑高度至 2 ~ 3 m 时，应停止 4 h 后方可继续砌筑，以确保安全。若墙后超挖过大，回填层应逐层用干（浆）砌料填塞，以免坍塌而造成事故。采用模板台车进行全断面衬砌时，台车距开挖面的距离不得小于 260 m，台车下的净空应能保证运输的顺利通行，混凝土灌筑时，必须两侧对称进行。台车上不得堆放料具，工作台应满铺底板，并设安全栏杆。拆除混凝土输送软管时，必须停止混凝土泵的运转。严禁在洞内熬制沥青。隧道的初砌与二次初砌作业如图 7.3 所示。

图 7.3 隧道的初砌与二次初砌作业

对于二次衬砌施工，应根据通过模板台车内部车辆的限界，加适当的安全富余量，以确定模板台车内部的净空尺寸。大型车辆应在调车人员指挥下通过模板台车。此时，在台车内部作业的人员应暂时离开，不得站在模板台车内部，避免事故发生。模板台车上应有足够的照明设施；新式模板台车为全液压及具有纵向移动的功能。灌筑二次衬砌混凝土的作业人员应站在稳定的脚手架上，并应配戴安全带。应重视防止异物混入混凝土料斗中，当有异物进入料斗时，首先应使拌和机停止运转，然后取出异物，以免损坏机械设备等。当压送混凝土的管路或接头发生堵塞时，首先应消除管道中的压力，然后方可拆卸接头，进行疏通作业。此时，在接头前方（依照混凝土压送方向确定）不得站有其他作业人员，以免发生压送混凝土伤人事故。

2. 脚手架

脚手架及工作平台卜的铺板，应钉铺结实。本板的端头，必须搭于支点上，不得悬空。高于 2 m 的工作平台上应设置不低于 1 m 的安全栏杆。跳板应设防滑条。脚手架及工作平台上所站人数及堆置的建筑材料，不得超过其计算载重量。在安全技术交底时，要特别强调，使操作人员心中十分清楚有数。隧道的支护作业如图 7.4 所示。

图 7.4 隧道的支护作业

3. 模板的安装与拆除

安装、拆除模板、拱架时，工作地段应有专人监护。拆下的模板不得堆放在通道上，应堆放砌实在规划地点。拆除灌筑混凝土模板内支撑时，应随拆随灌。当岩层破碎、压力过大地段的支撑不能拆除时，拱圈部分应用预制混凝土柱代替木杆予以拆换。这样，既可保证拱圈部分浇筑质量，又可防止坍塌事故的发生，确保施工安全。

4. 机械使用

机械转动部分应设置防护罩，电动机必须有接地装置，移动或修理机器及管线路时，应先停电，并切断电源、风源。压浆机在使用前应进行检查并试运转，管路连接要完好，压力要正常，操纵压浆喷嘴人员应配戴护目眼镜及胶皮手套。喷浆嘴应用支架支撑牢固，压浆时掌握喷嘴的人员必须注意喷嘴的脱落，并设法躲避，拔取必须在拆除压力后进行，检修和清洗时，应在停止运转、切断电路、关闭风门后进行。

7.4 隧道竖井、斜井辅助坑道施工安全

为了增加施工工作面，加快施工进度，改善施工条件，利于出渣、进料运输、通风、排水等，并考虑确保施工安全的需要，当隧道较长时，往往需要设置一些辅助性的坑道，如横洞、斜井、竖井、平行导坑等。若无特殊要求时，辅助坑道的支护一般只要求能够保证施工期作业过程的稳定和安全即可。在施工中，对辅助坑道的洞口、岔洞处及与正洞连接处应加强支护以保证安全。坑道口是坑道的咽喉，要求在施工前应做好坑道口的截、排水工程，防护冲刷的设施以及做好洞（井）口的锁口圈后才能进行挖掘，防止洞（井）口的坍塌、落石等，以保证施工安全。在辅助坑道的岔洞及与正洞连接处，由于开挖断面及形状变化比较大，结构受力条件复杂，因此，支护应特别加强，并紧跟开挖，以保施工安全。

辅助坑道有水时，会对斜井或竖井施工安全带来影响。因此，为保证安全施工，应做好排水工作，如应及时做好排水沟（地质松软地段，还应铺砌）、设置集水坑、配备足够数量的抽水设备等。

7.4.1 辅助坑道介绍

1. 横洞

横洞一般宜用于傍山、沿河或山体侧向覆盖层较薄的隧道。横洞与正洞中线交角一般为 40° ~ 50°为宜，并应有向洞外不小于 3‰的下坡，以便于出渣运输和排水。横洞采用锚喷混凝土作支护时，横洞开挖断面宜采用拱形，以充分发挥围岩的自承作用。

2. 斜井

隧道埋置不太深、地质条件较好的地段，或隧道洞身一侧有较开阔的山谷凹地处作为弃渣场地，且覆盖层不太厚时，多采用斜井作为辅助坑道。斜井是指在隧道侧面上方开挖的与之相连的倾斜坑道。斜井斜度较大，出渣运输需要较强的牵引动力设备，如采用卷扬机牵引提升机、皮带运输机或无轨运输或有轨运输等。由于施工范围场地较小，机具多，人、料、机又均处于流动之中，因此，制定有针对性、可靠而有效的安全技术措施就特别重要。

提升机械一般采用卷扬机牵引车斗。当料井坡度很小时，也可采用皮带输送或无轨运输。单线行车道的坑道底宽一般为 2.6 m；三轨双行线车道，坑道底宽为 3.4 m；双线行车道，底宽为 4.1 m，其中包括了单侧设置的 0.7 m 的人行道。坑道的高度通常不小于 2.6 m。单线、三轨双线较为常用，并在斜井中部设有 20 ~ 30 m 的四轨双线作为错车道。

为保证施工安全，还应注意在井底停车场需加设支撑或修筑衬砌。隧道横洞与斜井如图 7.5 所示。

图 7.5　隧道横洞与斜井

卷扬机牵引斗车需防止钢丝绳破损拉断或出现脱钩等不安全事故。为此对牵引速度必须严格控制。在井口应设置安全闸，在斗车出洞后及时安好安全闸，以防止溜车，为防止斗车在坡道上因脱钩或钢丝断裂而下滑，可在斗车上或在坡道上设置溜钩，或设置安全索，阻止斗车继续下滑以确保安全。可在斜井坡道终点或在坡度中间适当位置设安全缆绳，并应由专人负责看守，在斗车经过后，即在坑道的两侧间设钢丝绳，万一斗车脱钩，也不致冲入井底车场而发生严重安全事故。另外，在井底停车场及井身每隔 30 ~ 50 m 宜设避险洞以保证作业人员的安全。

3. 竖井

竖井是指在隧道上方开挖的与隧道相连的竖向坑道。当有两个以上的竖井时，其间距不宜小于 300 m。

由于竖井是利用吊罐式罐笼进行出渣运输，所需提升机具比较多，施工操作及技术要求均比横洞、斜洞复杂，其出渣运输及排水均受到很大限制。所以一般在隧道中间覆盖层不厚的地方才采用竖井作为出碴和进料（运送混凝土的进料孔）或作为施工及运营阶段的通风道。

4. 平行道坑

平行道坑是指与隧道走向平行的坑道。越岭的特长隧道（隧道长度大于 3 000 m），或拟建双洞的隧道，施工不宜选用横洞、斜井、竖井等辅助坑道时，往往采用开挖平行导坑，并可同时解决施工中的出碴与进料运输、通风、排水、施工测量及安全问题。

平行道坑应设于有地下水来源的一侧。与正洞的最小净距应视地质条件，施工方法等因素决定。如果将来有可能扩大为第二或第三线隧道时，两相邻隧道最小净距视围岩类别、断面尺寸、施工方法、爆破振动影响等因素确定。

7.4.2 竖井与斜井施工安全

1. 竖井与斜井施工安全要求

竖井和斜井的井口附近，应在施工前做好修整，并在周围修好排水沟、截水沟，防止地面水侵入井中，发生坍塌。竖井井口平台应比地面至少高出 0.5 m，井口应有严密的井盖，只有当吊笼吊罐升降时才准许打开井盖。当工作面附近或井筒未衬砌部分发现有落石、支撑发响，或大量涌水时，工作面施工人员应立即沿安全梯或使用提升设备撤出井外，并报告处理。在吊盘上工作人员的工具，应妥善地放在工具袋内，使用时应牢固地拴在身上或其他固定物上。不得将不使用的零星工具放置在附近的支撑上。

装配起爆药卷应在距井口 50 m 以外的加工房内进行。起爆药卷应由爆破工携送下井，除起爆药卷外不得携带其他炸药。每次爆破之后均应有专人清除危石和掉落在井圈上的石渣，并应修整被打坏的支撑，待清修完毕后才准进行正常工作。在井口及井底明显部位应设置醒目的安全标志。

2. 竖井提升注意事项

竖井井口应设防雨设施，接罐地点应设置牢固的活动栅门，由专人掌管启闭。接罐人员均应佩戴安全带，上下井的人员应服从接罐人员的指挥，通向井口的轨道应设阻车器。施工期间采用吊桶升降人员与物料时，吊桶必须沿钢丝绳轨道升降，保证吊桶不碰撞岩壁。在施工初期尚未设罐道时，吊桶升降距离不得超过 40 m；施工时吊盘下面不装罐道的部分也不得超过 40 m；运送人员的速度不得超过 5 m/s，无稳绳地段不得超过 1 m/s；运送石渣及其他材料时不得超过 8 m/s；无稳绳地段不得超过 2 m/s；运送爆破器材时不得超过 1 m/s；提升钢丝绳应与吊桶连接牢固，保证在升降时不致脱钩；吊桶上方必须设置保护伞；不得在吊桶边缘上坐立，乘坐人员身体的任何部位不得超出桶沿；用自动翻转式吊桶升降人员时，必须有防止吊桶翻转的安全装置。严禁用底开式吊桶升降人员；吊桶提升到地面时，人员必须从地面出车平台进出吊桶，并应在吊桶停稳和井盖门关闭以后进出吊桶，双吊桶提升时井盖门不得同时打开；装有物料的吊桶不得乘人；吊桶载重量应有规定，不得超载。

升降人员和物料的罐笼时，罐笼顶应设置可以打开的铁盖或铁门。罐底必须满铺钢板，并不得有孔。如果罐底下面有阻车器的连杆装置时，必须设置牢固的检查门。两侧需用钢板挡严，内装扶手，靠近罐道部分不得装带孔钢板。进出口两头必须装置罐门或罐门帘，高低不得小于 1.2 m，罐门或罐帘下部距罐底距离不得超过 0.25 m，以便人员安全出入，罐帘横杆的间距不得大于 0.2 m。罐门不得向外开，以保开门出入时的安全。进出装碴车的罐笼内必须装有阻车器，以保安全，并应经常进行检查。载人的罐笼净空高度不得小于 1.8 m，罐笼内每人应有 0.18 m^2 的有效面积。其每次容纳人数和最大载重量应明确规定，并在井口公布。提碴、升降人员和下放物料的速度不得超过 3 m/s，加速度不得超过 0.25 m/s。罐笼、钢丝绳、卷扬机、电源各部及其连接处等，必须设专人检查，如发现钢丝绳有损、罐道和罐之间磨损度超过规定等，必须立即更换，以确保安全。

检修井筒或处理事故人员，如果需要站在罐笼或箕斗顶上作业时，罐笼或箕斗顶上，必须装设保护伞和安全栏杆。佩戴保险带及有关防护用品。提升容器的速度一般为 0.3 ~ 0.5 m/s，最大不得超过 2 m/s，并必须严格控制和检查。

每一提升装置必须装有从井底接罐员给井口接罐员和井口接罐员发给卷扬机司机的信号装置，井口信员装置必须同卷扬机的控制回路闭锁。只有井口接罐员发出信号后，卷扬机才能启动，除常用的信号装置外，还必须有备用信员装置。井底车场和井口之间，井口和卷扬机司机之间，除上述信号装置外，还必须装置直通电话或传话筒。一套提升装置供给几个洞室使用时，各洞室都必须设有信号装置和闭锁，所发出的信号必须有明显区别。必须经常检查信号装置灵敏性、有效性和可靠性。

井底车场的信号必须经由井口接罐员发出，井底车场不得直接向卷扬机司机发信号，只有在发送紧急停车信号时才可直接向卷扬机司机发出信号。相关人员应十分熟悉有关信号的规定和操作，应在上岗前进行培训和实练，并严格落实责任制。

3. 斜井运输注意事项

斜井的牵引运输速度不得超过 3.5 m/s，接近洞口与井底时不得超过 2 m/s，升降加速度不得超过 0.5 m/s。斜井的垂直深度超过 50 m 时，应配备运送人员的车辆，运送人员的车辆必须有顶盖，车辆上必须装有可靠的防坠器。当断绳时，能自动发生作用，同时也能用手操纵，以确保安全。运送人员的列车必须设车长跟随，车长坐在行车前方的第一辆车的第一排座位上。手动防溜装置也必须在车长座席处，以控制车运行中的安全。每班运送人员前，必须检查车辆的连接装置、保险链及防坠器，并在运送人员前，先放一次空车，以验证其可靠性，检查斜井和轨道的安全状况。乘车的人数不得超过定员数，乘员及携带的工具不得超出车厢，以免出现事故。

斜井口必须设置挡车器，并设专人管理。挡车器必须经常处于关闭状态，放车时方可打开。车辆在井内行驶或停留期间，井内严禁人员通行和作业。斜井长度超过 100 m

时，应在井口下 20 m 和接近井底 60 m 左右设置第二道挡车器，以确保安全。井口、井下及卷扬机间应有规定明确的联系信号。提升、下放与停留应各有明确的色灯和音响等信号规定。

斜井井底停车场应设避车洞。斜井底附近的固定机械电器设备与操作人员，均应设置在专用洞室内。车辆连挂提升时，应有可靠的连接装置和断绳保险器。挂钩均应加保险栓。车与车之间应增加连接保险钢丝绳。

4. 钢丝绳和提升装置安全

提升用的钢丝绳必须每天检查一次，每隔 6 个月试验一次，以确保安全可靠。其安全系数应达到规定要求，即：升降人员的安全系数必须大于 7；升降物料的安全系数必须大于 6；其断丝的面积与钢丝绳总面积之比，升降物料的必须小于 10%；升降人员用的不得有断丝。

钢丝绳的钢丝有变黑、锈皮、点蚀麻坑等损伤时，不得用作升降人员。钢丝绳锈蚀严重，点蚀麻坑形成沟纹，外层钢丝松动时，必须更换。有接头的钢丝绳只允许在水平坑道和 30°以下的斜井中运输物料使用。

提升卷扬机必须装设深度指示器，开始减速时能自动示警的警铃及司机不需离座即能操纵的常用闸和保险闸。常用闸和保险闸共同使用一套闸瓦时，操纵部分必须分开，双滚筒提升卷扬机的两套闸瓦的传动装置必须分开。司机不准离开工作岗位，也不能擅自调节制动闸。

升降人员前，应先开一次空车，以检查卷扬机的动作情况，但连续运转时，可不受此限。主要提升装置必须配有正、副司机，在交接班人员上下井的时间内，必须由正司机开车，副司机在旁监护。

7.5 隧道施工的工作环境安全

在隧道施工中，开挖、支撑与衬砌等称为基本作业，而供风、供电、照明以及施工通风、防尘、排水、防火及瓦斯防治等是为确保基本作业各工序顺利进行，为其提供必要的施工条件和直接服务的环境作业，并称其为辅助作业。

7.5.1 供风作业中的安全

凿岩机、风钻台车、装渣机、喷射混凝土机具、锻钎机、压浆机等均是以压缩空气为动力的风动机具。对空压机及配套设备必须认真检查、试机、在确保完善、有效、可靠后，方可投入使用。必须专人管理、专人操作、专人维修和进行经常性的检查，确保安全。

对高压风管路安装和使用时，管路应敷设平顺，接头密封可靠，防止漏风，凡有裂纹、创伤、凹陷等现象的差质钢管不得使用。洞内风管路宜铺设于电缆、电线相对的另一侧，并与运输轨道有一定距离，管道高度不得超过运输轨道的轨面，若管径较大而超过轨面，应适当增大距离，以免风管受损和影响运输，同时不得影响边沟施工和排水。洞外地段，当风管超过 500 m，温度变化较大时，应装设伸缩器，并应严密、灵活、有效可靠。靠近空压机 150 m 以内，风管的法兰盘接头宜用耐热材料石棉衬垫。

高压风管道在总输出管道上，必须安装总闸阀以使控制和维修管道，主管道上每隔 300 ~ 500 m 应分装闸阀。按施工要求，在适当地段（一般每隔 60 m）加设一个三通接头备用。管道前端至开挖面距离宜保持在 30 m 左右，并用高压软管接分风器。分部开挖法中通往上导坑开挖面使用的软管长度不宜长于 50 m，分风器与凿岩机间连接的胶皮管长度不宜大于 10 m，上导坑、马口、挖低地段不宜大于 15 m。

胶皮管必须认真检查合格，如有割伤、变形应及时更换，确保安全。胶皮管与凿岩机连接必须十分牢靠，以免出现事故。管道安装前检查钢管内情况，不得有残杂物和其他脏物存留其内；各种闸阀在安装前应拆开清洗，并进行风压或水压强度试验，合格后方能使用。冬季施工时，应注意管道的保温。进行修理，应停风后进行。

7.5.2 施工通风安全

在隧道施工中，随着不断掘进，由于钻眼、爆破、装碴、喷射混凝土、内燃机械和运输汽车的排气，开挖时从地层裂缝中放出的各种有害气体等，使洞内的空气非常污浊，洞内氧气也大大减少，洞内温度和湿度也相应提高，对人体产生有害的影响。因此，隧道施工中必须进行施工通风和除尘，以达到更换和净化洞内空气、供给洞内足够的新鲜空气、稀释、冲淡和排除有害气体和降低粉尘浓度，以改善劳动条件，保障作业人员的身体健康、保证正常的安全生产，并提高劳动生产率的目的。

1. 隧道作业环境标准

要保证通风防尘的有效性和可靠性，即通过通风防尘确保能在安全措施实施后，隧道作业环境中粉尘允许浓度：空气中，含有 10%以上游离二氧化硅的粉尘必须在 2 mg/m^3 以下；氧气不得低于 20%；瓦斯（沼气）或二氧化碳不得超过 0.5%；一氧化碳浓度不得超过 30 mg/m^3；氮氧化物（换算成二氧化氮）浓度应在 5 mg/m^3 以下；二氧化硫浓度不得超过 15 mg/m^3；硫化氢浓度不得超过 10 mg/m^3；氨的浓度不得超过 30 mg/m^3；隧道内的气温不宜超过 28 °C。

2. 隧道通风方式与选择应用

为确保通风防尘的有效可靠，在施工中应正确地选用通风方式，以满足施工要求，达到施工作业的环境标准。

（1）隧道施工的自然通风。

300 m以下的短隧道（穿过岩层不产生有害气体）及导坑贯通后的隧道施工，可利用自然通风，主要靠洞内外的温差及高程差等所形成的自流风来通风。

（2）隧道施工的机械通风。

除上述的隧道利用自然通风外，其他隧道均可采用机械通风。实施机械通风，必须具有通风机和风道。

3. 巷道式通风方式与选择应用

（1）巷道式通风。

适用于平行导坑的长隧道。通过最前面的横洞使正洞和平行导坑组成一个风流循环系统，在平行导坑洞口附近安装通风机后，即将污浊空气由平行导坑抽出，新鲜空气由正洞流入，从而形成循环风流。对平行导坑和正洞前面的独头巷道，再辅以局部的内管式通风。其安全控制主要是：正确地在平行导坑洞口选择最佳位置安装通风机，通风机必须运转有效。应有专人管理、操作和维修，正确地布置局部内管式通风，确保其辅助效果充分发挥，以确保洞内所有部分通风有效。

（2）风墙式通风。

风墙式通风比较适于一般管道通风难以解决，又无平行导坑可以利用的较长隧道采用。利用隧道成洞部分较大的断面，用砖砌或木板隔出一条2～3 m^2的风道，以减小风管长度，增大风量来满足通风要求。其安全控制主要是砖砌必须牢稳，避免倒塌伤人，木板拼钉应牢靠。在选择通风方式时，必须根据地质情况，施工方法、施工条件等，编制通风除尘安全措施，正确选用适合的风机和通风方式，以确保在隧道施工中环境质量达到规定的要求标准。这里还必须指出，为达到要求，对风量和风压必须进行计算，以确保安全。

7.5.3 隧道施工防尘措施安全

隧道开挖中，凿岩、爆破、出渣等作业必会产生大量的岩尘，对人体的危害性很大。有关资料表明：岩尘的产生主要来自凿岩作业，约占洞内空气中含尘量来源的85%；其次是由爆破产生约占10%；而装渣作业只占5%左右。为了使洞内空气中的岩尘量达到国家规定标准值（即含10%以上游离二氧化矽的粉尘量应在2 mg/m^3以下）。

因此在制定施工方案和施工安全技术措施中必须大力推广湿式凿岩，这是防尘的主要措施。但是只靠湿式凿岩，还是不够的，必须要采取综合措施，这就是经过长期实践而总结出的防尘工作：即湿式凿岩标准化，机械通风经常化，喷雾洒水正规化，个人防护普遍化。

（1）湿式凿岩标准化。

湿式凿岩，即打“水风钻”，根据风钻内的供水方式不同，又分为旁侧供水和中心供水两种。目前，我国一般均使用中心供水式，即高压水从机尾进入，经过水针（安在机体的中心）流向钻钎，最后达钻头。钻眼时，破碎的岩粉被湿润成浆，从炮眼流出，为了使湿式凿岩能正常进行，应注意水压标准（高压水到达工作面处的压力不小于 300 kPa），水量充足（每台风钻不少 3 t/min），钎尾标准，其长度一般为 107 mm，钎孔正中。钎尾淬火硬度与凿岩机内活塞应一致，水针安装端正，拧紧螺钉，垫圈密贴，不漏水，操作正规，即应先开水后开风，先关风后关水，凿岩时机体与钻钎方向应一致，不得摇摆，以免卡断水针。在特别缺水地区，可用“千式捕尘”装置来代替混式凿岩，但效果欠佳。

（2）机械通风正常化。

机械施工可稀释空气中的粉尘含量，是降低洞内粉尘含量的重要手段。因此在一般主要作业（钻眼、装渣等）进行期间应始终保持风机的运转。

（3）喷雾洒水经常化。

喷雾洒水不仅能降低因爆破、出渣等所产生的粉尘，而且还能溶解少量的有害气体（如二氧化碳、硫化氢等）并能降低温度，使空气清新爽人。

（4）个人防护普遍化。

主要指戴防尘口罩。

7.5.4 其他的相关安全规定要求

隧道内空气成分每月应至少取样分析一次。如达不到规定标准要求，应及时采取有效措施予以解决。风速、含尘量每月至少应检测一次，如达不到规定标准要求，应及时采取有效措施予以解决。隧道施工时的通风，应设专人管理。应保证每人每分钟供给新鲜空气 1.5 ~ 3 m^3。无论通风机运转与否，严禁人员在风管的进出口附近停留，通风机停止运转时，任何人员不得靠近通风软管行走和在软管旁停留，不得将任何物品放在通风管或管口上，以免通风软管出现问题时，造成伤亡或其他事故。

施工时宜采用湿式凿岩机钻孔，用水泡泥进行水封爆破以及湿喷混凝土喷射等有利于减少粉尘浓度的施工工艺，以减小对人体伤害。在凿岩和装渣土作业上应做好防尘工作，放炮前后应进行喷雾与洒水。出渣前应用水淋透渣堆和喷湿岩壁。在吹入式的出风口，宜放置喷雾器。防尘用水的固体质含量不应超过 50 mg/L，大肠杆菌每升不得超过 3 个。水池应保持清洁，并有沉淀或过滤设施。

7.5.5 隧道施工供电安全

隧道施工供电，包括电动机机械和施工照明用电及生活用电等。随着隧道施工机械化程度的提高，用电量大增，为保证施工质量和施工安全，对施工供电的可靠性要求也越来越高。隧道施工的供电方式主要有自设发电站供电或采用地方现有电网供电。

隧道施工供电电压一般采用三相四线 400/230（V）。对长大隧道施工，可用 6 ~ 10 kV；动力机械的电压标准是 380 V；成洞地段的照明可采用 220 V；工作地段照明和手持电动工具，应按规定选用安全电压供电。

成洞地段固定的电线路，应使用绝缘良好的胶皮线架设。施工地段的临时电线路宜采用橡套电缆，竖井、斜井宜采用铠装电缆，瓦斯地段的输电线必须使用密封电缆，不得使用皮线，以保安全。照明和电力线路安装在同一侧时，必须分层架设。

电线悬挂高度距人行地面应保证安全距离，110 V 以下时，不应小于 2 m；400 V 时，应大于 2.5 m；6 ~ 10 kV 时，应大于 3.5 m；瓦斯地段的电缆应沿侧壁铺设，不得悬空架设；所架设的电路均必须牢稳。

隧道施工供电线路布置和安装时，成洞地段固定的电线路，应使用绝缘良好的胶皮线架设；施工地段的临时电线路宜采用橡套电缆；竖井、斜井宜采用铠装电缆；瓦斯地段的输电线必须使用密封电缆，不得使用皮线；涌水隧道的电动排水设备、瓦斯隧道的通风设备和斜井、竖井内的电气装置，应采用双回路输电，并有可靠的切换装置；36 V 低压变压器应设在安全、干燥处，机壳接地，输线路长度不应大于 100 m；动力干线上的每一支线，必须装设开关及熔断器；严禁在动力线路上加挂照明设施；

输电干线或动力、照明线路安装，在同一侧分层架设时，高压线在上、低压线在下；干线在上，支线在下；动力线在上，照明线在下。风、水管道应输电线路的另一侧。隧道施工一般采用电灯照明，要求光线充足均匀。隧道施工作业地段照明，必须使用安全变压器配电，其容量：输入电压为 220 V，输出电压宜有 36 V、32 V、24 V、12 V 四个等级。便于根据作业工作面安全要求选用照明电压（成洞段和不作业地段可用 220V，瓦斯地段不得超过 110 V，一般作业地段不宜大于 36 V，手提作业灯为 12 ~ 24 V）；隧道应采用 400/230（V）三相四线系统两端供电（动力设备应采用三相 380 V）；隧道照明，选用的导线截面应使线路末端的电压降不得大于 10%；36 V 及 24 V 线不得大于 5%。

隧道施工安全照明，当采用白炽灯时，施工地段每平方米不宜小于 15 W，不安全因素较多地段可适当增加灯光照明。运输巷道在未成洞段每隔 6 m、成洞地段每隔 10 m 装设 100 W 灯一盏；在主要交通道等重要处应有安全照明。隧道施工工作地段照明，应采用不超过 36 V 的低压电源、输电线路长度不大于 100 m；泄漏地段照明，应采用防水灯头和灯罩；瓦斯地段照明，应采用防爆灯头并加灯罩。照明线路及灯头的架设高度，一般不得小于 2.5 m。为了安全生产和节约能源，可采用新光源照明，如荧光灯、高压钠灯、低压钠灯、卤钨灯等。隧道内的照明灯光应保证亮度充足、均匀及不闪烁，根据开挖断面的大小，施工工作面的位置选用不同的高度。隧道内用电线路，均应使用防潮绝缘导线，并按规定高度用瓷瓶悬挂，不得将电线挂在铁钉和其他铁件上或捆扎在一起。开关应加木箱盖，采用封闭式保险盒。如使用电缆，应牢固地悬挂在高处，不得放在地上。隧道内各部的照明电压应严格控制：开挖、支撑及衬砌作业地段为 12 ~ 36 V，成洞地段为 110 ~ 220 V，手提作业灯为 12 ~ 36 V。隧道内的用电线路和照明设备必须设专人负责检修管理，检修电路与照明设备时，应切断电源。在潮湿及漏水隧道中的电灯应使用防水灯口。电工人员必须配戴安全防护用品才可进行作业。如绝缘手套、绝缘胶靴等。并必须坚持持证上岗要求。装置不应加大其容量，不能用任何金属丝代替熔丝，有线电路及接头不许有裸露，应检常检查，及时包扎。在需要触及导线部分时，必须先用测电器检查，确认无电后方可作业，并事先将有关开关切断加锁，以防误合闸通电而造成事故。一切电器的金属外壳或构架，都必须妥善接地，以预防雷击起火等事故发生。接地是由高压电缆金属外皮和低压电缆的接地芯线，以及所有明线架设的中性线联结成一个总的接地网络，在网格上分别连接上述需要接地的设施，构成具有多处接地装置的接地系统。如不采用高压供电的隧道施工，应在电压400/230（V）进线端设置中心接地装置，以确保用电安全。

7.5.6 施工排水安全

隧道施工中必须做好排水工作，它不仅影响施工，也危及安全。其主要安全控制是：

① 在有地下水排出的隧道，必须挖凿排水沟，当下坡开挖时，应根据涌水量的大小，设置大于20%涌水量的抽水机具予以排除。抽水机械的安装地点应设于导坑的一侧或另开偏洞安装，并用栅栏与隧道隔开。

② 抽水设备宜采用电力机械，不得在隧道内使用内燃抽水机。

③ 抽水设备应备有一定数量的备用台数。

④ 抽水应专人负责，并检查维修，确保其正常工作。

⑤ 隧道开挖中如预计要穿过涌水地层，宜采用超前钻孔探水，查清含水层厚度、岩性、水压等，为防治涌水提供依据。涌水地段，由于涌水往往会带来某些地质情况变化，可能具有很大危险。因此，必须要制定可靠的安全施工与预防措施。

⑥ 如发现工作面有大量涌水时，应立即命令工人停止作业，撤至安全地点。

⑦ 对抽出来的水的流向，应考虑实际情况处理，注意不影响和破坏自然平衡环境，以免造成其他的问题。

7.5.7 施工防火安全

隧道施工中，要高度重视防火安全，如果出现问题，后果严重。其安全控制是：

① 各洞、井口施工区，洞内机电洞室、料库、皮带运输机等处均应设置有效而数量足够的消防器材，并设明显的标志，定期检查、补充和更换，不得挪作他用。

② 洞口20 m范围内的杂草必须清除。火源应距洞口至少30 m以外。库房20 m范围内严禁烟火。洞内严禁明火作业与取暖。

③ 洞内及各洞室不得存放汽油、煤油、变压器油和其他易燃物品。清洗风动工具应在专用洞内，并设置外开的防火门。

④ 所有相关人员应进行培训，熟悉各种消防器材的使用方法。

7.5.8 施工中瓦斯防治安全

瓦斯（甲烷，CH4）对施工人员身体健康危害极大。隧道施工中也还有其他有害气体存在，如一氧化碳（CO）、二氧化碳（CO_2）、二氧化氮（NO_2）等。为了预防有害气体对施工人员身体健康的危害，保障施工正常进行及安全生产，首先要求隧道施工通风应能满足洞内各作业所需的通风量，供应洞内每人每分钟的新鲜空气不宜少于 3 m^3。风速在全断面开挖时，不应小于 0.15 m/s。坑道内不宜小于 0.25 m/s，但风速均不应大于 6 m/s。有瓦斯溢出地段的通风，应将新鲜空气送至开挖面，将开挖面附近的瓦斯含量稀释到 1.0%以下，并用排风管将瓦斯气体排到洞外，不允许瓦斯气体流入隧道后方之内。

隧道施工发现瓦斯时，应加强通风，采取防范措施。隧道内的瓦斯浓度经通风后仍超过上述“隧道作业环境标准”要求时，应遵守国家的各项规定要求。瓦斯防治主要是消除瓦斯超限和积存，并应断绝一切可能引燃瓦斯爆炸的火源。隧道内严禁使用油灯、电石灯、汽灯等有火焰的灯火照明。任何人员进入隧道必须接受检查，严禁将火柴、打火机及其他可自燃的物品带入洞内。

电灯照明中，电压不得超过 110 V。输电线路必须使用密闭电缆。灯头、开关、灯泡等照明器材必须采用防爆型，开关必须设置在送风道或洞口。矿灯照明中，每个洞口常备的完好矿灯总数，应大于经常用灯总人数的 10%。矿灯均需编号，常用矿灯的人员应固定灯号。矿灯如有电池漏液、亮度不足、电线破损、灯锁不良、灯头密封不严、灯头圈松动、玻璃和胶壳破裂等情况，严禁发出。发出的矿灯，最低限度应能连续正常使用 11 h。对矿灯必须进行严格检查。严格执行责任制。使用矿灯人员应严禁拆开、敲打和撞击矿灯。出洞或下班时，应立即将矿灯交回灯房。

掘进工作面风流中的瓦斯浓度达到 1%时，必须停止电钻打眼；达到 1.5%时，必须停止工作，撤出人员，切断电源，进行处理；放炮地点附近 20 m 以内风流中瓦斯浓度达到 1%时，严禁放炮；电动机附近 20 m 以内风流中瓦斯浓度达到 1.5%时，必须切断电源停止运行；掘进工作面的局部瓦斯积聚浓度达到 2%时，其附近 20 m 内必须停止工作，切断电源。因超过瓦斯浓度规定而切断电源的电气设备，必须在瓦斯浓度降低到 1%时方可开动；使用瓦斯自动检测报警断电装置的掘进工作面只准人工复电。

隧道爆破时，宜使用瞬发电雷管，若采用毫秒电雷管时，其总的延期时间不得超过 130 ms。严禁使用秒和半秒延期电雷管。严禁用火花起爆和裸露爆破。使用煤矿安全炸药。短隧道放炮时，所有人员必须撤出隧道洞外；长隧道单线应撤出 300 m 以外，双车道上半断面开挖撤至 400 m 以外，双车道全断面开挖应撤至 500 m 以外。瓦斯隧道中的机具，如电瓶车、通风机、电话机、放炮器等，必须采用防爆型。必须严格采用湿式凿岩，洞内使用的金属锤头必须镶有不产生火花的合金。装碴采用的金属器械，不得猛力与石碴碰击，铲装前必须将石渣浇湿。

洞内装设及检修各种电器设备时，必须先切断电源。电缆互接或分路时必须在洞外进行锡焊和绝缘包扎并热补。严禁在洞内电缆上临时接装电灯或其他设备。电缆在洞内接头时，应在特制的防爆接线盒内或有防爆接线盒的电气设备内进行连接。有瓦斯的隧道，每个洞口必须设专职瓦斯检查员。一般情况下每小时检测一次，并将检测结果记入记录本。检测瓦斯的检定器应每季度校对一次。通风必须采用吹入式。通风主机应有一台备用机，并应有两路电源供电。通风机停止时，洞内全体人员必须撤至洞外。隧道内严禁一切可以导致高温与发生火花的作业。隧道施工时必须配备必要的急救和抢救的设备和人员。施工人员必须进行培训，使其具有防止瓦斯爆炸方面的安全知识。

8 山区高速公路施工安全管理措施

8.1 主要工序作业中的安全内容与管理

山区高速公路工程构造物的建成，都是通过施工工序实现的，人、机、料等均是在工序中集中、流动，因此，施工安全的基点也在工序之中。如果工序的安全能得到保障，则工程项目的安全也就有了基本保证。抓安全生产，必须从工序抓起，而且工序是抓安全生产的基点，着手点。下面就一些主要工序作业的安全主要控制分别进行说明。

8.1.1 模板作业中的安全

1. 一般安全规定

模板施工前，应根据建筑物结构特点和混凝土施工工艺进行模板设计，并制定安全技术措施。各种材料模板的制作，应符合相关技术标准的规定。

模板及支架应具有足够的强度、刚度和稳定性，能可靠地承受新浇混凝土内重、侧向力和施工中产生的荷载及风荷载。模板支架材料宜采用钢管、门式架、木杆等。模板支架材质应符合相关技术标准的规定。

2. 模板工程安全技术措施

设专职安全、防火员跟班负责安全防火工作，广泛宣传安全第一的思想进行安全教育、安全交底，提高全员的安全防火能力。

模板支设、拆除过程中要严格按照设计要求的步骤进行，全面检查稳定性。支模过程中应遵守安全操作规程，如遇途中停歇，应将就位的支顶、空架拆除，拆模间歇时应将松开的部件和模板搬走，防止坠下伤人。模板放置时应满足稳定性的要求，模板应采取板面相对的存放方法。模板安装就位后，要采取防止触电的保护措施，施工的漏电箱必须设漏电保护装置，防止漏电伤人。

模板停放时，必须满足内稳角的要求，对内稳角不足的模板，必须另外拉结固定。没有支撑的大模板应存放在专用的插放支架上，叠层平放时，叠放高度不应超过 2 m。大模板运输根据模板的长度、重量选择车辆，大模板在运输车辆的支点、伸出的长度及绑扎方法均应保证其不发生形变，不损伤涂层。

滑模平台应设置一定数量的灭火器，施工用水管可代用作消防用水管使用。操作平台严禁吸烟。滑模装置拆除要严格按拆除方法和拆除顺序进行。滑模平台上的物料不得集中堆放，一次吊运钢筋的数量不得超过平台的允许承载能力，并应分布均匀。

爬模施工为高处作业，必须按照现行行业规范《建筑施工高处作业安全技术规范》（JGJ 80）要求进行。每项爬模工程在编制施工组织设计时，要制定具体的安全、防火措施。检查施工的各种洞口防护，检查设备、照明、安全用电的各项措施。

拆外边模板时，应有防高空坠落及防止模板向外边倒的措施。拆模后模板或木方上的钉子，应及时拔除或敲平，防止钉子扎脚。拆模起吊前，应检查对拉螺栓是否拆净，正确无遗漏并保证模板与墙体完全脱离后方可起吊。在模板拆除区域周围，应设置护栏，并挂明显的标志牌，禁止非作业人员入内。模板拆除后，清扫和涂刷隔离剂时，模板要临时固定好，板面相对停放之间应留出 50 ~ 60 cm 宽的人行横道，模板上方要用拉杆固定。

8.1.2 钢筋工程作业中的安全

施工现场用电必须符合现行行业标准《施工现场临时用电安全技术规范》（JGJ 46）。操作前应首先检查焊机和工具，如焊钳和焊接电缆的绝缘、焊机外壳保护接地的接线点等，确认安全合格后方可作业。焊接时二次线必须双线到位，严禁借用金属管道、金属脚手架、轨道及结构钢筋作问路地线。

高压泵应采用液压油。油液应过滤，保持清洁；油箱应密封，防止渗漏，防止雨水灰尘混入油箱。高压胶管应防止负重拖拉、弯折和尖利物体的刻划。电焊作业现场周围 10 m 范围内不得堆放易燃易爆物品。严禁在易燃易爆气体或液体扩散区域内进行焊接作业。雨、雪、风力六级以上（含六级）天气不得露天作业。雨雪后应清除积水、积雪后方可作业。在高处进行挤压操作时，必须遵守现行行业标准《建筑施工高处作业安全技术规范》（JGJ 80）的规定。

8.1.3 混凝土工程施工安全

使用汽车、罐车运送混凝土时，现场道路应平整坚实，必须设专人指挥员应站在车辆侧面。卸料时，车轮应挡掩。运输混凝土小车通过或上下沟槽时必须走便桥或马道，使桥和马道的宽度不应小于 1.5 m。应随时清扫落在便桥或马道上的混凝土。途经的构筑物或洞口临边必须设置防护栏杆。马道应设防滑条。使用手推车运输时应平稳推行，不得抢跑，空车应让重车，装运混凝土量应低于车厢 5 ~ 10 cm；向搅拌机料斗内倒砂时，应设挡掩，不得撒把倒料。用塔吊运送混凝土时，小车必须焊有固定吊环，吊点不得少于 4 个，并保持车身平衡；使用专用吊斗时吊环应固定可靠，吊索应符合起重机械安全规程要求。搬运水泥袋时，必须按顺序逐层从上往下阶梯式取运，严禁从下抽拿。存放水泥时，垫板应平稳、牢固。必须压碴码放整齐，高度不得超过 10 袋，水泥袋码放不得靠近墙壁。

使用混凝土泵输送混凝土时，应由 2 名以上人员牵引布料杆。管道接头、安全阀、管架等必须安全牢固，输送前应试送，检修时必须卸压。利用机动翻斗车运输混凝土时，严禁料斗内载人，料斗不得在卸料工况下行驶或进行平地作业。垂直运输混凝土时必须明确联系信号。用提升架运输时，车把不准伸出笼外，车轮应挡掩。中途停车时，必须用滚档架住吊笼。吊笼运行时，严禁将头或手伸向吊笼的运行区域。用起重机运输时，机臂回转范围内不得有无关人员。

向模板内灌注混凝土时，作业人员应协调配合，灌注人员应听从振捣人员的指挥。浇灌拱形结构，应从两边拱脚对称同时进行。浇筑混凝土作业时，模板仓内照明用电必须使用安全低电压。

搅拌机作业中，料斗升起时，严禁任何人在料斗下停留或通过；当需要在料斗下检修或清理料坑时，应将料斗提升后用铁链或插销锁住。混凝土搅拌机运转过程中，严禁将身体的任何部位与工具伸进混凝土搅拌筒。

8.1.4 钢结构工程施工安全

1. 钢零件及钢部件加工

一切材料、构件的堆放必须平整稳固，应放在不妨碍交通和吊装安全的地方，边角余料应及时清除。构件就位时应用撬棍拨正，不得用手扳或站在不稳固的构件上操作，严禁在构件下面操作。用撬棍拨正物件时，必须用手压撬杠，禁止骑在撬杠上，不得将撬杠放在肋下，以免反弹伤人，在高处使用撬杠时不能向下使劲过猛。用尖头扳子拨正配合螺栓孔时，必须插入一定深度方能撬动构件，如发现螺栓孔不符合要求时，不得用手指插入检查。

机械和工作台等设备的安置应便于安全操作，通道宽度不得小于 1 m。在现场进行射线探伤时，周围设置警戒区，并挂“危险”标志牌，操作人员应背离射线 10 m 以外，在 30°投射角范围内，且人员要远离 50 m 以上。

一切机械、砂轮、电动工具、电焊等设备都必须设有安全防护装置。电气设备和电动工具必须保证绝缘良好，露天电气开关要设防雨箱并加锁。保证电气设备绝缘良好。在使用电气设备时，首先应该检查是否有保护接地，接好保护接地后再进行操作。另外，电线的外皮、电焊钳的手柄，以及一些电动工具都要保证良好的绝缘。带电体接地面、带电体之间、带电体与其他设备和设施之间均需要保持一定的安全距离。如常用的开关设备的安装高度应为 1.3 ~ 1.5 m。起重吊装的索具、重物等与导线的距离不得小于了 1.5 m（电压在 4 kV 及其以下）。

凡是受力构件用电焊点固后，在焊接时不准在点焊处起弧，以防融化塌落。焊接、切割锰钢、合金钢、有色金属部件时，应采取防毒措施。接触焊件，必要时应用橡胶绝缘板或干燥的木板隔离，并隔离容器内的照明灯具。焊接、切割、气隔前，应清除现场的易燃易爆物品。离开操作现场前，应切断电源，锁好闸箱。

2. 钢结构焊接工程

必须在易燃易爆气体或液体扩散区施焊时，应经有关部门检验许可后，方可施焊。焊接预热工件时，应有石棉布或挡板等隔热措施。清除焊渣、采用电弧焊气刨清根时，应戴防护眼罩或面具，以防止铁屑飞溅伤人。多台焊机在一起集中施焊时，焊接平台或焊件必须接地，并应有隔光板。

电焊机要设单独的开关，开关应放在防雨的电箱内，闸合时应戴手套侧向操作。焊钳与把线必须绝缘良好，连接牢固，更换焊条时应戴手套。在潮湿地点工作，应站在绝缘胶板或木板上。把线、地线禁止与钢丝绳接触，更不得用钢丝绳或机电设备代替电线。所有地线接头，必须牢固连接。更换场地移动把线时，应切断电源，并不得手持把线爬梯登高。雨天时，应停止露天焊接作业。施焊场地周围应清除易燃易爆物品，或进行覆盖、隔离。工作结束后，应切断焊机电源，并检查操作地点，确认无起火危险后方可离开。

8.1.5 钢构件预拼装工程

每台提升机油缸上装有液压锁，以防油管破裂，重物坠下。液压和电控系统采用连锁设计，以免提升系统出于误操作造成事故。钢绞线在安装时，地面应划分安全区，以免重物坠落，造成人员伤亡。控制系统具有异常自动停机、断电保护等功能。在正式施工时，也应划分安全区，高空要有安全操作通道，并设有扶梯、栏杆。在提升过程中，应制订专人观察地锚、安全锚、油缸、钢绞线等的工作是否异常，直接报告控制中心。施工过程中，要密切观察网架结构的变形情况。提升过程中，无关人员未经许可不得擅自进入施工现场。

8.1.6 钢结构安装工程

1. 防止高空坠落

吊装工作区应有明显标志，并设专人警戒，与吊装无关人员严禁入内。起重机工作时，起重臂杆旋转半径范围内，严禁站人。装人员应戴安全帽，高空作业人员应系好安全带，穿防滑鞋，带工具袋。高空作业施工人员应站在平台或轻便梯子上工作。登高用梯子、吊篮、临时操作台应绑扎牢靠，梯子与地面夹角以 60°~70°为宜，操作台跳板应铺平绑扎，严禁出现挑头板。运输吊装构件时，严禁在被运输、吊装的构件上站人指挥和放置构料、工具。

2. 防止物体坠下伤人

高空往地面运输物件时，应用绳索捆好吊下。吊装时，不得在构件上堆放或悬挂零星物件。零星材料和物件必须用吊笼或钢丝绳、保险绳捆扎牢固才能吊运和传递，不得随意抛掷材料、物件、工具，防止滑脱伤人或发生意外事故。风雷天、霜雾天和雨期吊装，高空作业应采取必要的防滑措施，夜间作业应有充分照明。

起吊构件的，速度不应太快，不得在高空停留过久，严禁猛升猛降，以防构件脱落。构件绑扎必须绑牢固，起吊点应通过挂钩的重心位置，吊升时应平稳，避免振动或摆动。构件就位后，临时固定前，不得松钩、解开吊索工具。构件固定后，应检查连接牢固和稳定情况，当连接确实安全可靠，方可拆除临时固定工具和进行下一步吊装。

3. 防止吊装结构失稳

构件吊装应按规定的吊装工艺和程序进行，未经计算和采取可靠的技术措施，不得随意更改或颠倒工艺程序安装结构构件。构件固定后不得随意撬动或移动位置，如需重校时，必须凹钩。构件吊装就位，应经初校和临时固定或连接可靠后方可卸钩，最后固定后才能拆除临时固定工具。高宽比很大的单个构件，未经临时或最后固定组成一个稳定单元体系前，应设溜绳或斜撑拉（撑）固。多层钢结构吊装以分节段吊装，应吊装完一层（或一节段）后，将下层（下节段）灌浆固定后，方可安装上层或上一节段。

8.1.7 垂直运输机械安全技术措施

1. 一般安全要求

转移工地重新安装的垂直运输机械，在交付使用前，应按标准进行试验、检验并对各安全装置的可靠度及灵敏度进行测试，确认符合要求后方可投入运行。试验资料应纳入该设备安全技术档案。

起重机司机及信号指挥人员应经专业培训、考核合格并取得有关部门须发的操作证明，方可上岗操作。每班作业前，起重机司机应对制动器、钢丝绳及安全装置进行检查，各机构进行空载运转，发现不正常时，应予以排除。起重机的基础必须能承受工作状态和非工作状态下的最大载荷，并应满足起重机稳定性的要求。起重司机开机前，必须响铃示警。作业中起重机司机不得擅自离开岗位或交给非本机的司机操作。维修更换零部件应与原垂直运输机械零部件的材料、性能相同；外购件应有材质、性能说明；材料代用不得降低原设计规定的要求；维修后，应按相关标准要求试验合格；机械维修资料应纳入该机设备档案。

2. 塔式起重机安全技术

塔式起重机在建筑施工中已经得到了广泛的应用，成为建筑施工中不可缺少的建筑机械。但是，由于塔式起重机机身较高，其稳定性就较差，并且拆、装、转移较频繁以及技术要求较高，也给施工安全带来一定困难，操作不当或违章装、拆极有可能发生塔机倾翻的机毁人亡事故，造成严重的经济损失和人身伤亡恶性事故。因此，机械操作、安装、拆卸人员和机械管理人员必须全面地掌握塔机的技术性能及安全注意事项，从思想上引起高度重视；从业务上掌握正确的操作、安装、拆卸的技能，保证塔机的正常运行，确保安全生产。

（1）塔机的安全装置。

为了确保塔机的安全作业，防止意外事故发生，塔机必须配备安全保护装置。主要有：起重力矩限制器、起重量限制器、起升高度限制器、幅度限制器、塔式行走限制器、吊钩保险装置、钢丝绳防脱槽装置、夹轨钳、回旋限制器、风速仪、电器控制中的零保护和紧急安全开关。

（2）塔机安装、拆卸的安全注意事项。

参加塔机装拆的人员，必须经过专业培训考核，持有效的操作证上岗；装拆人员严格按照塔机的装拆方案和操作规程中的有关规定、程序进行装拆；装拆作业人员严格遵守施工现场安全生产的有关制度，正确使用劳动保护用品。

装拆塔机的施工企业必须具备装拆作业的资质，并安装拆塔机资质的等级装拆相应的塔机；施工企业必须建立塔机的装拆专业班组，并配有起重工（装拆工）、电工、起重指挥、塔机操纵司机和维修钳工等；进行塔机装拆，施工企业必须编制专项的装拆安全施工组织设计和装拆工艺要求，并经过企业技术主管领导的审批；塔机装拆前，必须向全体作业人员进行装拆方案和安全操作技术的书面和口头交底,并履行签字手续。

装拆塔机的作业，必须在班组长的统一指挥下进行，并配有现场的安全监护人员，监控塔机装拆的全过程；塔机的装拆区域应设立边界区域，派专人进行值守；作业前，制动器、连接件和临时支撑要进行调整和检查。检查起重作业需要的索具是否保持完好，是否符合安全技术要求；作业中遇有大雨、雾和风力超过 4 级时应停止作业；行走式塔机就位后，应将夹轨钳夹紧；塔机在安装中所有的螺栓都要拧紧，并达到紧固力矩要求。对钢丝绳要进行严格检查有否断丝磨损现象，如果损坏，立即更换；对整体起扳安装的塔机，特别是起扳前要认真、仔细对全机各处进行检查，路轨路基和各金属结构的受力状况、要害部位的焊缝情况都应进行重点检查，发现隐患及时整改或修复后，方能起扳；对安装、拆卸中的滑轮组的钢丝绳要理整齐，其轧头要正确使用（轧头规格使用时比钢丝绳要小一号），轧头的数量按钢丝绳规格配置；塔机附墙杆件的布置和间隔，应符合说明书的规定。当塔身与建筑物水平距离大于说明书规定时，应验算附着杆的稳定性，或重新设计、制作，并经技术部门确认，主管部门验收。在塔机未拆至允许悬臂高度前，严禁拆卸附墙杆件。塔机安装完毕后必须经专门的检测机构检测验收合格后方能使用。

（3）塔机使用中的基本安全技术要求。

塔式起重机作业前，应检查轨道及清理障碍物；检查金属结构、连接螺栓及钢丝绳磨损情况；送电前，各控制器手柄应在零位，空载运转，试验各机构及安全装置并确认正常。塔机的基础必须符合安全使用的技术条件规定。塔机运行时，必须严格按照操作规程要求执行。起吊前，先鸣号，吊物禁止从人的头上越过。起吊时吊索应保持垂直、起降平稳，操作尽量避免急刹车或冲击。严禁超载，当起吊满载或接近满载时，严禁同时做两个动作及左右回转范围不应超过如 90°。塔机在使用中不得利用安全限制器停车；吊重物时不得调整起升、变幅的制动器；除专门设计的塔机外，起吊和变幅两套起升机构不应同时开动。塔机停用时，吊物必须落地，不准悬在空中，并对塔机的停放位置和小车、吊钩、夹轨钳、电源等一一加以检查，确认无误后，方能离开。对塔机的垂直度、爬升套架、附着装置等都必须进行检查验收。定期对塔机的各安全装置进行维修保养，确保其在运行过程中发挥正常作用。

起重司机持有与其所操纵的塔机的起重力矩相对应的操作证，指挥应持证上岗，并正确使用旗语与讲机。起用作业中司机和指挥必须遵守“十不吊”的规定：指挥信号不明或无指挥不吊；超负荷利斜吊不吊；细长物件单点或捆扎不牢不吊；物品站人不吊；吊物边缘锋利，无防护措施不吊；埋在地下的物体不吊；安全装置欠灵不吊；光线阴暗看不清吊物不吊；6 级以上强风区无防护措施不吊；散物装得太满或捆扎不牢不吊。两台或两台以上塔吊作业时，塔机之间的任何距离不得小于 2 m，当不能满足要求时，应采取调整相邻塔机的工作高度或加行程限位、回转限位装置等措施的操作规程。

8.1.8 山区施工用电安全技术措施

1. 一般安全要求

施工用电设备数量在 5 台及以上，或用电设备容量在 50 kW 及以上时，应编制用电施工组织设计，并经企业技术负责人审核。施工用电应建立用电安全技术档案，定期经项目经理检验签字。施工现场应定期对电工和用电人员进行安全用电教育培训和技术交底。施工用电应定期检测。

2. 用电环境

（1）在建工程与外电架空线路的安全距离。

在建工程（含脚手架）的外侧边缘与外电架空线路的安全距离应符合相关规定，在建工程不得在高、低压线路下方施工，不得搭设作业棚、生活设施和堆放构件、材料等。在架空线路一侧施工时，在建工程应与架空线路边线之间保持安全操作距离。最小安全操作距离见表 8.1。起重机的任何部位或被吊物边缘与 10 kV 以下的架空线路边缘最小水平距离不得小于 2 m。

表 8.1　在建工程应与架空线路边线之间保持安全操作距离

架空线路电压	1 kV 以下	1 ~ 10 kV 以下	35 ~ 100 kV 以下	100 ~ 220 kV 以下
最小安全操作距离/m	4	6	8	10

（2）对外电架空线路的防护。

当条件所限不能满足最小安全操作距离时，应设置防护性遮拦、栅栏并悬挂警告牌等防护措施。在施工现场一般采取搭设防护架，其材料应使用木质等绝缘性材料，当使用钢管等金属材料时，应做良好的接地。防护架距线路一般不小于 1 m，必须停电搭设（拆除时也要停电）。防护架距作业区域较近时，应用硬质绝缘材料封严，防止脚手管、钢筋等误穿越触电。当架空线路在塔吊起重机旋转半径范围内时，其线路的上方也应有防护措施，搭设成门形，其顶部可采用 5 cm 厚木板或相当于 5 cm 木板强度的材料盖严。为警示重视，可在防护架上端间断设置小彩旗，夜间施工应有彩泡（或红色灯泡），其电源电压应为 36 V。

（3）对易燃、易爆物和腐蚀介质的防护。

电气设备周围应无可能导致电气火灾的易燃、易爆物和导致绝缘损坏的腐蚀介质应予以清除或做防护处理。

（4）对机械损伤的防护。

电气设备设置场所应能避免物体打击、撞击等机械伤害，否则应做防护处理。

（5）雷电防护。

施工现场内的施工升降机、钢管脚手架等金属设施，若在相邻建筑物、构筑物的防雷装置的保护范围以外且在表 8.2 的规定范围以内时，应按有关规定安装防雷装置。

表 8.2　施工现场内金属设施需安装防雷电装置的规定

地区年平均雷暴日 D/d	$D \leqslant 15$	$15 < D < 40$	$40 \leqslant D < 90$	$D \geqslant 90$ 及雷害特别严重
金属设施高度 H（m）	$H \leqslant 50$	$H \leqslant 32$	$H \leqslant 20$	$H \leqslant 12$

防雷装置的避雷针（接闪器）可用 ϕ 20 的钢筋，长度应为 1 ~ 2 m；当利用金属构架做引下线时，应保证构架之间的电气连接；防雷装置的冲击接地电阻值不得大干 30 Ω。

3. 接地、接零的安全

（1）施工用电基本保护系统。

施工用电应采用中性点直接接地的 380/220（V）三相四线制低压电力系统，其保护方式应符合相关规定。施工现场由专用变压器供电时，应将变压器低压侧中性点直接接地，并采用 TN-S 接零保护系统。施工现场由专用发电机供电时，必须将发电机的中性点直接接地，并采用 TN-S 接零保护系统，且应独立设置。当施工现场直接由市电（电力部门变压器）等非专用变压器供电时，其基本接地、接零方式应与原有市电供电系统保持一致。在同一供电系统中，不得一部分设置保护接零，另一部分设置保护接地。在供电端为三相四线供电的接零保护（TN）系统中，应将进户处的中性线（N 线）重复接地，并同时由接地点另引出保护零线（PE 线），形成局部 TN-S 接零保护系统。

（2）施工用电保护接零与重复接地。

在接零保护系统中电气设备的金属外壳必须与保护零线（凹线）连接。保护零线的重复接地点不得少于 3 处，应分别设置在配电室或总配电箱处，以及配电线路的中间处和末端处。

保护零线应符合下列规定：保护零线应自专用变压器、发电机中性点处或配电室、总配电箱进线处的中性线（N 线）上引出；保护零线的统一标志为绿/黄双色绝缘导线，在任何情况下不得使用绿/黄双色线做负荷线；保护零线（PE 线）必须与工作零线（N 线）相隔离，严禁保护零线与工作零线混接、混用；保护零线上不得装设控制开关或熔断器；保护零线的截面不应小于对应工作零线的截面。与电气设备相连接的保护零线应为截面不小于 2.5 mm^2 的多股绝缘铜线。

（3）施工用电接地电阻。

电力变压器或发电机的工作接地电阻值不应大于 4 Ω。在 TN 接零保护系统中，重复接地应与保护零线连接，每处重复接地电阻值不应大于 10 Ω。

（4）施工用电配电室。

配电室应靠近电源，接近负荷中心，应便于线路的引入和引出，并有防止积雪和小动物出入的措施。柜两端应做接地（接零），应做名称、用途、分类标记，不得直接挂接其他临时设备上。柜或线路维修时应挂停电标志牌，停、送电必须由专人负责，停止作业时断电上锁。

（5）施工用电自备电源。

发电机组电源应与外电线路连锁，严禁并列运行。发电机组应采用三相四线制中性点直接接地系统，并应独立设置，与外电源隔离。

4. 配电线路安全

（1）施工用电架空线路铺设。

架空线路应采用绝缘导线，并经横担和绝缘体架设在专用电杆上。架空导线截面应满足计算负荷、线路末端电压偏移（不大于 5%）和机械强度要求。架空敷设挡距不应大于 35 m，线间距离不应小于 0.3 m。架空线敷设高度应满足下列要求：距施工现场地面不小于 4 m；距机动车道不小于 6 m；距铁路轨道不小于 7.5 m；距暂设工程和地面堆放物顶端不小于 2.5 m；距交叉电力线路：0.4 kV 线路不小于 1.2 m，10 kV 线路不小于 2.5 m。架空线路敷设的相序排列应满足下列要求：单横担架设时，面向负荷从左起为 L_1、N、圈、PE；双横担架设时，面向负荷，上横担从左起为 L_1、L_2、L_3，下横担从左起为 L_1、（L_2、L_3）、N、PE。

（2）施工用电电缆线路。

电缆线路应采用埋地或架空敷设，不得沿地面明设。埋地敷设深度不应小于 0.6 m，并应覆盖硬质保护层，穿越建筑物、道路等易受损伤的场所时，应另加防护套管。在建工程内的电缆线路应采用电缆埋地穿管引入，沿工程竖井、垂直孔洞逐层固定，电缆水平敷设高度不应小于 1.8 m。架空敷设时，应沿墙或电杆做绝缘固定，电缆最大弧垂直距地面不得小于 2.5 m。

5. 配电箱及开关箱

施工用电应实行三级配电，即设置总配电箱或室内总配电柜、分配电箱、开关箱三级配电装置。开关箱以下应为用电设备。开关箱应实行“一机一闸”制，不得设量分路开关。施工用电动力配电与照明配电宜分箱设置，当合置在同一箱内时，动力与照明配电应分路设置。

配电箱、开关箱应采用铁板（厚度应大于 1.5 mm）或优质阻燃绝缘材料制作，不得使用木质配电箱、开关箱及木质电器安装板。配电箱、开关箱应装设在干燥、通风、无外来物体撞击的地方，其周围应有足够 2 人同时工作的空间和通道。移动式配电箱、开关箱应装设在坚固的支架上，严禁在地面上拖拉。配电箱、开关箱中应装设电源隔离开关、短路保护器、过载保护器、过载保护器、其额定值和动力额定值应与其负荷相适应。总配电箱、开关柜中还应装设漏电保护器。

施工用电漏电保护器的额定漏电动力参数选择应符合相关规定，在开关箱（末级）内的漏电保护器，其额定漏电动力电流不应大于 30 mA，额定漏电动力时间应小于 0.1 s；即使用于潮湿场所时，其额定漏电动力电流应不大于 15 mA，额定漏电动力时间应小于 0.1 s。总配电箱内的漏电保护器，其额定漏电动力电流应大于 30 mA，额定漏电动力时间应大于 0.1 s。但其额定漏电动作电流与额定漏电动力时间的乘积不应大于 30 mA · s（$It \leqslant 30$ mA · s）。

6. 照明安全

施工照明供电电压，一般场所，照明电压应为 220 V。隧道、人防工程、高温、有导电粉尘和狭窄场所，照明电压不应大于 36 V。潮湿和易触及照明线路的场所，照明电压不应大于 24 V。特潮湿、导电良好的地面，照明电压不应大于 12 V。矿灯电压不应大于 36 V。

施工用电照明变压器必须为隔离双绕组型，严禁使用自耦变压器。施工照明室外灯具距地面不得低于 3 m，室内灯具距地面不得低于 2.5 m。施工照明使用 220 V 碘钨灯应固定安装，其高度不应低于 3 m，距易燃物不得小于 500 mm 并不得直接照射易燃物，不得将 220 V 碘钨灯做移动照明。施工用电照明器具的形式和防护等级应与环境条件相适应。

需要夜间或暗处施工的场所，必须配量应急照明电源。夜间可能影响行人、车辆、飞机等安全通行的施工部位或设施必须设置警示照明装置。

8.1.9 山区季节性施工安全

季节性施工主要指雨季施工、冬期施工及夏季施工。雨期施工，应当采取措施防雨、防雷击，组织好排水，同时，应做好防触电、防坑槽坍塌，沿河流域的工地还应做好防洪准备，傍山的施工现场应做好防滑坡塌方措施，脚手架、塔吊等应做好防强风措施。冬期施工，应采取防滑、防冻措施，生活办公场所应当采取防火和防煤气中毒措施。任何季节遇六级以上（含六级）强风、大雪、浓雾等恶劣气候，严禁露天起重吊装和高处作业。

1. 雨期施工

雨量是用积水的高度来表示的，即假定所下的雨既不流到别处，又不蒸发，也不渗到土里，其所积累的高度。一天雨量的多少称为降水强度。按照降水强度的大小划分为小雨、中雨、大雨、暴雨、大暴雨和特大暴雨等6个等级。

（1）做好合理组织施工的准备工作。

根据雨期施工的特点，将不宜在雨期施工的工程施工作业提早或延后安排，对必须在雨期施工的作业制定有效的措施。晴天抓紧室外作业，雨天安排室内工作。注意天气预报，做好防汛准备，遇到大雨、大雾、雷击和六级及六级以上大风等恶劣天气，应当停止进行露天高处、起重吊装和打桩等作业。

（2）做好施工现场的排水。

根据施工总平面图、排水总平面图，利用自然地形确定排水方向，按规定坡度挖好排水沟，确保施工工地排水畅通。应严格按防汛要求，设置连续、通畅的排水设施和其他应急设施，防止泥浆、污水、废水外流或堵塞下水道和排水河沟。若施工现场邻近高地，应在高地的边缘（现场的上侧）挖好截水沟，防让洪水冲入现场。雨期的应做好傍山的施工现场边缘的危石处理，防止滑坡、塌方威胁工地。雨期应设专人负责，及时疏通排水系统，确保施工现场排水畅通。

（3）运输道路。

临时道路应起拱5%，两侧做宽现场、深挖排水沟；在路旁易受冲刷部分应铺石块、焦石、砾石等渗水防滑材料或者设涵管排泄，保证路基的稳固；雨期应指定专人负责维修路面，对路面不平或积水处应及时修好；场区内主要道路应当硬化。

（4）临时设施及其他施工准备工作。

施工现场的大型临时设施，大雨前应整修加固完毕，应保证不漏、不塌、不倒，周围不积水，严防水冲入设施内。选址要合理，避开滑坡、泥石流、山洪、坍塌等灾害地段。

大风和大雨后，应当检查临时设施、地基和主体结构情况，发现问题及时处理。雨期前应清除沟边多余的弃土，减轻坡顶压力。雷雨天气不得露天进行电力爆破土石方，如中途遇到雷电时，应当迅速将雷管的脚线、电线主线两端连成短路。大风大雨后作业，应当检查起重机械设备的基础、塔身的垂直度、缆风绳和附着结构，以及安全保险装置并且试吊，确认无异常方可作业。轨道式塔机，还应对轨道基础进行全面检查，检查轨距偏差、轨顶倾斜度、轨道基础沉降、钢轨不平度和轨道通过性能等。落地式钢管脚手架底部应当高于自然地坪并夯实整平，留一定的散水坡度、在周围设置排水措施，防止雨水浸泡脚手架。

（5）雨期施工的用电。

各种露天使用的电气设备应选择较高的干燥处放置；机电设备（配电盘、电箱、电焊机、水泵等）应有可靠的防雨措施，电焊机应加防护面罩；雨期前应检查照明和动力线有无混线、漏电，电杆有无腐蚀，埋设是否牢靠等，防止触电事故发生；雨期要检查现场电气设备的接零、接地保护措施是否牢靠，漏电保护装置是否灵敏，电线绝缘接头是否良好。

（6）雨期施工的防雷。

施工现场高出建筑物的塔吊、外用电梯、井字架、龙门架以及较高金属脚手架等高架设施，如果在相邻建筑物、构筑物的防雷装置和保护范围以外，则应当按照规定设防雷装置，并经常进行检查。

2. 夏季施工

宿舍应保持通风、干燥，有防蚊蝇措施，用安全电压管理，生活办公设施要有专人定期清洁、消毒，保持室内整齐清洁卫生。炎热地区夏季施工应有防暑降温措施，防止中暑。

3. 冬期施工

在我国北方及寒冷地区的冬期施工中，由于长时间的持续低温、大温差、强风、降雪和冰陈，施工条件较其他季节艰难得多，加之作业人员穿戴较多，作业不方便，对建设工程施工安全产生带来严重的不良影响，同时，冬期施工安全事故具有多发性、隐蔽性、滞后性及季节性，必须采取附加或特殊的措施组织施工，才能保证工程建设顺利进行。

根据当地多年气象资料统计，当室外日平均气温连续 5 天稳定低于 5 °C，即进行冬期施工；当室外日平均气温连续 5 天高于 5 °C 时，解除冬期施工。

（1）编制冬期施工组织设计。

冬期施工组织设计，一般应在入冬前编审完毕。冬期施工组织设计，应包括下列内容：确定冬期施工的方法、工程进度计划、施工劳动力供应计划、能源供应计划；冬期施工的总平面布置图（包括临建、交通、热力管线布置等）、防火安全措施、劳动用品；冬期施工安全措施；冬期施工各项安全技术经济指标和救援措施等。

（2）冬季施工安全教育培训。

应根据冬季施工的特点，重新调整好机构和人员，并制定好岗位责任制，加强安全生产管理。主要应当加强保温、测温、冬期施工技术检验机构、热源管理等机构，并落实相应的人员。

安排气象预报人员，了解近期、中长期天气，防止寒流突袭。对测温人员、保温人员、能源工、管理人员组织专门的技术业务培训，学习相关知识，明确岗位责任，经考核合格方可上岗。

（3）物资准备。

做好外加剂、保温材料，测温计及工具、劳动用品及现场管理和技术管理的表格、记录本等的物资推备。

（4）施工现场的准备。

场地要在土方冻结前平整完工，道路应畅通，并有防止路面结冰的具体措施；提前组织有关机具、外加剂、保温材料等实物进场；生产给水系统应采取防冻措施，并设专人管理，生产排水系统应畅通；搭设加热用的锅炉房、搅拌站，敷设管道，对锅炉房进行试压，对各种加热材料、设备进行检查，确保安全可靠，蒸汽管道应保温良好，保证管路系统不被冻坏；按照规划落实职工宿舍、办公室等临时设施的取暖措施。

8.2 山区高速公路施工安全管理

8.2.1 安全管理技术

（1）充分认识山区高速公路养护安全施工的复杂性。

山区高速公路地形复杂，海拔落差大，线行复杂，重峦叠嶂，沟壑纵横。所以，山区高速公路长大纵坡多，弯道多且转弯半径小，雾天时间长，行车视野死角多，车流量大，超限超宽车辆多，给养护安全施工带来了极大难度。

山区高速公路桥隧比大，技术复杂特大桥和特长隧道较多，高墩大跨桥梁处处皆是，桥隧相连路段众多，导致高空作业多，作业面广，增大了养护的技术难度，给养护安全施工带来了艰巨性。由于缺乏山区高速公路养护工作安全管理经验。面对国内第一条山区高速公路的养护工作，虽然养护施工单位和监理单位都具有丰富的高速公路养护经验，但对于山区高速公路来说，施工安全管理方面的工作还需要进一步探索。

由此可见，充分认识山区高速公路安全施工的艰巨性，提高全体养护管理人员和施工人员的安全施工意识，有其重要意义。

（2）更新安全理念，健全安全管理机制，进一步加强全方位的安全管理。

要抓好山区高速公路养护施工安全管理，我认为，要全面落实科学发展观，真正体现以人为本的指导思想，就必须更新安全理念。不仅要更新“安全”的预控理念，还要更新“安全”过程管理理念，而且要更新“安全”的事后总结理念。

要树立“以完善的预控制度为前提，科学可靠的安全施工方案为依据，严密的施工组织为保障，加强事后总结为手段，全方位建立养护工作安全管理机制”的理念，要把安全视野从单纯的施工安全管理拓展到事前预控、过程监控、事后总结。

（3）完善安全施工制度，进一步加大安全工作落实力度。

没有行之有效的安全施工制度和良好的安全意识，安全工作不可能取得实效，要从制度、意识、监管等角度上加大安全工作力度。

养护安全施工经常存在的安全隐患，经常是对员工安全教育不够，现场施工的民工安全意识不够；施工现场安全设施摆放的数量及位置不能满足安全操作规程要求；施工车辆或巡逻车辆警示灯具或颜色标示不能满足要求；无专职安全员现场督办；管养人员自身安全防患措施不满足相关要求；施工安全措施方案不报审；整改措施不落实；不进行施工前安全、质量、技术交底；施工现场无摇旗指挥员；施工单位巡查频率未达到规范要求，疏漏部分质量缺陷，给行车安全带来隐患。

8.2.2 安全管理手段

施工单位在施工过程中 要本着安全第一、环保为主，高质量、高效率、少破坏的原则，为山区修建一条绿色通道。为了达到安全管理的目标，主要的安全管理手段一般可以有以下几个方面：

（1）法律手段。

法律手段主要是通过法律来规范和约束施工安全管理活动，该手段因具有法律的效率因而实施效果较好。法律手段主要是通过制定法律和制度并使得法律和制度得到执行和遵守。法律手段通过自身的强制力去规范施工的安全管理可以减少事故的发生，同时还可以提高施工建设的质量和效率。

（2）科技手段。

山区高速公路施工过程中，科技手段能够提高安全管理的效率和效果。高科技手段以自己自身的科技优势去遇见施工过程中可能出现的安全隐患。并且科技手段能够使得管理的安全控制上升一个新的水平。

（3）经济手段。

经济手段主要是指政府根据相应的施工安全的经济属性和经济规律来促进山区高速公路的安全管理。对于现今在高速公路建设过程中经济手段来说，大部分是指对作业人员的伤害保险制度上的应用。

（4）文化手段。

在高速的公路的建设过程中，安全文化是不容忽视的，它是一种对安全的理解和制度。对作业人员来说，安全文化它旨在体现对人生命的尊重；对施工企业来说，安全文化是一种价值观，旨在体现施工企业对人的关注上。

8.2.3 建设与安全管理

1. 作业人员的安全管理

在山区高速公路的施工过程中，由于作业人员安全意识淡薄、施工技术不熟练、违规操作以及安全教育缺乏是施工事故发生的主要原因之一，因此针对作业人员出现的这些问题应该及时采取一系列的措施来提高对作业人员的安全管理。

（1）提高安全意识。

对于作业人员来说，大部分安全意识淡薄，他们会认为在施工过程中佩戴安全帽以及相应的安全措施是多此一举。所以，应该提高作业人员和管理人员的安全意识，通过采用重大安全事故回放、事故的重大危害去帮助作业人员从根本上认识到安全的重要性，让这些作业人员在施工的过程中以安全意识为导向，时刻认识到安全的重要性，在安全意识的支配下展开劳动。

（2）提高施工技术的熟练度。

对于山区公路施工的作业人员来说，大部分属于短期工和季节工，这些工人大多不具备熟练的施工技术，因此，对于这些工人来说，在施工之初就应该对这些工人进行培训，进而提高他们的施工技术。提高施工技术不仅降低施工事故的发生率还能提高施工的工作效率。

（3）提高操作的准确性。

在山区的施工操作过程中，会用到一系列的机械设备和工具，对于这些设备和工具来说，其操作步骤因设备的不同而出现不同，这就要求作业人员对其操作应该准确到位。不少事故的发生是由于作业人员操作不当造成的，因此来说，应该提高作业人员的操作准确性。便于提高作业人员的安全和提高施工效率。

2. 物的安全管理

在高速公路的施工建设过程中，除了作业人员的安全管理外，物的安全管理就显得尤为重要。在山区高速公路建设中，物包括机械、原材料、设备等。物的不安全措施包括较多的方面，如下就具体分析：机械设备和配置的结构出现问题，原材料的质量出现问题，机械设备因运用时间较长而使得零部件老化和磨损；在施工的过程中缺乏相应的防护用具。在山区高速公路具体的施工过程中，物的不安全状态极易出现，它是构成不安全状态的物质基础，为此应该及时的控制物的发展方向。不正确的使用会造成一系列的安全事故，如：违规操作、错误操作等。在安全管理的范围内，对物的管理主要包括：正确的使用机械设备，并定期对机械设备进行检修；对于要害出的机械设备更应该给予高度的关注。此外，还应该做好防范工作，防止高空坠物。对于物的管理，如对机械实际的检修工作会涉及许多专业性较强的问题需要高技术人员去解决，因此在对施工的管理过程中应该安排高技能的工作去进行。

3. 环境的安全管理

环境管理作为自然现象，不易受到人的控制和操作。但是在高速公路具体的施工过程中，环境对高速公路的施工存在较大的影响，如：在具体的施工过程中，地质条件、天气条件、露天作业都会影响到施工速度的进行。此外，环境还会诱发作业人员产生许多负面影响。如：采光条件差、照明差都会给施工人员带来压抑甚至是疲惫。因此在施工的过程中及时做好天气的预警措施，提高环境的安全管理。

8.3 山区施工安全生产应急与救援管理

随着工业现代化生产的发展，工业规模日益扩大，生产过程所需的能量、产生的能量巨大，形成潜在危险源。是重特大事故高发的重要原因。虽然通过安全设计、操作、维护、检查等措施，可以预防事故、减低风险，但还不能达到绝对的安全。为控制意外发生的事故所造成的严重后果，事先制定针对一旦发生事故的应急控制措施和应急管理程序，通过机制、资源保障，结合演练与实战锻炼，构筑安全生产事故的防控网。

事故应急系统是指通过事先计划和应急措施，充分利用一切可能的力量，在事故发生后迅速控制事故发展并尽可能排除事故，保护现场人员和场外人员的安全，将事故对人员、财产和环境造成的损失降低至最低程度。

事故应急管理包括预防、预备、响应和恢复四个阶段，尽管在实际操作中，这些阶段往往是重叠的，但它们中的每一部分都有自己单独的目标，并且成为下个阶段内容的重要部分。预防工作就是从应急管理的角度，防止紧急事件或事故发生，避免应急行动。如制定安全法律、法规、安全规划、强化安全管理措施、安全技术标准和规范，对员工、管理者及社区进行应急宣传与教育等。

恢复工作应在事故发生后立即进行，它首先使事故影响地区恢复最起码的服务，然后继续努力，使社区恢复正常状态。恢复通常包括两个阶段工作，第一阶段（立即恢复阶段，也即短期恢复阶段）为社区、居民生活保障恢复阶段，需要立即进行，其工作包括事故损失评估，清理废墟、食品供应、提供避难所和其他装备；第二阶段（长期恢复阶段）为生产恢复、社区再发展阶段，是一项长期工作，其工作包括厂区重建和社区的再发展以及实施安全减灾计划。

预备、响应和短期恢复工作，要求在政府部门和企业间协调和决策时具备熟练的战术，以便应对事故情况下的应急行动。长期恢复和减灾，则要求在计划、政策设计和采取降低风险行动以及控制潜在事故的影响方面，具有战略性的行动。

8.3.1 事故应急救援系统

当自然灾害或人为原因造成事故或灾害已不可避免时，有效的应急救援行动是唯一可以抵御事故或灾害蔓延并减缓危害后果的有力措施。因此，如果在事故或灾害发生前建立完善的应急救援系统，制定周密救援计划，而在事故发生时采取及时有效的应急救援行动，以及事故后的系统恢复和善后处理，就可以有效地拯救生命、保护财产、保护环境。

应急救援系统应包括以下几个方面的主要内容：

1. 应急救援系统的组织机构

① 应急指挥机构——协调应急组织各个机构运作和关系；

② 事故现场指挥机构——负责事故现场应急的指挥工作、人员调度、资源的有效利用；

③ 支持保障机构——提供应急物质资源和人员支持的后方保障；

④ 媒体机构——安排媒体报道、采访、新闻发布会；

⑤ 信息管理机构——信息管理、信息服务。

各机构要不断调整运行状态，协调关系，形成整体，使系统快速、有序、高效地开展现场应急救援行动。

2. 应急救援预案

为保证应急救援系统的正常运作，必须事先制定一个系统的应急救援预案（又称应急计划），用计划指导应急准备、训练和演习，乃至迅速高效的应急行动。应急救援预案应包括以下内容：

① 对可能发生的事故进行预测和评价；

② 人力、物资等资源的确定与准备；

③ 明确应急组织和人员的职责；

④ 设计行动战术和程序；

⑤ 制定训练和演习计划；

⑥ 制定专项应急计划；

⑦ 制定事故后清除和恢复程序。

3. 应急训练和演习

训练和演习通过培训和演练，把应急救援预案加以验证和完善，确保事故发生时应急救援预案得以实施和贯彻。

4. 应急救援行动

事故正在发生以及发生后，所采取的营救与疏散、减缓与控制、清除与净化等一系列的行动都是应急救援行动。

应急行动需要以下资源的支持和保障：

① 人力资源；

② 物资与设备；

③ 个人防护装备。

首要的应急行动是确定事故现场状态，规划应急行动方案：

① 现场初始评估；

② 危险物质的探测；

③ 建立现场工作区域；

④ 确定重点保护区域；

⑤ 行动的优先原则；

⑥ 增援梯队。

5. 事故现场的清洁与净化

对现场中接触污染的员工和应急队员必须进行清洁净化，设备的清洁也是应急行动的一个环节，在事故发生后要对被污染的仪器和设备进行清洁、清理。

6. 事故后的恢复

在应急救援行动结束后必须对系统进行恢复。恢复活动主要包括：

① 现场警戒和安全；

② 清洁；

③ 对从业人员提供帮助；

④ 对破坏损失的评估；

⑤ 保险的索赔；

⑥ 事故调查；

⑦ 重建。

8.3.2 山区高速公路工程应急救援管理

山区高速公路工程施工过程一旦发生事故，不仅会给企业带来经济损失，而且极易造成重大人员伤亡。为预防施工现场的事故发生，必须加强应急救援管理工作。

1. 总体应急救援预案

国务院发布了《国家突发公共事件总体应急救援预案》。总体预案是全国应急救援预案体系的总纲，是指导预防和处置各类突发公共事件的规范性文件。编制突发公共事件应急救援预案，完善应急机制、体制和法制，对于提高政府预防和处置突发公共事件的能力，全面履行政府职能，构建社会主义和谐社会具有十分重要的意义。

把保障公众健康和生命财产安全作为首要任务，最大限度地减少突发公共事件及其造成的人员伤亡和危害——这体现了现代行政理念，是对人民政府“切实履行政府的社会管理和公共服务职能”的根本要求。

就绝大多数情况而言，突发公共事件的现场都在基层。第一时间、第一现场的基层干部、群众怎样应对突发事件，对于控制事态、抢险救援、战胜灾难有着至关重要的作用。他们不慌不乱、镇静有序，按预案自救、互救，就可大大减少人民生命财产损失。

基于这个认识，总体预案特别要求：充分动员和发挥乡镇、社区、企事业单位、社会团体和志愿者队伍的作用，依靠公众力量，形成统一指挥、反应灵敏、功能齐全、协调有序、运转高效的应急管理机制。

在此基础上，还要加强宣传和培训教育工作，提高公众自救、互救能力，增强公众的忧患意识和社会责任意识，努力形成全民动员、预防为主、全社会防灾救灾的良好局面。

2. 应急救援预案

应急救援预案是应急救援系统的重要组成部分。针对各种不同的紧急情况制定有效的应急救援预案，不仅可以指导应急人员的日常培训和演习，保证各种应急资源处于良好的备战状态；而且可以知道应急行动按计划有序进行，防止因行动组织不力或现场救援工作的混乱而延误事故应急，从而降低人员伤亡和财产损失。应急救援预案对于如何在事故现场开展应急救援工作具有重要的指导意义，它帮助实现应急行动的快速、有序、高效，以充分体现应急救援的“应急精神”。

应急救援预案是针对各种可能发生的事故所需的应急行动而制定的指导性文件。通常应该包括对紧急情况和事故灾害的辨识、评价；对人力、物资和工具等资源的确认与准备；指导建立现场内外合理有效的应急组织；设计应急行动战术；制定事故后的现场清除、整理及恢复措施等。

应急救援预案除上述内容外，还应明确应急系统中各机构的权利和职责；建立培训及演习等准备程序；对所涉及的法律法规的论述；对特殊危险建立专项应急救援预案等。

参考文献

[1] 张小琴主编．公路施工现场安全技术管理[M]．北京：人民交通出版社，2012.

[2] 涂平晖，赵挺生主编．公路工程建设安全管理[M]．北京：中国建筑工业出版社，2009.

[3] 冯超铭．高速公路施工作业区的安全管理[J]．华东交通职业技术学院学报，2004（3），40-42.

[4] 马海涛，杨润林，任智刚，张志增．高速公路建设工程安全预评价研究及应用[J]．中国安全生产科学技术，2006，Vo1．2（5）：71-75.

[5] 宋士杰．公路工程项目施工的安全管理[J]．劳动保护杂志．2001：42-43.

[6] 中华人民共和国建设部．建筑施工企业安全生产管理机构设置及专职安全生产管理人员配备办法[Z]．2004.

[7] 中华人民共和国国务院．中华人民共和国安全生产管理办法[S]．2008.

[8] 叶卓棋．大型高速公路项目施工危险源识别与控制[J]．公路工程．2008.

[9] 吴恩泽．当前公路工程施工中的主要安全问题及解决方法[J]．黑龙江交通科技，2007.

[10] 张小琴主编．公路施工现场安全技术管理[M]．北京：人民交通出版社，2012.

[11] 张国志，刘浪主编．公路工程安全管理[M]．北京：人民交通出版社，2007.

[12] 马海涛，杨润林，任智刚，张志增．高速公路建设工程安全预评价研究及应用[J]．中国安全生产科学技术，2006，Vo1.2（5）：71-75.

[13] 宋士杰．公路工程项目施工的安全管理[J]．劳动保护杂志．2001：42-43.

[14] 中华人民共和国国务院．中华人民共和国安全生产管理办法[S]．2008.

[15] 叶卓棋．大型高速公路项目施工危险源识别与控制[J]．公路工程．2008.

[16] 吴恩泽．当前公路工程施工中的主要安全问题及解决方法[J]．黑龙江交通科技，2007.

[17] 孟祥海，李洪萍．交通工程设施设计．哈尔滨工业大学出版社．2008.

[18] 国家标准：中国国家标准局．GB5768-2009 道路交通标志和标线[S]．中国标准出版社，2009.

[19] 罗晶晶，王彪．山岭重丘区公路线形与地形的协调问题设计．科技创新与应用．2012，（4）.

[20] 程广庭．高速公路长大纵坡安全隐患综合处治初探[J]．科技创新导报，2013．2（7）

[21] 郑柯，彭立．高速公路连续下坡路段运行速度协调性评价分析[J]．公路工程，2011．6（36）

[22] 李自华．公路桥梁健康监测技术研究与应用现状[J]．山西建筑，2014，4（40）．

[23] 严骏，周君波，凌瑶，杨词光．山区高速公路某高填方路基地质灾害监测预警研究[J]．甘肃水利水电技术，2012，3（48）．

[24] 韩直，彭建国，郑浩．雪峰山特长公路隧道异常分类与预警技术研究[J]．中南公路工程，2006．1（31）．

[25] S. A. Turner，A. P. Roozenburg. Crash Rates at Rural Junctions– Influence of Speed and Visibility[R]．2006.

[26] 尹平．山区高速公路施工安全问题的原因分析及对策研究[J]．中外公路，2007（27）：213-215.